Sabine Leutheusser-Schnarrenberger
Angst essen Freiheit auf

Sabine Leutheusser-
Schnarrenberger

ANGST ESSEN FREIHEIT AUF

Warum wir
unsere Grundrechte
schützen müssen

Die Deutsche Nationalbibliothek verzeichnet diese Publikation
in der Deutschen Nationalbibliografie; detaillierte bibliografische Daten
sind im Internet über www.dnb.de abrufbar.

Das Werk ist in allen seinen Teilen urheberrechtlich geschützt. Jede Verwertung ist ohne
Zustimmung des Verlags unzulässig. Das gilt insbesondere für Vervielfältigungen,
Übersetzungen, Mikroverfilmungen und die Einspeicherung in und Verarbeitung durch
elektronische Systeme.

wbg THEISS ist ein Imprint der wbg.
© 2019 by wbg (Wissenschaftliche Buchgesellschaft), Darmstadt
Die Herausgabe des Werkes wurde durch die Vereinsmitglieder
der wbg ermöglicht.
Lektorat: Ute Maack, Hamburg
Gestaltung und Satz: Anja Harms, Oberursel
Einbandgestaltung: Vogelsang Design, Jens Vogelsang Aachen
Umschlagabbildungen: „Art. 1 GG Die Würde des Menschen ist unantastbar",
fotolia.com, © Manuel Schönfeld „Videokamera Symbol auf weißem Hintergrund",
fotolia.com, © blende11.photo

Gedruckt auf säurefreiem und alterungsbeständigem Papier
Printed in Germany
Besuchen Sie uns im Internet: **www.wbg-wissenverbindet.de**

ISBN: 978-3-8062-3891-4

Elektronisch sind folgende Ausgaben erhältlich:
eBook (PDF): 978-3-8062-3943-0
eBook (epub): 978-3-8062-3944-7

Inhaltsverzeichnis

Prolog ___ 9
    Angst essen Freiheit auf ___ 10
    „Es geht um dich!" ___ 11

Kapitel 1
Kleines Buch mit großer Wirkung ___ 13
    Ein Neuanfang 1949 ___ 18
    Natürlich sind wir gleichberechtigt ... ___ 24
    ... aber wir sind noch nicht am Ziel ___ 25
    Sind die Grundrechte gefährdet? ___ 26

Kapitel 2
Die Unantastbarkeit der Menschenwürde ganz konkret ___ 30
    Antwort auf Nazi-Unrecht ___ 33
    Todesstrafe – heiligt der Zweck die Mittel? ___ 36
    Waterboarding und Rettungsfolter – im Notfall gerechtfertigt? ___ 38
    Dürfen Menschenleben gegeneinander abgewogen werden? ___ 41
    Was bringt der Menschenwürdeschutz im Alltag? ___ 44

Kapitel 3
Das allgemeine Persönlichkeitsrecht ___ **47**
  Freiheitsrechte fordern uns ___ **49**
  Was gebe ich preis? – Informationelle Selbstbestimmung ___ **51**
  Datenschutz ist Selbstbestimmung ___ **55**
  Vertraulichkeit und Integrität informationstechnischer Systeme ___ **56**
  Das betrifft uns alle ___ **59**

Kapitel 4
Die Privatsphäre – ein massiv bedrohtes Gut ___ **64**
  Kurzer Blick in die Geschichte der Privatheit ___ **66**
  Der Staat weiß alles ___ **67**
  Ist der Einzelne bei so viel Staat machtlos? ___ **73**

Kapitel 5
Big Data und Datenschutz – ein Widerspruch? ___ **75**
  Der vermessene Mensch ___ **76**

Kapitel 6
Mein Recht auf Vergessenwerden ___ **88**
  Die Entscheidung des Europäischen Gerichtshofs zu Google Spain ___ **91**
  Das Recht auf Vergessenwerden geltend machen ___ **93**

Kapitel 7
Der Mensch ein Datenhaufen? ___ **96**
  Was KI uns abnimmt ___ **97**
  Wie uns KI bedroht ___ **98**
  Konsequenzen für den Schutz der Grundrechte ___ **100**
  Mit Transparenz gegen die Ängste vor der Maschine ___ **102**

Kapitel 8
Freiheit und Sicherheit ___ 107
Organisierte Kriminalität ___ 109
Die Unverletzlichkeit der Wohnung als politische Manövriermasse ___ 111
Der große Lauschangriff – Blaupause für eine einseitige Sicherheitspolitik ___ 112
Vertrauliche Kommunikation – geht das noch? ___ 115
Das Smartphone als Türöffner zu unserem Innersten ___ 119
Deshalb klage ich gegen die Online-Durchsuchung beim Bundesverfassungsgericht ___ 125
Die unendliche Geschichte der anlasslosen Vorratsdatenspeicherung ___ 131
Biometrie und Grundrechte – der Geist ist aus der Flasche ___ 138
Was tun gegen Videoüberwachung? ___ 142
Wann darf die Polizei einschreiten? ___ 143

Kapitel 9
Sind Verfechter der Freiheitsrechte für den Nachtwächterstaat? ___ 146
Ist der Rechtsstaat in Gefahr? ___ 146
Anstrengender Rechtsstaat ___ 150

Kapitel 10
Man wird doch noch seine Meinung sagen dürfen ... ___ 152
Grenzen der Meinungsfreiheit in einer offenen Gesellschaft ___ 154
Brauchen wir eine Netzkontrolle? ___ 157
Raus aus den Echokammern ___ 159
Kommt die Pressefreiheit unter die Räder? ___ 161

Kapitel 11
Hat Religionsfreiheit Grenzen? _____ **165**
    Eine Religion muss nicht verfassungskonform sein _____ **165**
    Religionspraxis vor dem Bundesverfassungsgericht _____ **167**

Kapitel 12
Politisches Asylrecht – ein staatlicher Gnadenerweis? _____ **172**
    Asylrecht nach politischer Stimmungslage? _____ **176**
    Geflüchtet – und zwischen allen Grenzen _____ **177**

Zum Schluss _____ **183**

Anhang _____ **187**
    Die Grundrechte im Grundgesetz _____ **189**
    Anmerkungen _____ **197**
    Literatur zum Weiterlesen _____ **207**

Prolog

Welchen Stellenwert haben die Grundrechte heute – 70 Jahre nach Verabschiedung des Grundgesetzes 1949? Das Jubiläum des Grundgesetzes 2019 ist ein guter Anlass, sich mit seinen wesentlichen Inhalten, den Grundrechten, zu beschäftigen. Politisch und juristisch ist das Grundgesetz schon häufig bewertet worden. Seine Entstehungsgeschichte wurde dargestellt, seine Bedeutung für die Begründung der Demokratie der Bundesrepublik Deutschland war Gegenstand historischer und verfassungspolitischer Abhandlungen. Warum sich also noch einmal damit befassen?

Dieses Buch ist keine weitere Eloge auf die Verfassung. Es gibt keine juristischen Kommentare ab, die der Nichtjurist nur schwer oder gar nicht verstehen kann. Und es befasst sich auch nicht mit allen Grundrechten. Was ist es dann?

Es ist ein flammendes Plädoyer für die Freiheitsrechte. Sie werden im Grundgesetz als unveräußerliche Rechte in den Artikeln 1 bis 19 garantiert. Jeder Bürger ist Träger dieser Freiheitsrechte. Nicht der Staat gewährt sie, sondern wir haben sie.

Es ist eine Liebeserklärung an die Freiheit. Ein Bekenntnis zu dem Wert, der so selbstverständlich von uns allen in Anspruch genommen und doch so wenig wertgeschätzt wird.

Es ist die Verteidigungsschrift einer glühenden Verfechterin der Freiheit. Und eine Verteidigung ist dringend nötig, denn Feinde der Freiheit gibt es genug. Ein Staat, der eine einseitige Sicherheitspolitik zulasten der Freiheit betreibt und auch vor verfassungswidrigen Eingriffen nicht zurückschreckt. Marktdominante globale Unternehmen, die Unmengen an personenbezogenen Daten speichern, analysieren, vernetzen und verwenden. Demokratiefeindliche Kräfte wie extreme Parteien und Bewegungen, Auslandsgeheimdienste und kriminelle Hacker, die mithilfe der sozialen Medien freie, unabhängige Wahlen durch gezielte Desinformation und Manipulation gefährden. Und schließlich begeben die Bürger sich ihrer Freiheitsrechte selbst, indem sie bereitwillig auf ihre informationelle Selbstbestimmung verzichten und vom Staat immer mehr Sicherheit einfordern, weil sie Angst vor Terror, vor Kriminalität, vor Geflüchteten, vor anderen Religionen und anderen Kulturen haben. Sie delegieren die Verantwortung an den Staat und geben dafür ihre Freiheitsrechte scheibchenweise auf.

ANGST ESSEN FREIHEIT AUF

Wer Angst vor Übergriffen, vor Verletzungen, vor Ausspähungen und vor Überwachung hat, der verhält sich nicht frei. Der wagt sich womöglich nicht an bestimmte Orte, verzichtet darauf, an Großveranstaltungen teilzunehmen, traut sich keine eigene Meinung mehr zu und verändert vielleicht sein Kommunikationsverhalten. Er verändert womöglich auch seine Einstellung zu anderen Menschen, sieht in ihnen eine Gefahr, sei es wegen der für ihn fremden Kultur, der sie angehören, sei es wegen ihres Glaubens, der ihm unheimlich ist. Diese Ängste darf man nicht auf die leichte Schulter nehmen. Ja, wir alle, auch und gerade die Politiker, müssen sie ernst nehmen.

Vom Schüren der Angst bis zur Gleichgültigkeit, von bewusstem Verzicht bis zu rücksichtsloser Inanspruchnahme reichen die Verhaltensweisen, die die Freiheitsrechte gefährden. In Teilen der Zivilbevölkerung werden Toleranz und Respekt gegenüber den Mitmenschen, die in einer offenen Gesellschaft unverzichtbar sind, nicht mehr gelebt. Vielmehr dominieren Vorurteile und Hass. Angst ist der Treibsatz gegen die Grundrechte des Einzelnen, sie ist das schleichende Gift in unseren Köpfen und Herzen, das die Offenheit und Zuneigung zum Miteinander zersetzt, indem sie die Freiheitsrechte als Eliteninstrument diffamiert.

Angst bedroht die Grundlagen unserer offenen Gesellschaft, von der wir alle so sehr profitieren. Dieser Entwicklung möchte ich entgegentreten und in Anlehnung an Rainer Werner Fassbinders Film „Angst essen Seele auf" zeigen, dass wir die einmalige Errungenschaft, wirklich freie Bürger und Bürgerinnen zu sein, einbüßen, wenn wir uns nicht bewusst machen, was auf dem Spiel steht.

„ES GEHT UM DICH!"

Diese Botschaft darf nicht den Gegnern der freiheitlich-demokratischen Grundwerte überlassen werden, die damit ein Versprechen formulieren, dessen Einhaltung sie gar nicht wollen. Denn es geht ihnen nicht um die Rechte jedes Einzelnen, sondern um die Rechte eines bestimmten, durch „Rasse" und Abstammung gebildeten Kollektivs, wie die Politik der Populisten von Trump bis Erdogan zeigt. Die Tatsache, dass deren Parolen dennoch verfangen, zeigt, wie groß das Bedürfnis vieler Menschen ist, sich des Eigenen nach dem Prinzip des „Wir gegen Die" zu versichern.

Ich möchte 70 Jahre nach dem Inkrafttreten unseres Grundgesetzes leidenschaftlich für das Wahrnehmen der Freiheitsrechte werben und das Bewusstsein dafür schärfen, dass jeder seinen Beitrag für den Zusammenhalt unserer Gesellschaft leisten muss. Freiheitsrechte zu leben, heißt nicht, dem Egoismus, Hedonismus und dem Recht des Stärkeren das Wort zu reden. Ich will deutlich machen, dass weniger Rechte für die Fremden nicht mehr Sicherheit für die anderen bringen. Ich möchte der Orientierungslosigkeit, der Enttäuschung, den Ängsten und dem Frust vieler Menschen entgegenwirken. Mir geht es darum, zu zeigen, dass eine glaubhafte, starke und identitätsstiftende Orientierung an den Grundrechten sicheren Rückhalt gewähren kann. Die Freiheitsrechte zu leben, heißt aber auch, um die Verantwortung zu wissen, die für jeden Menschen daraus erwächst – für sich selbst und für andere. Den Leserinnen und Lesern dieses Buches möchte ich Mut zu einem selbstbestimmten Leben machen. Die Grundrechte werden einfach, verständlich und konkret dargestellt, ihre immense Bedeutung für unser Leben anhand von Beispielen erläutert.

Es gilt, die Zustimmung und das Engagement für diese Freiheitsrechte zurückzuerobern. Das war auch die Erwartung der Mütter und Väter des Grundgesetzes, die damit die Grundlagen für den Neuanfang des demokratischen Lebens in Deutschland schaffen wollten. Nehmen wir ihren Auftrag heute so ernst wie vor 70 Jahren. Lassen wir uns nicht von Angst treiben. Angst zerstört Lebensfreude. Angst verstellt den Blick für Chancen. Angst macht uns zu Getriebenen. Angst essen Freiheit auf.

Kapitel 1
Kleines Buch mit großer Wirkung

Dem kleinen Buch, das die Bundesrepublik Deutschland im Jahr 1949 zu einem demokratischen Verfassungsstaat machte, sah man seine revolutionäre Wirkung nicht an. Gerade einmal 146 Artikel enthält die Verfassung, die wegen der Teilung Deutschlands die vorläufige Bezeichnung „Grundgesetz" erhielt. Sie begrenzt die Staatsmacht und verankert die Grundrechte als verbindliche, einklagbare Rechte. Sie soll Bollwerk gegen Verfassungsfeinde und Menschenrechtsverächter, gegen den Missbrauch staatlicher Macht und gegen den Aufstieg von Autokraten sein. Am 23. Mai 1949 trat das Grundgesetz nach zahlreichen Richtungskämpfen zwischen den damaligen Siegermächten, Ländern und Parteien, Kirchen und bedeutenden Politikern der Weimarer Republik in Kraft. Vier Jahre nach der bedingungslosen Kapitulation war das Grundgesetz am 8. Mai 1949 vom Parlamentarischen Rat, bestehend aus 66 Männern und 4 Frauen – darunter 5 nicht stimmberechtigte Mitglieder aus Berlin – mit 53 zu 2 Stimmen beschlossen worden. Einige Tage später wurde es von den Alliierten genehmigt. Deutschland war zu jener Zeit kein souveräner Staat, bekam aber eine Verfassungsordnung und stand noch bis 1955 unter dem Besatzungsstatut der drei westlichen Alliierten.

Die Beratungen wurden angesichts der Berlin-Blockade durch die sowjetische Besatzungsmacht von der Gefahr eines Dritten Weltkriegs begleitet. Es verwundert deshalb nicht, dass das Grundgesetz damals eher auf Teilnahmslosigkeit stieß. Die Menschen hatten andere Sorgen, ging es doch um das tägliche Überleben in den vier Besatzungszonen. Die Angst vor der Zukunft beherrschte den Alltag, der von Anweisungen der Militärgouverneure bestimmt wurde. Das Interesse der Bürgerinnen und Bürger für die Grundlagen einer demokratischen und offenen Gesellschaftsform stand nicht so sehr im Vordergrund, wie man rückblickend angesichts der schlimmsten Menschenrechtsverletzungen im „Dritten Reich" hätte erwarten können. Die Faszination demokratischen Lebensgefühls entfaltete sich noch nicht.

Viele Menschen im zerstörten Deutschland konnten sich wohl auch gar nicht vorstellen, was es bedeutete, selbstbestimmt in einem demokratisch verfassten Rechtsstaat mit von Parteien unabhängigen Institutionen zu leben. Der Obrigkeitsstaat wurde mit dem Grundgesetz abgeschafft. „Der Staat ist um des Menschen willen da, nicht der Mensch um des Staates willen", das war eine Grundvorstellung der Verfassungsberatungen, die dann in die rechtsverbindliche Formulierung von Artikel 1 Absatz 1 des Grundgesetzes (GG) mündete, wonach die Menschenwürde eines jeden unantastbar ist.

> „Der Staat ist um des Menschen willen da, nicht der Mensch um des Staates willen."

Eine geschriebene Verfassung entfaltet Wirkung nur dann im täglichen Erleben, wenn die Menschen an ihre Wirkungskraft glauben und sie immer wieder selbst spüren. Uns muss deshalb bewusst sein, was das Grundgesetz bedeutet, welche Auswirkungen es auf unsere Gesellschaft, auf unser Zusammenleben und auf das Handeln der Politiker und Politikerinnen hat. Dieses Bewusstsein scheint heute nicht so umfassend und vertieft vorhanden zu sein, wie es eigentlich angesichts der Staaten mit autoritären Systemen, den sogenannten illiberalen Demokratien in unserer unmittelbaren Nachbarschaft selbstverständlich sein sollte.

Sind die Grundrechte zu abstrakt? Sind sie im täglichen Leben nicht gegenwärtig und nicht im Bewusstsein der Menschen, weil diese nicht wissen, wie sich die Grundrechte tatsächlich für sie auswirken? Stellen wir uns nur vor, wie Deutschland heute ohne die Verbindlichkeit der Grundrechte aussehen würde: Der Staat wäre ein nicht gebändigter Leviathan, der den Menschen vorschreibt, wie sie sich zu verhalten haben. Der Meinungen, Medien, Presse und Versammlungen nur dann zulässt, wenn sie seinen Vorstellungen entsprechen. Der Menschen einsperren lässt, weil sie andere als die erlaubten Lebensformen wählen, und der die tägliche Überwachung mit allen analogen und digitalen Mitteln betreibt. In einem solchen Staat ist der Mensch in seiner Kommunikation, seinem Verhalten, seinem Denken und Fühlen vollkommen durchsichtig, während umgekehrt der Staat für die Menschen intransparent bleibt. Ein Blick auf die Entwicklungen in autokratischen und diktatorischen Staaten wie der Volksrepublik China lässt die Visionen aus George Orwells Roman „1984" lebendig werden.

Es gibt also etwas zu verteidigen, was jedem Menschen nützt: Staatsferne, Privatheit, Selbstbestimmung, Eigenverantwortung gegen Obrigkeitsstaat und gegen Ausschnüffelei, Bevormundung und Fremdbestimmung.

In den ersten Jahrzehnten der Bundesrepublik Deutschland entwickelten sich die Grundrechte, deren Konkretisierung besonders durch die Rechtsprechung des Bundesverfassungsgerichts erfolgte, zu einer Erfolgsgeschichte. Selbst nehmen wir die Freiheitsrechte in Anspruch und sprechen sie schnell anderen ab. Der Glanz der Freiheitsrechte für jedermann scheint verblasst, teilweise wird die Freiheitsausübung derjenigen, die aus einem anderen kulturellen Umfeld kommen, als Gefährdung der eigenen Werte wahrgenommen. Der Ausspruch „Wir sind das Volk" drückt nicht nur die Emanzipation der Zivilgesellschaft und das Streben nach Freiheit aus, wie es bei den Demonstrationen der Bürgerinnen und Bürger der ehemaligen DDR bis zum Fall der Mauer war. Er wird teilweise auch zur Ausgrenzung derjenigen verwandt, die angeblich als Fremde nicht zu Deutschland gehören. Wenn „Wir sind das Volk" eben nur einen Teil des Volks meint, dann gehören damit die anderen nicht dazu. Was für eine Anmaßung, welche Arroganz!

Es reicht eben nicht, dass der Geist der Freiheit irgendwann mal geweht hat – etwa vor 70 Jahren im Parlamentarischen Rat, als das Grundgesetz entstand. Oder 20 Jahre später, 1969, als das Rechtsmittel der Verfassungsbeschwerde in die Verfassung aufgenommen wurde. Es war bis dahin nur einfachgesetzlich im Bundesverfassungsgerichtsgesetz geregelt und hätte jederzeit mit einfacher Mehrheit abgeschafft werden können. Seit der Neuregelung kann jeder Bürger die unmittelbare Verletzung seiner Grundrechte beim Bundesverfassungsgericht geltend machen. Die Verfassungsbeschwerde ist das Instrument, das bis heute immer wieder Rechtsverstöße der Exekutive oder des Gesetzgebers kritisiert und sie dem Bundesverfassungsgericht zur Prüfung vorlegen kann. Das Bundesverfassungsgericht hat häufig Verfassungsverstöße gerügt und den Bürgern Recht gegeben. Ohne die Verfassungsbeschwerde hätten die Grundrechte keine wirksamen Abwehrrechte gegen den Staat werden können.

Die Grundrechte sind kein Denkmal der Vergangenheit, sie haben sich nicht überholt. Im Gegenteil: Die Buchstaben der Artikel 1 bis 19 GG entfalten bis heute Dynamik, sie leben, sie sind nicht nur ein Stück Papier. Man muss sich von ihnen erfrischen und begeistern lassen, immer und immer wieder.

Sie sichern uns allen unsere Freiheit, sodass wir uns frei bewegen, frei reden und frei leben können. Dies gilt freilich nicht vollkommen unbegrenzt, sondern immer so, dass die demokratisch gesetzten Regeln und die sich aus dem Grundgesetz ergebenden Grenzen eingehalten werden. Es gibt nicht die Freiheit der Akademiker, nicht die Freiheit der Autofahrer, nicht die Freiheit der Älteren, nicht die Freiheit nur einer Bevölkerungsgruppe, sondern unser aller Freiheiten. Diese Freiheiten stehen uns zu, es sind unsere Rechte, die uns niemand nehmen kann, die von allen staatlichen Gewalten zu beachten sind.

Leider haben wir über die Jahrzehnte hinweg immer mehr Regeln bekommen, die die freie Entfaltung einschränken. Und leider war diese Entwicklung auch durch menschliches Verhalten verursacht, das keine Rücksicht auf andere nimmt: Gewalt bei Versammlungen und Demonstrationen, Beleidigungen anderer Menschen, Angriffe auf Helfer oder das Gaffen bei Unfällen, das die Opfer zusätzlich beleidigt, weil es sich an deren Leid ergötzen will. Sensationslust, hedonistischer Narzissmus und etliche weitere Grenzüberschreitungen sind eine Seite der Freiheit, die schreckliche, die hässliche, die verletzende. Sie ist nicht gemeint, wenn verantwortungsbewusst von Selbstbestimmung in unserer Gesellschaft gesprochen wird. Gegenseitige Rücksichtnahme, Achtung und Respekt sind keine Tugenden von vorgestern, sondern unabdingbar, um Freiheit in einer Gesellschaft von Millionen Individuen mit unterschiedlichen Persönlichkeiten leben zu können.

Die Idealvorstellung wäre, dass jeder Mensch so handelt, dass die Maxime seines Willens jederzeit zugleich als Prinzip einer allgemeinen Gesetzgebung gelten könnte, so der Kerngedanke des kategorischen Imperativs von Immanuel Kant.

„Dieser Satz ist der Versuch, einen Maßstab für gerechtes Handeln zu finden. Der Mensch soll aus sich heraustreten und sich in andere Menschen hineinversetzen, dann weiß er von selbst, wie er sich verhalten muss. Nichts anderes sagt das Sprichwort: Was du nicht willst, dass man dir tu', das füg auch keinem andern zu. Dieses Prinzip ist die Grundlage jeglichen Rechtssystems", so interpretiert Winfried Hassemer, ehemaliger Richter des Bundesverfassungsgerichts, den kantischen Imperativ.[1] Das hat bis heute nichts an Aktualität verloren. Beschimpfungen, ehrverletzende Herabsetzungen und Hasstiraden in den sozialen Netzwerken gehören inzwischen zum Alltag und werden gezielt eingesetzt – genau das Gegenteil von gegenseitigem Respekt und der Beherzigung des Grundsatzes, dem anderen nicht das anzutun, was man selbst nicht erfahren möchte. Auch wenn der Austausch im Internet ohne persönlichen Kontakt geschieht, sind die Verletzungen real. Die Persönlichkeitsrechte, die Privatsphäre und das Recht zur freien Meinungsäußerung sind

Grundrechte, die sich gegenseitig begrenzen, um eben Verletzungen zu vermeiden.

EIN NEUANFANG 1949

Seit im Nachkriegsdeutschland politische Parteien wieder zugelassen waren, stießen auch parteipolitische und ideologische Gegensätze aufeinander. In den Landtagen der Westzone waren parlamentarische Demokratie und parteipolitische Auseinandersetzung längst wieder präsent, als im September 1948 der Parlamentarische Rat mit der Arbeit am Grundgesetz begann. So spielten die parteipolitischen Gegensätze auch während der Ausarbeitung des Grundgesetzes eine wesentliche Rolle. Sollte der Bezug auf Gott aufgenommen werden? Wer sollte für die Verwaltung der Finanzen verantwortlich sein? Und wie sollte sich die Länderkammer zusammensetzen?

Dennoch waren sich die Vertreter der demokratischen Parteien in vielen grundlegenden Fragen schnell einig – vor allem in der Absicht, einen demokratischen Staat in einem geeinten Europa zu errichten. Unstrittig war auch die Errichtung eines starken, unmittelbar vom Volk gewählten Parlaments. Dieses Parlament sollte für einen wesentlichen Anteil der Gesetzgebung zuständig sein, die Regierung sollte von ihm abhängen, und schließlich sollte es bei der Wahl des Bundespräsidenten mitwirken.

Ebenfalls über die Parteigrenzen hinweg bestand Einigkeit in der Ablehnung von Plebisziten, was vor allem dem Missbrauch von Volksabstimmungen während der nationalsozialistischen Zeit geschuldet war. Deshalb kann es bis heute keine Volksabstimmungen und Volksbefragungen auf Bundesebene geben – mit einer Ausnahme: wenn es um die Änderung des Bundesgebietes geht. Nach der deutschen Einheit wurde von den Bürgerinnen und Bürgern über die Zusammenlegung von Berlin und Brandenburg abgestimmt, wie es in Artikel 29 Absatz 2 GG vorgeschrieben ist, und ein neues Bundesland Berlin-Brandenburg abgelehnt.

Da war die Debatte über die im Grundgesetz zu verankernden Grundrechte schon kontroverser und entzündete sich nicht nur an der Formulierung, sondern auch an der Ausgestaltung einiger Grundrechte. Darüber, Freiheitsrechte aufzunehmen und die Stellung der Bürgerinnen und Bürger zu stärken, bestand Konsens. Auch war man sich einig, ihnen innerhalb des Grundgesetzes eine besondere Bedeutung als rechtlich durchsetzbare Instrumente zur Kontrolle und Begrenzung staatlicher Macht zu geben. Darin unterschieden sie sich von der Weimarer Reichsverfassung (WRV), in der die Grundrechte nur im Rahmen der Gesetzgebung galten und damit durch den einfachen Gesetzgeber eingegrenzt und ausgehebelt werden konnten. Die Weimarer Reichsverfassung und die dort verankerten Grundrechte hatten die formal legale Machtergreifung der Nationalsozialisten nicht verhindern können.

Wohl kein Diktator wird sich von der Durchsetzung seiner Vorstellung eines autoritären Staats durch eine geschriebene Verfassung abbringen lassen. Er wird alles tun, die Verfassung zu ändern oder sie bewusst zu brechen. Eine unabhängige Justiz und starke Institutionen können nachhaltigen Widerstand gegen die Entwicklung von Staatsallmacht und die Unterdrückung der Bürger leisten. Aber genauso wichtig ist eine lebendige Zivilgesellschaft, die sich ihrer Rechte bewusst ist und gegen ihre Beschränkung auch auf die Straße geht. Der Willkür der Staatsgewalt, ausgeübt durch rechtsstaatlich nicht mehr gebundene Polizei und Geheimdienste, steht mit den Grundrechten ein Schutzwall gegenüber, der mit einer unabhängigen, nicht korrupten Justiz verhindern kann, dass die Bürger auf verlorenem Posten stehen. Vergessen wir deshalb nie, wie wichtig es ist, die Demokratie zu leben. Die Demokratie braucht überzeugte Demokraten.

Die Demokratie braucht überzeugte Demokraten.

Um die Wirksamkeit und den Stellenwert der Grundrechte im Gefüge unseres heutigen Grundgesetzes zu verstehen, ist es hilfreich, wenigstens drei Schwachstellen der Weimarer Reichsverfassung zu kennen, die die Machtübernahme der Nationalsozialisten ermöglicht und insofern maßgeblich zum Scheitern der Weimarer Republik beigetragen haben.

Ganz oben auf der Liste der Schwachstellen steht der berühmt-berüchtigte Artikel 48 WRV, dessen Absatz 2 folgendermaßen lautet:

„Der Reichspräsident kann, wenn im Deutschen Reiche die öffentliche Sicherheit und Ordnung erheblich gestört oder gefährdet wird, die zur Wiederherstellung der öffentlichen Sicherheit und Ordnung nötigen Maßnahmen treffen, erforderlichenfalls mit Hilfe der bewaffneten Macht einschreiten. Zu diesem Zwecke darf er vorübergehend die in den Artikeln 114, 115, 117, 118, 123, 124 und 153 festgelegten Grundrechte ganz oder zum Teil außer Kraft setzen."

Mit dieser auch Diktatur des Reichspräsidenten genannten Bestimmung war der Reichspräsident also ermächtigt, den Reichstag, das demokratisch gewählte Parlament, als ordentlichen Gesetzgeber zu umgehen und mit Not- oder Diktaturverordnungen einzelne oder mehrere Grundrechte teilweise oder vollständig außer Kraft zu setzen. Auf diese Ermächtigung hätte nur im Ausnahmezustand, also bei erheblichen Störungen oder Gefährdungen der öffentlichen Sicherheit und Ordnung zurückgegriffen werden dürfen. Tatsächlich wurde von ihr aber im Zeitraum von Oktober 1919 bis Dezember 1932 sage und schreibe 254-mal Gebrauch gemacht.

Eine zweite Schwachstelle der Weimarer Verfassung war die in Artikel 25 festgelegte Befugnis des Reichspräsidenten, den Reichstag aufzulösen. Eine dritte bestand darin, dass verfassungsändernde Gesetze zu ihrer Verabschiedung zwar einer Zweidrittelmehrheit des Reichstags bedurften, diese aber nicht die Zweidrittelmehrheit aller, sondern nur die der an der Sitzung teilnehmenden, also anwesenden Abgeordneten sein musste.

Es waren solche und ähnliche Schwächen der Weimarer Verfassung, die der Oberpropagandist der Nazis, Joseph Goebbels, im Auge hatte, als er bereits im April 1928 in dem von ihm herausgegebenen NSDAP-Kampfblatt „Der Angriff" in aller Offenheit ankündigte:

„Wir gehen in den Reichstag hinein, um uns im Waffenarsenal der Demokratie mit deren eigenen Waffen zu versorgen. (...) Wenn die Demokratie so dumm ist, uns für diesen Bärendienst Freifahrkarten und Diäten zu geben, so ist das ihre eigene Sache. (...) Wir kommen nicht als Freunde, auch nicht als Neutrale. Wir kommen als Feinde! Wie der Wolf in die Schafsherde einbricht, so kommen wir!"

Genau das sollte das Grundgesetz künftig verhindern. Es sollten die Lehren aus dem Versagen der Demokraten und dem Erfolg der nationalsozialistischen Populisten gezogen werden, zu deren Erfolgsrezept die Hetze gegen Andersdenkende und Andersgläubige gehörte. Der Selbstentmachtung und Selbstauflösung des Parlaments wurden Riegel vorgeschoben und die fundamentalen Säulen der freiheitlichen demokratischen Grundordnung mit einer sogenannten Ewigkeitsgarantie gesichert. Das heißt, dass auch mit einer Zweidrittelmehrheit die Unantastbarkeit der Menschenwürde, die Gewaltenteilung und die Rechtsstaatsgarantie nicht aufgehoben werden können.

Zum Schutz der Demokratie ging der Parlamentarische Rat noch andere Wege: So bedroht das Grundgesetz auch Vereinigungen (Art. 9 Abs. 2) und Parteien (Art. 21 Abs. 2) mit Verbot, die gegen die freiheitliche Grundordnung gerichtet sind. Das ist ein scharfes Schwert in einer Demokratie, die Parteien zur Meinungsbildung und zu den Wahlen braucht. Es hat allerdings bis heute nur zwei Parteienverbote gegeben.

Über das Verständnis der Grundrechte als möglichst konkrete, für alle Gewalten verbindliche Rechte, die nicht in ihrem Wesensgehalt angetastet werden dürfen, bestand schnell Konsens. „Der Staat soll nicht alles tun können, was ihm gerade bequem ist,

„Die Grundrechte müssen das Grundgesetz regieren."

wenn er nur einen willfährigen Gesetzgeber findet, sondern der Mensch soll Rechte haben, über die auch der Staat nicht soll verfügen können. Die Grundrechte müssen das Grundgesetz regieren", so der Sozialdemokrat Carlo Schmid bei der Generaldebatte des Plenums des Parlamentarischen Rats am 9. September 1948. In derselben Sitzung befand der Liberale Theodor Heuss: „Was die Grundrechte betrifft, so sind sie ein Stück des Staates; aber sie sind gleichzeitig Misstrauensaktionen gegen den Missbrauch der staatlichen Macht." Und der Christdemokrat Adolf Süsterhenn äußerte: „Höchstwert ist für uns die Freiheit und die Würde der menschlichen Persönlichkeit."[2]

Auch über den klassischen Katalog, also die individuellen Grundrechte wie beispielsweise Meinungsfreiheit, Versammlungsfreiheit, Post- und Fernmeldegeheimnis sowie den Anspruch auf einen gesetzlichen Richter, war man sich angesichts der Erfahrungen im Nazi-Unrechtsregime schnell einig. Konsequent war der Vorschlag, ein Recht für Fremde auf Schutz vor Auslieferung und Ausweisung zu schaffen (damals Art. 16 Abs. 2 GG), wenn sie unter Verletzung der in der Verfassung niedergelegten Grundrechte im Ausland verfolgt werden und in den Geltungsbereich des Grundgesetzes geflohen sind. Denn zu den Erfahrungen der Verfolgten der NS-Diktatur gehörte nicht nur das Exil, sondern auch das verweigerte Exil. Es war mutig, dies zu fordern, denn immerhin lebten in Westdeutschland damals bei verheerender wirtschaftlicher Lage etwa sieben Millionen Flüchtlinge.

Dagegen rief der einfache Satz, dass Männer und Frauen gleichberechtigt sind (Art. 3 Abs. 2 GG), überraschend kontroverse Einlassungen hervor. Dann sei das Bürgerliche Gesetzbuch in weiten Teilen des Familienrechts verfassungswidrig, bemerkte Thomas Dehler (der erste westdeutsche Bundesjustizminister) juristisch zutreffend. Doch zog er daraus den falschen Schluss, man solle deshalb eine weniger konkrete Formulierung wählen, um die entsprechenden Abschnitte des Familienrechts nicht ändern zu müssen. Bezeichnend für Positionen wie diese war, dass die Vormundschaft des Ehemanns über seine Frau ganz überwiegend nicht als Benachteiligung der Frauen gesehen wurde.

Elisabeth Selbert (SPD) ist es zu verdanken, dass es doch zu dieser klaren Grundrechtsfassung der Gleichberechtigung gekommen ist.[3] Sie brachte das Thema in die breite Öffentlichkeit. Eine von ihr mitinitiierte Öffentlichkeitskampagne von Frauenorganisationen und Medien ließ den Widerstand gegen die Gleichberechtigung im Parlamentarischen Rat in kürzester Zeit zusammenbrechen. Einstimmig nahm der Hauptausschuss die Formulierung von Elisabeth Selbert an. War da mal Widerstand gewesen? Auch schon damals hat funktioniert, was heute mittels sozialer Medien, diverser digitaler Plattformen und gezielter Medienkampagnen viel ausgeprägter möglich ist: Einfluss auf die Meinungsbildung demokratisch legitimierter politischer Repräsentanten zu nehmen. Demokratische Meinungsbildung kann eben sowohl mittels fairer sachlicher Argumente befördert als auch mittels Fake News und Desinfomationskampagnen manipuliert werden.

Bei der Verabschiedung des Grundgesetzentwurfs am 8. Mai 1949 wurde denn auch von früheren Kritikern festgestellt, dass die Gleichberechtigung der Frau im Grundsatz eigentlich kein Streitpunkt gewesen sei. Allenfalls sei es um die Suche nach einer angemessenen und juristisch unangreifbaren Formulierung gegangen. Man hatte sich auf das Ziel verständigt, den Gleichheitsgrundsatz so zu fassen, dass er auch Auswirkungen auf das bürgerliche Recht und insbesondere das Familienrecht und Arbeitsrecht haben würde.

Das Familienrecht war konservativ geprägt, die Frau durfte ohne Erlaubnis des Mannes nicht arbeiten, sie musste den Namen des Mannes übernehmen und konnte ohne dessen Zustimmung kein eigenes Konto eröffnen. Erst im Laufe der 60er-Jahre wurden diese die Frau entmündigenden Gesetze abgeschafft und damit die gesellschaftliche Gleichstellung der Frauen ein Stück vorangebracht. Das lässt eindeutige Rückschlüsse auf das Verständnis vieler Politiker von Gleichberechtigung zu – nur keine positiven. Denn über ein Jahrzehnt lang hatten sie sich anscheinend nicht an den verfassungswidrigen familienrechtlichen Zuständen gestört, die ihnen ja schon mit Verabschiedung des Gleichberechtigungsartikels 1949 bewusst waren. Ohne die Rechtsprechung des Bundesverfassungsgerichts als treibende Kraft hätte es vielleicht noch länger gedauert. Die Karlsruher Richter bereiteten der Emanzipation der Frau den Weg und begleiteten den Wandel der Familie und Ehe weg von dem alten idealisierten Vater-Mutter-Kind-Familienbild zur partnerschaftlichen Beziehung und der Angleichung der Homo-Ehe.

NATÜRLICH SIND WIR GLEICHBERECHTIGT ...

1993 wurde im Zuge einiger Änderungen der Verfassung nach der deutschen Einheit auf Druck von Frauen Artikel 3 Absatz 2 um einen Satz 2 ergänzt: „Der Staat fördert die tatsächliche Durchsetzung der Gleichberechtigung von Frauen und Männern und wirkt auf die Beseitigung bestehender Nachteile hin." Die Bedeutung und Reichweite der Regelung habe ich als damalige Bundesjustizministerin so erläutert: Die gefundene Formulierung betont den bisher vernachlässigten Bereich der faktischen Gleichberechtigung und erhebt ihn in den Rang einer Staatszielbestimmung. Diese Staatszielbestimmung begründet keine einklagbaren Individualansprüche. Sie verpflichtet den Staat aber, auf die Beseitigung bestehender Nachteile hinzuwirken.

Den Handlungsmaßstab für politische Bemühungen um die tatsächliche Durchsetzung der Gleichberechtigung von Mann und Frau gibt seit dem 1.5.1999 der Vertrag von Amsterdam mit dem Prinzip des Gender Mainstreaming vor. Die rechtliche Gleichberechtigung in Deutschland ist mit dem Allgemeinen Gleichbehandlungsgesetz (AGG) seit 2006 annähernd durchgesetzt, oder anders ausgedrückt, es gelten weitgehend die einheitlichen Standards gegen Diskriminierung. Der allgemeine Gleichheitsgrundsatz verbietet die rechtliche Differenzierung wegen des Geschlechts. Das gilt zunächst gegenüber dem Staat, wirkt sich aber auch auf das Privatrecht aus, etwa auf das Gebot geschlechtsneutraler Stellenausschreibungen und das Recht auf gleichen Lohn bei gleicher Arbeit.

... ABER WIR SIND NOCH NICHT AM ZIEL

Die Machtstrukturen in Wirtschaft und Gesellschaft sind mit Blick auf einige Branchen nach wie vor männlich geprägt. Das ändert sich trotz der bestehenden 30-Prozent-Frauenquote für die Aufsichtsräte von bestimmten Unternehmen nur langsam. In den Vorständen tut sich kaum etwas.

Im Zuge der #MeToo-Debatte, die im Oktober 2017 von den USA ausging, wird auch in Europa und in Deutschland über Sexismus und Gewalt diskutiert. Im Kern geht es um Macht. Um Machtmissbrauch, um Machtstrukturen und um Machtgefälle, die würdelos ausgenutzt werden. Die seitdem geführte Auseinandersetzung kann helfen, bestehende Mechanismen aufzudecken, die es meistens Frauen erschweren, einen „mächtigeren" Mann wegen sexueller Belästigung anzuklagen – unabhängig vom Beruf. Es geht um Scham und um Angst vor den Konsequenzen, etwa vor dem Verlust des Arbeitsplatzes oder des Ansehens.

Die Gesellschaft verkennt und unterschätzt noch immer, wie groß das Machtgefälle in bestimmten Konstellationen tatsächlich ist. Es existiert mit Sicherheit in schlechter bezahlten Jobs ebenso wie in der gut dotierten Unterhaltungsbranche. Dieses Macht- und Hierarchiedenken in der Gesellschaft ist genau das Problem. Erniedrigung und verletzende Missachtung durch sexuelle Übergriffe bis hin zu Vergewaltigungen sind inakzeptabel und müssen konsequent strafrechtlich geahndet werden. Die Strafbestimmungen sind immer weiter ausgedehnt worden, sodass es keine Strafrechtslücken, sondern eher Beweisprobleme gibt, da häufig Aussage gegen Aussage steht.

Jeder kann von Sexismus und/oder sexueller Belästigung betroffen sein, auch Männer. Die Hintergründe müssen als gesamtgesellschaftliches Problem erkannt werden. Es handelt sich eben nicht um „Kavaliersdelikte", und es liegt in der Verantwortung der Gesellschaft, der Bagatellisierung entschieden entgegenzutreten. Die Gesellschaft ist sensibler geworden und das Bewusstsein für die Notwendigkeit einer Veränderung ist präsent wie nie zuvor. Das ist auch ein Erfolg des Grundrechts auf Gleichberechtigung. Und was hat das mit Artikel 3 GG zu tun? Was könnte oder müsste der Staat tun? Systemische und Wirtschaftsstrukturen können nicht mit einem Knopfdruck oder mit einem Gesetz verändert werden. Es geht um Chancengerechtigkeit, um Teilhabe, um faire Behandlung und um gesellschaftliches Bewusstsein. Das kann nicht der Staat verordnen, das muss aus der Gesellschaft heraus entwickelt werden.

SIND DIE GRUNDRECHTE GEFÄHRDET?

Die große Leistung der Mütter und Väter des Grundgesetzes besteht darin, den Schutz der Grundrechte in der Verfassung selbst verankert und den Zusammenhang zwischen den Grundrechten und den unverletzlichen und unveräußerlichen Menschenrechten als Grundlage jeder menschlichen Gemeinschaft herausgestellt zu haben. Einerseits auf Wunsch der Alliierten, andererseits im Zweifel über seine Zweckmäßigkeit verzichteten die Schöpfer des Grundgesetzes auf einen Katalog von sozialen Grundrechten. Während die Länderverfassungen hier im Allgemeinen detaillierter ausgefallen sind – so kennt beispielsweise die bayerische Verfassung von 1946 einen Anspruch auf angemessene Wohnung (Art. 106) und auf Sicherung gegen die Wechselfälle des Lebens (Art. 171) –, begnügte man sich im Grundgesetz bis auf den Anspruch der Mütter auf Schutz und Fürsorge (Art. 6 Abs. 4) mit einer allgemeinen Sozialstaatsklausel (Art. 20 Abs. 1).

Der 1949 beschlossene Grundrechtskatalog wurde in den folgenden Jahrzehnten durch Entscheidungen des Bundesgesetzgebers und die Gesetzgeber der Länder ergänzt, z. B. um den Schutz der natürlichen Lebensgrundlagen und die Durchsetzung der Gleichberechtigung. Andererseits wurden etwa das Asylrecht für politisch Verfolgte und die Unverletzlichkeit der Wohnung eingeschränkt.

Die Grundrechte entfalten heute ihre Funktion als Abwehrrechte gegen staatliches Handeln wie auch als Schutz vor Grundrechtsverletzungen seitens Dritter. In welcher Weise die Bürger durch das Handeln privater Unternehmen in ihren Grundrechten beschränkt werden, ist angesichts des Handels weltweit agierender IT-Konzerne mit Unmengen personenbezogener Daten und der Beeinträchtigung der Persönlichkeitsrechte Milliarden Betroffener weltweit von immer größerer Bedeutung. Das gilt auch für die Frage, wie sich in der digitalisierten Welt eine Verpflichtung des Staates auf Tätigwerden verbunden mit Grundrechtsverletzungen Dritter auswirken kann.

Das vom Bundesverfassungsgericht mit dem Volkszählungsurteil 1983 entwickelte Recht der informationellen Selbstbestimmung, zu dem der Schutz personenbezogener Daten gehört, wird zum Eckpfeiler der gesetzgeberischen Gestaltung der weltweiten Digitalisierung. Es prägt auch die Datenschutzgrundverordnung der Europäischen Union (EU-DSGVO), die am 25. Mai 2018 in Kraft getreten ist. Das Bundesverfassungsgericht hat sich bis heute als Garant und Verteidiger der grundrechtlichen Freiheitsrechte und damit als bester Verbündeter der Bürgerinnen und Bürger erwiesen. Auf einige Grundsatzentscheidungen, die sich meist gegen den Gesetzgeber richten, werde ich in den folgenden Kapiteln eingehen.

Mit dem Europäischen Gerichtshof für Menschenrechte (EGMR), dem Gerichtshof der Europäischen Union (EuGH) und dem Bundesverfassungsgericht in Deutschland hat sich ein einmaliges Dreieck höchster Gerichte zur Verteidigung der Freiheitsrechte in Deutschland, in der Europäischen Union und in den Staaten des Europarats gebildet. Diese Gerichte respektieren sich gegenseitig, pflegen einen regelmäßigen Meinungsaustausch und nehmen je nach Fallgestaltung auf die jeweilige Rechtsprechung Bezug. So berücksichtigt das Bundesverfassungsgericht die EGMR-Rechtsprechung, um Rechtsprechungskonflikte zu vermeiden, was als Basis für einen internationalen und europäischen Dialog der Gerichte dienen kann. Auch wenn die Europäische Menschenrechtskonvention innerstaatlich im Rang unter dem Grundgesetz steht, sind ihre Bestimmungen völkerrechtsfreundlich auszulegen.

Trotz dieser Erfolgsgeschichte und etlicher Absicherungen sind die Freiheitsrechte heute in einer Dimension bedroht, wie es 1949 nicht vorhersehbar war. Sie sind nicht nur durch internationale Entwicklungen wie den Terrorismus tatsächlich gefährdet, sondern sie werden von denen, die durch sie geschützt und gestärkt werden, also von den Bürgern selbst, nicht ausreichend wertgeschätzt. Die Bürger verspüren Angst und Verunsicherung wegen der unglaublich dynamischen technologischen Entwicklungen mit ihren tiefgreifenden Auswirkungen auf die Wirtschaft, den Arbeitsmarkt, die persönliche Lebensgestaltung, die Umwelt. Zugleich lehnen sie jene Veränderungen ab, die der Zuzug von Flüchtlingen und Asylbewerbern mit sich gebracht hat. Beide Entwicklungen führen bei einem Teil der Bevölkerung dazu, das erstrebte Glück und die ersehnte Sicherheit vom Staat zu erwarten, in dessen Institutionen sie aber immer weniger Vertrauen haben. Es gibt Rechtspopulisten, die zwar von den Freiheitsrechten reden, damit aber nur die eigenen und nicht die aller Bürger meinen. Sie betreiben Elite-Bashing, verklären das Deutschtum teilweise unter Ausblendung oder bewusster Verklärung der jüngsten Geschichte und propagieren ein Diktat der Mehrheit (natürlich der Deutschen) gegenüber Minderheiten, die sich unterschiedlich nach Herkunft, Religion und Status definieren.

Dass wir die Freiheitsrechte nicht immer richtig begreifen, dass wir sie eher den Juristen und Gerichten überlassen, als sie selbst bewusst zu leben, dass sie auch von einigen Politikern bewusst marginalisiert und negiert werden, daran haben die Mütter und Väter des Grundgesetzes nicht denken können. Sie konnten sich bestimmt nicht vorstellen, dass die gerade erst überwunden geglaubte menschenverachtende nationalsozialistische Rassenideologie sich im 21. Jahrhundert in Deutschland wieder ausbreiten würde. Sie konnten sich die Sattheit, die Gleichgültigkeit vieler Menschen in einer mit großem Wohlstand gesegneten Bundesrepublik Deutschland nicht vorstellen. Und nach Jahren der Entrechtlichung durch willkürliches Staatshandeln passte es nicht in ihre Vorstellungswelt, vom Staat weitgehende Versorgung und Sicherheit auch auf Kosten der eigenen Freiheit zu erwarten.

70 Jahre nach dem Aufbruch in eine neue Welt der Freiheitsrechte, der liberalen Demokratie und Rechtsstaatlichkeit brauchen wir einen Neuanfang. 2019 muss zum Jahr der bewussten und streitbaren Auseinandersetzung für die Freiheit werden. Sie gilt es einer Politik entgegenzustellen, die einem vorgeblichen Zuwachs von Sicherheit permanent Vorrang einräumt. Begreifen wir die grundrechtliche Wertebasis als Bereicherung unseres täglichen Lebens und orientieren wir uns an ihr als dem wichtigsten Maßstab und Kitt für ein friedliches, von gegenseitigem Respekt getragenes Zusammenleben.

Kapitel 2
Die Unantastbarkeit der Menschenwürde ganz konkret

Das Grundgesetz beginnt mit der Achtung und dem Schutz der Würde des Menschen: Die Würde des Menschen ist unantastbar. Sie zu achten und zu schützen, ist Verpflichtung aller staatlichen Gewalt. Artikel 1 GG gibt ein großes Versprechen, das alle staatlichen Gewalten bindet. Weder die Verwaltung noch der Gesetzgeber oder die Gerichte dürfen sich darüber hinwegsetzen oder sie verletzen. Es ist das Versprechen, jeden Menschen um seiner selbst willen zu achten.

Worauf gründet sich die Idee der Menschenwürde eigentlich? Woher kommt der Gedanke, es gebe unveräußerliche Menschenrechte? Seit der Antike haben sich viele Denker mit dieser Frage auseinandergesetzt, sie in ihren philosophischen, theologischen, politischen oder juristischen Dimensionen ausgeleuchtet.

Der Politiker und berühmte Redner des antiken Rom Marcus Tullius Cicero entwickelte ein Verständnis der menschlichen Würde losgelöst vom Amt und sozialen Status. Der römisch-katholische Theologe Thomas von Aquin schöpfte im Mittelalter die Würde der menschlichen Person aus der Gottesebenbildlichkeit, der natürlichen Einsichtsfähigkeit und der Entscheidungsfreiheit des Menschen. Die Aufklärung legte den Grund für ein Würdeverständnis, das von sittlicher Selbstbestimmung, vom Eigenwert jeder menschlichen Existenz und gegenseitiger Achtung geprägt ist.[4] Der Philosoph Immanuel Kant sieht die Autonomie als den

> **Die Würde des Menschen ist unantastbar. Sie zu achten und zu schützen, ist Verpflichtung aller staatlichen Gewalt.**

Grund für die Würde der menschlichen und jeder vernünftigen Natur. Diese skizzenhaften Hinweise zur Menschenwürde zeigen die unterschiedlichen Herleitungen auch der Menschenrechte – einerseits aus der christlichen Vorstellung von der Gottesebenbildlichkeit des Menschen und andererseits aus seiner Vernunftbegabung.

Verfassungsrechtlichen Niederschlag fanden die Menschenrechte bereits 1215 in der Magna Charta in England, die dem Adel gegenüber dem König politische Rechte verlieh. Zum ersten Mal in der deutschen Geschichte besann sich das revolutionäre Bürgertum des Jahres 1848 auf die Kraft der Volkssouveränität. Das führte zur Paulskirchenverfassung von 1849, die in 60 Paragrafen einen Katalog von Grundrechten enthielt, auf den die Schöpfer späterer Verfassungen wie der Weimarer Reichsverfassung zurückgreifen konnten.[5]

Die Grundrechte stellen eine Wertordnung für unser Zusammenleben auf.

Die Grundrechte bilden nicht nur die Rechte der Bürger ab, sondern stellen auch eine Wertordnung für unser Zusammenleben auf. Die Würde ist absolut, nicht relativierbar. Es gibt keine Unterschiede nach Herkunft, Abstammung oder Religion. Kriminelle genießen ebenso Menschenwürdeschutz wie Lebensretter. Was sich so einfach liest, ist ein komplexer und egalitärer Menschenrechtsschutz, der für manche nicht einfach zu verstehen, zu akzeptieren und zu praktizieren ist. In einer offenen Gesellschaft leben viele Individuen mit unterschiedlichen Wertvorstellungen und Interessen, mit unterschiedlichem Glauben und unterschiedlichem sozialen Umfeld. Konflikte gehören deshalb zum Zusammenleben dazu. Sie verlangen von jedem Menschen Respekt und Toleranz. Und das setzt auch einige Kenntnisse über die Lebensweisen und kulturellen Vorstellungen des jeweils anderen voraus.

Die Konfliktlösung muss immer unter Beachtung der Würde aller Menschen friedlich erfolgen, was schon beinhaltet, dass die Würde eines Einzelnen nicht grenzenlos gelten kann. Die Grenzen müssen in der jeweiligen Situation ausgelotet werden. Deshalb ist es so wichtig, die Achtung des anderen als die Kehrseite dessen zu sehen, was man selbst an Achtung erwartet. Das eigene Handeln an diesem Grundgedanken auszurichten, ist genau das Gegenteil von Ausgrenzung, Beleidigung oder Pöbeleien, mit denen Menschen jene überziehen, die etwa einer anderen Religion als sie selbst, dem Islam oder dem Judentum, angehören. Dieser Imperativ gilt für alle, die in Deutschland und damit im Geltungsbereich unseres Grundgesetzes leben, sowohl für die Einheimischen als auch für die Einwanderer.

Die Menschenwürde bedeutet nicht nur die individuelle Selbstbestimmung, nicht nur die Garantie der Personalität des Menschen. Die Garantie der Menschenwürde ist auf ebenso grundsätzliche Weise mit der Garantie der Solidarität zwischen Menschen verknüpft.[6] Immer dann, wenn wir im Zusammenleben und Zusammenwirken mit anderen auf sie angewiesen sind, wenn wir erst durch sie das sind, was wir sind, wird diese Dimension der Menschenwürde sichtbar. In der Arbeitswelt, in der Familie und in der Öffentlichkeit hängt die Wahrung der eigenen Würde auch davon ab, dass andere für einen da sind, sich kümmern, für einen einstehen. Was nützt mir meine Selbstbestimmung, wenn ich in der Schule gemobbt, ausgegrenzt und gehänselt werde? Was ist meine Selbstbestimmung wert, wenn mir nach einem Unfall mit blutenden Verletzungen niemand aus dieser bedrohlichen Lage hilft? Die Realisierung der Menschenwürde hängt entscheidend von der Mitverantwortung des anderen ab.

Da die Menschenwürdegarantie für jeden Menschen unabhängig von seiner Herkunft gilt, haben wir auch eine Mitverantwortung gegenüber denjenigen, die aus einer anderen Umgebung, aus einer anderen Kultur, mit einem anderen Glauben und einer anderen Staatsangehörigkeit zu uns kommen. Ihre Menschenwürde verkümmert, wenn sie keine Möglichkeiten der Entfaltung in einem sicheren Umfeld haben. Auch wenn manche Menschen Deutschland wieder verlassen müssen, sind sie human und angemessen zu behandeln. Das eröffnet einen gesetzgeberischen Spielraum für die Aufenthaltsregelungen und die soziale Versorgung, das verlangt die Einhaltung der Gesetze von den Bürgerinnen und Bürgern, und das verbietet willkürliches und unmenschliches staatliches Vorgehen. An diesen doch recht unbestimmten Rechtsbegriffen sieht man, wie wichtig die Grundeinstellung von uns allen ist. Wie wichtig das Bemühen um gegenseitiges Verstehen ist. Auf einer Basis der grundsätzlichen Wertschätzung gedeiht der ideologisch fundierte und aufgerüstete Hass nicht oder nur sehr viel schwerer.

Diejenigen, die die deutsche Identität durch „Fremde" gefährdet sehen und zu ihrer vermeintlichen „Selbstverteidigung" vor Gewalt bis hin zu Mord, Bombenanschlägen und gewalttätigen Übergriffen nicht zurückschrecken, brauchen keinen „Fremden" für ihren Hass. Sie sind denen auf den Leim gegangen, die theoretisch in jedem Fremden eine Gefährdung des „Deutschseins" sehen und die „deutsche Rasse" als etwas ganz Besonderes betrachten. Wohin diese Rassenideologie führen kann, hat das Wüten des NS-Regimes gezeigt.

Solch ausgrenzendes Verhalten wird durch keine Freiheitsrechte abgedeckt, ganz im Gegenteil: Fremdenfeindlich motivierte Straftaten berechtigen zum Einsatz des schärfsten Schwertes, mit dem der Rechtsstaat sich verteidigen kann – zu jahrelanger Freiheitsstrafe und damit zum tiefsten Eingriff in das Recht auf freies Leben.

ANTWORT AUF NAZI-UNRECHT

Als ausdrucksstärkste Abkehr vom Terrorregime des „Dritten Reichs" erfasst die Garantie der Menschenwürde die Ächtung systematischer Vernichtung, Vertreibung, Zwangssterilisation und physischer Misshandlung sowie alle Formen rassisch motivierter Diskriminierung.[7] Jede staatliche Gewalt hat die Menschenwürde zu achten. Die rassistische Politik des „Dritten Reichs" hat sie mit Füßen getreten und Millionen Menschen ins Verderben gestürzt. Vergessen wir nicht, zu welchen Gräueltaten Menschen fähig sind, wenn angebliche Feinde ihnen in verzerrten und falschen Darstellungen präsentiert werden. Erinnern wir Nachkriegsgenerationen und uns auch daran. Denn selbst heute, in unserer aufgeklärten Zeit mit ihren vielen Informationsmöglichkeiten, werden Feinde unserer Demokratie nicht müde, pauschale, falsche, beleidigende Behauptungen über religiöse oder ethnische Minderheiten oder über Menschen mit gesundheitlichen Einschränkungen auf analogen oder digitalen Wegen zu verbreiten. Wappnen wir uns gegen Vorurteile und Desinformationen und setzen wir dieser Verachtung unsere Achtung der Menschenwürde entgegen.

Artikel 1 gilt als Bollwerk gegen jede wie immer geartete Verletzung der Menschenwürde. Die Menschenwürde markiert, wie das Bundesverfassungsgericht zu wiederholen nicht müde wird, als „oberster Wert" den Mittelpunkt des deutschen Rechts, sie strahlt auf alle Bestimmungen des Grundgesetzes aus.[8] Es widerspricht der menschlichen Würde, den Menschen zum bloßen Objekt des Staats zu machen.[9] Mit der Menschenwürde wäre es nicht zu vereinbaren, wenn der Staat das Recht für sich in Anspruch nehmen könnte, den Menschen zwangsweise in seiner ganzen Persönlichkeit zu registrieren und zu katalogisieren, sei es auch nur in der Anonymität einer statistischen Erhebung, und ihn damit wie eine Sache zu behandeln, die einer Bestandsaufnahme in jeder Beziehung zugänglich ist.

Natürlich verletzt nicht jede staatliche statistische Erhebung über Persönlichkeits- und Lebensdaten die Menschenwürde.[10] Als gemeinschaftsbezogener und gemeinschaftsgebundener Bürger muss jeder die Notwendigkeit statistischer Erhebungen über seine Person in gewissem Umfang, z. B. bei einer Volkszählung, als Vorbedingung für die Planmäßigkeit staatlichen Handelns hinnehmen. Sie wird entwürdigend und zur Bedrohung des Selbstbestimmungsrechts, wenn sie den Bereich menschlichen Eigenlebens erfasst, „der von Natur aus Geheimnischarakter hat".[11] Das ist der private Lebensbereich, der der Außenwelt nicht zugänglich ist. Er darf auch für einen Mikrozensus nicht zu stark berührt werden.

Ist der Schutz der Menschenwürde als selbstverständlicher

Obersatz inzwischen zum Allgemeinplatz geworden? Oder anders formuliert: Die Formulierung ist schön und allgemein verständlich, aber auch nicht sehr konkret und deshalb für den Alltag nicht immer aussagekräftig. Welche Rolle spielt dieser Schutz heute tatsächlich? Abstrakt wird der Schutz der Menschenwürde bestimmt von jedem Bürger, jeder Bürgerin sofort bejaht. Wenn es um konkrete Sachverhalte geht, wird es mit der uneingeschränkten Zustimmung schwieriger. Warum soll zur Aufklärung schwerer Verbrechen nicht versucht werden, mit möglichst allen Mitteln auf einen Verdächtigen einzuwirken? Einsatz von Lügendetektoren? Zwangsernährung? Wenn es um das Gemeinwohl, um die erfolgreiche Verbrechensbekämpfung geht, kann dem Verdächtigen doch einiges zugemutet werden, immerhin hat er sich außerhalb der Rechtsordnung gestellt. So nachvollziehbar diese Überlegung auf den ersten Blick erscheint, so sehr geht sie in die Irre. Sie würde dazu führen, dass Eingriffe in die Menschenwürde je nach ihrer Zielsetzung generell der Abwägung zugänglich wären und bei wichtigen Rechtsgütern wie Leib und Leben anderer Menschen grundsätzlich zulässig sein könnten. Genau das ist mit dem Menschenwürdeschutz nicht gewollt, er darf nicht beliebig zur Disposition gestellt werden. Der Lügendetektor darf deshalb nur mit Einverständnis des Betroffenen eingesetzt werden. Das Verabreichen von Brechmitteln bei Drogenkurieren ist dann eine Würdeverletzung, wenn es andere, weniger eingriffsintensive Mittel gibt.

Bei der Entwicklung der Biomedizin wie der Präimplantationsdiagnostik und bei der unter engen Vorgaben zulässigen Abtreibung zeigt sich die Aktualität der Grundrechte besonders. Einer generellen Verfügbarkeit über menschliches und werdendes Leben steht der Menschenwürdeschutz entgegen. Seit Jahrzehnten wird um die Abtreibung, ihr generelles Verbot oder ihre Erlaubnis, weltweit gestritten. Papst Franziskus hat 2018 mit seiner Äußerung, Abtreibung sei Auftragsmord, viel Empörung und Entsetzen ausgelöst. Zu Recht. Denn diese Bewertung ist auch bei grundsätzlicher Ablehnung der Abtreibung absolut deplatziert und unzutreffend. Es geht nicht um Auftragsmord und nicht um Beihilfe zum Mord. Es sind keine niederen Beweggründe der Frau, die an Abtreibung denkt, sondern essenzielle Notlagen. Es geht darum, die eigene Entscheidung der Schwangeren und den Schutz des werdenden Lebens in Einklang zu bringen. Das ist in Deutschland gelungen. Nach jahrzehntelangen Debatten und Gerichtsverfahren wird die Abtreibung als Tötung ungeborenen Lebens dann nicht als strafbar bewertet, wenn sich die Schwangere hat beraten lassen und die Frist von zwölf Wochen seit der Empfängnis nicht überschritten wird. Es gibt also keine generelle beliebige Verfügbarkeit über werdendes Leben, und es gibt keine generelle Fremdbestimmung der Schwangeren – eine Konfliktlösung, die der Achtung der Menschenwürde der Betroffenen gerecht wird. Sachlich muss über den Schwangerschaftsabbruch informiert werden können, ohne sich deshalb strafbar zu machen.

TODESSTRAFE – HEILIGT DER ZWECK DIE MITTEL?

Die Todesstrafe wird besonders nach einem verabscheuungswürdigen Verbrechen von nicht wenigen Menschen für akzeptabel gehalten. So etwa nach von IS-Terroristen begangenen und in den sozialen Medien zelebrierten Enthauptungen. Da schwingen, menschlich verständlich, Vergeltungs- und Rachegefühle mit. Wer so handele, habe kein Recht auf Achtung seiner eigenen Würde, er habe es quasi verspielt.

Dieses Empfinden lässt vollkommen außer Betracht, dass dem Staat jegliche Legitimation fehlt, sich als Instanz über Leben und Tod zu begreifen. Er darf sich nicht auf diese Ebene begeben. Die Todesstrafe ist deshalb in einer Spezialvorschrift des Grundgesetzes von 1949, in Artikel 102, verboten. Damit wird der personale Achtungsanspruch der Menschenwürde konkretisiert. Und das aus guten Gründen.

Bei den Beratungen zur Verabschiedung des Grundgesetzes hatte ein Abgeordneter der rechtsgerichteten Deutschen Partei überraschend ein Verbot der Todesstrafe vorgeschlagen. Sein durchsichtiger Beweggrund war, weitere alliierte Todesurteile für NS-Kriegsverbrecher anzuprangern, ehemalige Nationalsozialisten für die Partei anzuwerben und Druck auf die Alliierten auszuüben, die Entnazifizierung zu beenden. Eine Mehrheit bekam aber der dann von der SPD eingebrachte Vorschlag zur Abschaffung der Todesstrafe, weil damit die Abkehr von der NS-Barbarei sichtbar gemacht werden sollte.[12]

Der Bundesgerichtshof hat seine „unüberwindlichen Bedenken" gegen die Todesstrafe in einer Urteilsbegründung 1995 wie folgt zusammengefasst:

„Aus humanitären Gründen kann keinem Staat das Recht zustehen, durch diese Sanktion über das Leben seiner Bürger zu verfügen. Vielmehr erfordert es der Primat des absoluten Lebensschutzes, dass eine Rechtsgemeinschaft gerade durch den Verzicht auf die Todesstrafe die Unverletzlichkeit menschlichen Lebens als obersten Wert bekräftigt. Darüber hinaus erscheint es unbedingt geboten, der Gefahr eines Missbrauchs der Todesstrafe durch Annahme ihrer ausnahmslos gegebenen Unzulässigkeit von vornherein zu wehren. Fehlurteile sind niemals auszuschließen. Die staatliche Organisation einer Vollstreckung der Todesstrafe ist schließlich, gemessen am Ideal der Menschenwürde, ein schlechterdings unzumutbares und unerträgliches Unterfangen."[13]

Diese Argumente überzeugen. Anders als der Bundesgerichtshof in seiner klaren juristischen Bewertung sehen es aber nach wie vor nicht wenige Staaten, in denen es jährlich Hinrichtungen gibt. Dazu gehören die Volksrepublik China, der Iran und Saudi-Arabien. Auch in den USA ist die Todesstrafe erlaubt.

Zu unterscheiden ist die Todesstrafe bei Verurteilung wegen schwerster Verbrechen von dem sogenannten finalen Rettungsschuss der Polizei, der zum Beispiel eingesetzt wird, um das Leben von Geiseln in der Hand eines Entführers dadurch zu retten, dass der

Entführer erschossen wird. Das kann in einer sonst ausweglosen Situation als Nothilfe gerechtfertigt werden, aber nur als absolute Ausnahme, wenn weder Verhandlungen, Lösegeld oder andere Polizeimaßnahmen das Leben der Menschen in der Gewalt eines Täters retten konnten. Von dieser gezielten Tötung wird in Deutschland nur in ganz seltenen Fällen Gebrauch gemacht.

Der Rechtsstaat kann schlimme Verbrechen ahnden und die Allgemeinheit durch die Verhängung langer Freiheitsstrafen, gegebenenfalls auch Sicherungsverwahrung vor gefährlichen Tätern schützen. Der Rechtsstaat erfüllt dann seinen Anspruch an Recht und Gerechtigkeit, wenn unabhängige Gerichte in fairen Prozessen auf der Grundlage der Unschuldsvermutung und ohne Vorverurteilung des/der Angeklagten zu einer Entscheidung kommen. Mit zumindest einem Rechtsmittel hat der Verurteilte die Möglichkeit, sich dagegen zu wehren. Gerichtsurteile, die rechtskräftig geworden sind, müssen respektiert und eingehalten werden, ob sie nun dem gesunden Menschenverstand entsprechen oder nicht.

WATERBOARDING UND RETTUNGSFOLTER – IM NOTFALL GERECHTFERTIGT?

Im Gefolge der Terroranschläge von 9/11 schreckten die USA nicht davor zurück, gegen die auserkorenen Feinde staatlicherseits Gewalt anzuwenden. Waterboarding, sogenanntes simuliertes Ertränken, wurde jahrelang als Verhörmethode der amerikanischen Sicherheitsbehörden bei möglichen dschihadistischen Terroristen angewandt, um Aussagen zu erzwingen. Dies geschah mit ausdrücklicher Unterstützung des damaligen amerikanischen Präsidenten. Folter zur besseren Terrorbekämpfung – heiligt hier der Zweck die Mittel? Die Frage kann man für die amerikanischen Geheimdienste anscheinend bejahen, obwohl die USA die Allgemeine Erklärung der Menschenrechte gezeichnet haben, die in Artikel 5 die Folter ohne Wenn und Aber verbietet. Das gilt aber nicht für die Europäer, die in der Europäischen Menschenrechtskonvention ausdrücklich und verbindlich jede unmenschliche Behandlung verbieten. Auch ein Terrorist, auch Verbrecher haben einen Anspruch auf Achtung ihrer Menschenwürde, selbst wenn sie die ihrer Opfer mit Füßen treten. Auf dieses Niveau darf sich ein Rechtsstaat nie begeben, genau daraus zieht er seine Stärke, nämlich die Stärke des Rechts und nicht die Macht des Stärkeren gegen den Schwächeren. Daraus erwächst Autorität.

Bei einer anderen Art der Folter, der sogenannten Rettungsfolter, zeigt sich das ganze Dilemma schon im Begriff. Darf Folter angewandt werden, um ein Menschenleben retten zu können? Soll die Unantastbarkeit der Menschenwürde nur in einem eingeschränkten Bereich gelten? Kann es überhaupt Werte geben, die vorrangig, die gewichtiger sein können? Das ist keine theoretische Überlegung; es gab einen ganz konkreten Anlass, sich damit auch in Deutschland zu befassen. Es ging um die Entführung des Sohns einer Frankfurter Bankiersfamilie. Dem Entführer wurden von örtlichen Polizeibeamten schwere Schmerzen angedroht, um ihn so zu einer Aussage über den Aufenthalt des entführten Kindes zu bringen und damit möglicherweise dessen Leben zu retten. Wie sich später herausstellte, war das Kind bereits tot.

Für die juristische Bewertung, ob die Androhung einer unmenschlichen Behandlung zu diesem Zweck vertretbar war, ist das nicht ausschlaggebend. Der Europäische Menschenrechtsgerichtshof[14] hat entschieden, dass das absolute Verbot unmenschlicher Behandlung völlig unabhängig vom Verhalten des Opfers oder den Beweggründen der Behörden gilt und keine Ausnahmen zulässt. So sehr in einer derart belastenden Situation diese Form der Nötigung verständlich scheint, so klar muss die Absage an ein solches Handeln sein. Begibt sich der Rechtsstaat erst einmal auf diese schiefe Ebene, geraten die fundamentalen Werte unseres Zusammenlebens ins Wanken.

Die Würde eines jeden Menschen ist unantastbar. Wäre dies nicht der Fall, stünde man vor der Frage, wann sie zumindest ein bisschen angetastet werden dürfte. Nur wenn es um das Leben eines Kindes oder mehrerer Kinder geht? Oder nur bei erwachsenen kaltschnäuzigen Tätern ohne Empathie? Die Beispiele zeigen, dass es keine zu rechtfertigenden objektiven Kriterien für eine derartige Abwägung gibt. Es gilt deshalb aufzupassen, dass entsprechenden Stimmungen nicht nachgegeben wird, denn angesichts erschütternder Verbrechen kann der Mainstream schnell dahin gehen, etwas Folter für einen „guten Zweck", wie etwa die Rettung eines Menschenlebens oder den Kampf gegen Extremisten, doch zuzulassen.

Trotz der Verankerung des Schutzes der Menschenwürde auf den verschiedenen politischen Ebenen – in der Allgemeinen Erklärung der Menschenrechte der Vereinten Nationen, der Europäischen Menschenrechtskonvention, der Grundrechte-Charta der Europäischen Union und natürlich in Artikel 1 Absatz 1 Grundgesetz in Deutschland – finden überall auf der Welt Menschenrechtsverletzungen statt. Das Bundesverfassungsgericht muss sich mit jährlich mehreren Tausend Verfassungsbeschwerden beschäftigen, und der Europäische Menschenrechtsgerichtshof in Straßburg kann sich vor Arbeit nicht retten.

Das ist ein schlimmer Befund, denn hinter fast jeder Klage steht das Schicksal von Menschen, für die diese Gerichte oft die letzte Hoffnung sind. Menschenwürdeschutz darf nicht zu einem leeren Lippenbekenntnis verkommen, indem er immer dann, wenn es ernst wird, nicht ernst genommen wird. Das große Bedürfnis vieler Menschen danach, dass Verletzungen der Menschenwürde auch gerichtlich nachgegangen werden soll, ist berechtigt.

Auf internationaler Ebene ist mit dem Internationalen Strafgerichtshof ein Rechtsweg geschaffen worden, der auch für Menschenrechtsverletzungen verantwortliche Minister und Präsidenten eines Staats zur Rechenschaft ziehen kann und das auch bereits getan hat. Dieses Gericht braucht ausreichende Ressourcen und viele

Menschenwürdeschutz darf nicht zu einem leeren Lippenbekenntnis verkommen.

Staaten, die seine Urteile anerkennen. Der Trend ist leider gegenläufig. Die Kritik wird lauter, manche Staaten verlassen das multilaterale Römische Statut des Internationalen Strafgerichtshofs vom 17. Juli 1998, weil sie eine Strafverfolgung wegen Menschenrechtsverbrechen in ihrem Land fürchten.

Die Missachtung, wie sie der amerikanische Präsident in aller Deutlichkeit zum Ausdruck bringt und damit die Rolle der wichtigen Weltmacht USA beim Kampf für die Menschenrechte minimiert, sollte für uns Ansporn sein, uns erst recht für den internationalen Menschenrechtsschutz einzusetzen.

DÜRFEN MENSCHENLEBEN GEGENEINANDER ABGEWOGEN WERDEN?

Diese Frage wird jeder spontan mit „nein" beantworten. Jedes Leben ist einzigartig. Da kann es doch gar nicht sein, dass ein Leben gegen das andere abgewogen wird. Welches Leben ist mehr wert, und in welcher Situation kann das überhaupt gelten?

Der Gesetzgeber hat genau dazu eine Entscheidung getroffen. Gemäß Paragraf 14 Absatz 3 Luftsicherheitsgesetz (LuftSiG)[15] wurde der Pilot einer Bundeswehrmaschine zur unmittelbaren Einwirkung mit Waffengewalt auf ein entführtes Passagierflugzeug ermächtigt, also zum Abschuss der Maschine mit vielen Passagieren gesetzlich legitimiert. Dadurch sollte der von den Flugzeugentführern beabsichtigte Absturz verhindert werden, der mit sehr großer Gefahr auch für das Leben sehr vieler Menschen am Boden, zum Beispiel in einem Fußballstadion, verbunden gewesen wäre.

Was sich vielleicht plausibel anhören mag, sind doch die Menschen in dem entführten Flugzeug den Entführern ausgeliefert und damit ohnehin verloren, ist in der Konsequenz als Verletzung der Menschenwürde in ihrem Achtungsanspruch und des Rechts auf Leben in Artikel 2 Absatz 2 Satz 1 GG zu bewerten.

Die einem solchen Einsatz ausgesetzten Passagiere und Besatzungsmitglieder befinden sich in einer für sie ausweglosen Lage. Sie können ihre Lebensumstände nicht mehr unabhängig von anderen selbstbestimmt beeinflussen. Dies macht sie zum Objekt nicht nur der Täter. Auch der Staat, der in einer solchen Situation zur Abwehr der Gefährdung den Abschuss der Maschine erlaubt, behandelt sie als bloße Objekte seiner Rettungsaktion zum Schutz anderer. Wieder geht es hier um eine Dilemma-Situation, in der jede Entscheidung, auch das Unterlassen von Handeln, das unbefriedigende Gefühl der Rat- und Hilflosigkeit hinterlässt.

Das Bundesverfassungsgericht hat in seiner Entscheidung vom 15. Februar 2006[16] die Regelung im Luftsicherheitsgesetz in vollem Umfang für unvereinbar mit dem Grundrecht auf Leben sowie mit der Garantie der Menschenwürde im Grundgesetz und daher für nichtig erklärt, soweit von dem Einsatz der Waffengewalt tatunbeteiligte Menschen an Bord des Luftfahrzeugs betroffen wären. Eine solche Behandlung missachtet die Betroffenen als Subjekte mit Würde und unveräußerlichen Rechten. Sie werden dadurch, dass ihre Tötung als Mittel zur Rettung anderer benutzt wird, entrechtlicht. Indem der Staat einseitig über ihr Leben verfügt, wird den Flugzeuginsassen der Wert abgesprochen, der jedem Menschen um seiner selbst willen zukommt. Unter der Geltung der Menschenwürdegarantie ist ein Gesetz schlechterdings unvorstellbar, auf dessen Grundlage unschuldige Menschen vorsätzlich getötet werden dürfen, um andere Menschenleben zu retten.

Als eine „lebensfremde Fiktion" beurteilten Bundesverfassungsrichter den Erklärungsversuch, ein Passagier würde mit dem Besteigen des Flugzeugs mutmaßlich auch in einen Abschuss im Fall einer Flugzeugentführung einwilligen. Auch die Ansicht, dass die an Bord festgehaltenen Personen Teil einer Waffe geworden seien, bringt nach Auffassung des Gerichts zum Ausdruck, dass die Opfer eines solchen Vorgangs nicht mehr als Menschen wahrgenommen werden. „Der Gedanke, der Einzelne sei im Interesse des Staatsganzen notfalls verpflichtet, sein Leben aufzuopfern, wenn es nur auf diese Weise möglich ist, das rechtlich verfasste Gemeinwesen vor Angriffen zu bewahren, die auf dessen Zusammenbruch und Zerstörung abzielen", führe ebenfalls zu keinem anderen Ergebnis, so das Urteil. Eine Verpflichtung zu einem Bürgeropfer gibt es nicht.

Dass es überhaupt zu diesem Gesetzesbeschluss kommen konnte, ist für mich Ausdruck eines deutlich veränderten Verständnisses von der Menschenwürde. Der Gesetzgeber betrachtete die Entführer und die Passagiere als Bedrohung und als gefährliche Objekte, die ohne Unterschied unschädlich gemacht werden müssen. Letztlich übernahm er damit die verdinglichende Sichtweise der Terroristen. Gut, dass der Hüter des Grundgesetzes, das Bundesverfassungsgericht, diese Umdeutungen nicht durchgehen lässt.

Es ist leichter, sich für die Verletzung der Rechte anderer auszusprechen, wenn man selbst nicht betroffen ist. Deshalb sollten wir uns immer wieder bewusst machen, dass wir andere so behandeln, wie auch wir behandelt werden wollen. Und niemand von uns möchte eines angeblich übergeordneten Interesses wegen vom Staat geopfert werden.

Die Menschenwürde begegnet uns im täglichen Leben im Umgang mit Geflüchteten, mit sozial Schwächeren, mit Menschen, die hilfs- und pflegebedürftig sind. Da ist schnell gesagt, dass eine Unterkunft nicht menschenwürdig sei, dass die Hilfe für Kranke und für Pflegebedürftige nicht ihrer Würde entsprechend erbracht werden könne und dass Hartz IV die menschliche Würde der Leistungsempfänger verletze. Der umgangssprachliche Gebrauch des Begriffs Menschenwürde ist nicht unbedingt mit dem juristischen identisch. Aber die feste Verankerung im Sprachgebrauch zeigt, dass wir als menschenwürdig einen angemessenen und fairen Umgang miteinander verstehen.

WAS BRINGT DER MENSCHENWÜRDESCHUTZ IM ALLTAG?

Dem Bürger bringt der Menschenwürdeschutz den Anspruch auf Achtung seiner Person, er schützt ihn vor Fremdbestimmung. Dieser Satz hat es in sich. Er bedeutet nicht mehr und nicht weniger, als dass der Einzelne sich in seiner Individualität entfalten können soll, dass er über sich selbst verfügen und sein Leben eigenverantwortlich gestalten können soll. Selbstbestimmtes Leben und selbstbestimmtes Sterben machen frei und stark gegen Angst, die Angst, nicht mehr Herr respektive Frau der eigenen Entscheidungen sein zu können. Ein konkretes Beispiel mag veranschaulichen, was gemeint ist. Die rechtliche Anerkennung der Zugehörigkeit zum empfundenen oder gewandelten Geschlecht ohne diskriminierende Hürden wurzelt in der Menschenwürde. Deshalb hat das Bundesverfassungsgericht immer wieder Regelungen im Transsexuellengesetz[17] und im Personenstandsgesetz[18] für verfassungswidrig erklärt. 2017 hat es ein drittes Geschlecht für den Eintrag im Geburtenregister gefordert. Intersexuellen Menschen, die weder männlich noch weiblich sind, soll damit ermöglicht werden, ihre geschlechtliche Identität „positiv" eintragen zu lassen. Das folgt aus dem Recht auf Schutz und Entfaltung der Persönlichkeit. Dieser Beschluss berücksichtigt angemessen die unterschiedlichen geschlechtlichen Ausprägungen und treibt den Gesetzgeber an, der die Vorgaben der höchstrichterlichen Entscheidung umzusetzen hat. Mit dem Eintrag „divers" soll dem Rechnung getragen werden.[19] Aus der Menschenwürde folgt auch der Anspruch auf ein menschenwürdiges Existenzminimum, der in Verbindung mit dem Sozialstaatsprinzip des Artikels 20 Absatz 1 GG jedem Hilfebedürftigen die materiellen Voraussetzungen zusichert, die für seine physische Existenz und für ein Mindestmaß an Teilhabe am gesellschaftlichen, kulturellen und politischen Leben unerlässlich sind.[20] Er ist „dem Grunde nach unverfügbar und muss eingelöst werden, bedarf aber der Konkretisierung und stetigen Aktualisierung durch den Gesetzgeber". Es handelt sich also nicht um Almosen, sondern um eine Verpflichtung des Staates. Dieser hat die Leistungen „an dem jeweiligen Entwicklungsstand des Gemeinwesens und den bestehenden Lebensbedingungen auszurichten". Dabei steht ihm ein Gestaltungsspielraum zu. Zur Ermittlung des Anspruchsumfangs hat der Gesetzgeber alle existenznotwendigen Aufwendungen in einem transparenten und sachgerechten Verfahren realitätsgerecht sowie nachvollziehbar auf der Grundlage verlässlicher Zahlen und schlüssiger Berechnungsverfahren zu bemessen.

So groß die Erwartungshaltung des Einzelnen in einer Notlage sein mag, so sehr ist die Konkretisierung des Anspruchs von den allgemeinen Lebensumständen abhängig, die sich positiv wie negativ verändern können. „Der Gesetzgeber kann den typischen Bedarf zur Sicherung des menschenwürdigen Existenzminimums durch einen monatlichen Festbetrag decken, muss aber für einen darüber hinausgehenden unabweisbaren, laufenden, nicht nur einmaligen, besonderen Bedarf einen zusätzlichen Leistungsanspruch einräumen."[21] Ohne diese soziale existenzielle Absicherung wäre die Ausübung mancher Freiheitsrechte erschwert oder gänzlich unmöglich gemacht, wie etwa die Informations- und Kommunikationsfreiheit.

Dieses Recht steht nicht nur den deutschen Staatsbürgern zu, sondern auch Asylsuchenden, Geduldeten und Personen mit einer humanitären Aufenthaltserlaubnis. Ihre reduzierten Leistungen nach dem Asylbewerberleistungsgesetz dürfen keine zu große Abweichung im Vergleich mit den Sozialleistungen aufweisen. Das Recht auf ein menschenwürdiges Existenzminimum darf nicht vom Aufenthaltsrecht abhängig gemacht und nicht als Abschreckungsinstrument eingesetzt werden. Ausdrücklich stellt das Bundesverfassungsgericht fest:

Das Recht von Asylsuchenden auf ein menschenwürdiges Existenzminimum darf nicht vom Aufenthaltsrecht abhängig sein.

„Migrationspolitische Erwägungen, die Leistungen an Asylbewerber und Flüchtlinge niedrig zu halten, um Anreize für Wanderungsbewegungen durch ein im internationalen Vergleich eventuell hohes Leistungsniveau zu vermeiden, können von vornherein kein

Absenken des Leistungsstandards unter das psychische und soziokulturelle Existenzminimum rechtfertigen."[22]

Wie passt diese grundgesetzliche Verpflichtung mit den Debatten und den Äußerungen mancher Politiker zusammen, die ihre Aufgabe offenbar zuallererst darin sehen, mit Massenunterkünften, Sachleistungen und Pauschalverunglimpfungen ein Klima der Abschreckung gegenüber Flüchtlingen zu erzeugen? Gar nicht. Humanität und geordnete zügige Verfahren mit Durchsetzung der Ausweisung und Abschiebung gehören zusammen und verpflichten den Staat zu entsprechendem Handeln.

Der Schutz der Menschenwürde ist ein Versprechen, das immer wieder auch von den staatlichen Gewalten eingelöst werden muss. Fordern wir es ein. Nehmen wir es ernst. Genau das bringt zum Ausdruck, was der Bürger vom grundrechtlichen Schutz seiner Menschenwürde hat – die Realisierung seines Anspruchs auf Achtung seiner Persönlichkeit, seiner individuellen Besonderheit gegen übermäßige und unverhältnismäßige Eingriffe. Jeder Bürger kann im Fall einer Verletzung dieser so verstandenen Rechte den Rechtsweg beschreiten, sich bei unmittelbarer Verletzung durch rechtswidriges staatliches Handeln unter bestimmten Voraussetzungen direkt an das Bundesverfassungsgericht wenden. Die Grundrechte sind nicht nur Sätze, sondern durchsetzbare Rechte, jeder kann sich unabhängig von seiner Staatsangehörigkeit auf sie berufen. Er kann Rechtsberatung in Anspruch nehmen, und möglicherweise steht ihm staatliche Prozesskostenhilfe zu.

Kapitel 3
Das allgemeine Persönlichkeitsrecht

„Jeder hat das Recht auf die freie Entfaltung seiner Persönlichkeit", formuliert so einfach und klar Artikel 2 Absatz 1 GG. Darunter ist viel zu verstehen, denn was alles die Persönlichkeit prägt und ausmacht, hängt vom Denken, Fühlen, dem sozialen Umfeld, dem Glauben und den eigenen Vorstellungen ab. Das allgemeine Persönlichkeitsrecht gewährleistet die Freiheit des Einzelnen, grundsätzlich selbst zu entscheiden, wann und innerhalb welcher Grenzen persönliche Lebenssachverhalte offenbart werden.[23] Es umfasst auch das Recht auf informationelle Selbstbestimmung, das Recht auf Gewährleistung der Vertraulichkeit und Integrität informationstechnischer Systeme, das Recht am eigenen Bild und Wort sowie das Recht auf Achtung und Schutz der Ehre.

> „Jeder hat das Recht auf die freie Entfaltung seiner Persönlichkeit."

Grundsätzlich zielt der Schutz der Persönlichkeit darauf ab, dass der Bürger nicht der Willkür staatlicher Behörden ausgeliefert sein darf. Seine Selbstbestimmung darf nicht zur Fremdbestimmung werden. Um seine Persönlichkeit entfalten zu können, braucht er die Interaktion, den Kontakt mit anderen Menschen. Vertraulich kommunizieren zu können, gehört dazu genauso wie der Schutz des privaten Raums, dem mit Artikel 13 GG – der Unverletzlichkeit der Wohnung – grundrechtlicher Schutz zukommt.

So selbstverständlich diese Freiheitsrechte sind, so sehr kann sich im Lauf der Jahre ihre Bedeutung verschieben. Erinnern wir uns an die ersten Jahrzehnte der Bundesrepublik Deutschland. Da war vor dem Hintergrund einer etwas spießigen Vorstellung von Sexualität und Erotik die Veröffentlichung von freizügigen Fotos aus dem Privatbereich ein Tabubruch. Heute hat sich nach sexueller Aufklärung und einem gewandelten Verständnis der Maßstab des Anstößigen verschoben. Er findet seine Grenze an den Strafbestimmungen zur pornografischen Darstellung, also dann, wenn sexuelle Vorgänge unter Ausklammerung aller sonstigen menschlichen Bezüge in grob aufdringlicher Weise gezeigt werden. Für die pornografische Darstellung Minderjähriger gelten strenge strafrechtliche Verbote.

Viele Menschen posten Bilder von privaten Feiern mit den vielfältigsten Freizügigkeiten bis hin zu Alkoholexzessen, die dann im öffentlichen Netz eine kaum mehr rückholbare dauerhafte Sichtbarkeit erhalten. Bilder haben mit dem Aufkommen der verschiedenen digitalen Dienste eine unglaubliche Bedeutung bekommen und können tiefe Einblicke in die Intimsphäre eröffnen. Auch das ist Ausdruck der gelebten Selbstbestimmung, deren Folgen, wie die Gefahr des Missbrauchs, jeder vor dem Posten bedenken sollte.

Aus der Selbstbestimmung folgt, dass jeder von sich Privates preisgeben kann. Jeder darf sich so gut blamieren und in der Öffentlichkeit lächerlich machen, wie er möchte. In den sozialen Medien findet das täglich millionenfach statt. Das Verhältnis von privat und öffentlich hat sich verschoben.

Zum Selbstschutz des Einzelnen ist der Staat nicht verpflichtet, ebenso wenig kann er uns vorschreiben, wie wir zu leben, uns zu benehmen und zu verhalten haben. Der Staat ist kein Erzieher. Er hat keine Berechtigung, ein dem Staat genehmes Menschenbild vorzugeben. Genau deshalb ist das Menschenbild des Grundgesetzes vom selbstbestimmten Lebensentwurf geprägt. Die Verfassung ist offen für völlig unterschiedliche Lebensentwürfe, sie kann keine enggefasste, endgültige Definition des Menschenbilds geben. Sonst müsste das Grundgesetz angesichts sich ändernder gesellschaftlicher und technischer Entwicklungen permanent überarbeitet werden.

So hat sich etwa das Verständnis der Verantwortung füreinander im Lauf der letzten Jahrzehnte immer wieder verändert – von der Familie als ausschließlichem Kern und als Keimzelle der Gesellschaft bis zur Verantwortungsgemeinschaft gleichgeschlechtlicher Partner, denen inzwischen auch die Ehe offensteht. Und auch ältere Menschen, die zusammenziehen, um füreinander zu sorgen, wie Geschwister oder Pflegebedürftige, sind Verantwortungsgemeinschaften, für die es so wenig rechtliche Hürden wie möglich geben sollte.

FREIHEITSRECHTE FORDERN UNS

Das Grundgesetz fordert den Einzelnen, sich die Freiheiten zu nehmen, die ihm qua Person zustehen. Diese Freiheiten sind aber auch verbunden mit Verantwortung für sich selbst und andere. Der Staat ist nicht dazu da, die von uns gemachten Fehler und dadurch eingetretene Schäden auf Kosten aller zu reparieren. Da müssen wir schon selbst vorsorgen und im Wege des Schadenausgleichs möglicherweise auch nachsorgen.

Im Interesse des Gemeinwohls soll der Staat für eine funktionierende öffentliche Infrastruktur sorgen, für innere und äußere Sicherheit und für die soziale Absicherung derjenigen, die dazu selbst nicht in der Lage sind. Die Grundrechte sollen die Bürger befähigen, gegenüber dem Staat als selbstbewusste Citoyens zu agieren und ihn dort zum Handeln aufzufordern, wo es um die Durchsetzung ihrer Rechte geht. Die Bürger müssen von der Politik einfordern, ihre Entscheidungen an den Freiheitsrechten auszurichten, sie nicht als lästiges Übel zu verstehen, das die Staatsmacht einschränkt, sondern als konstitutiven Bestandteil unseres Zusammenlebens und Grundlage unserer Rechtsordnung.

Ja, die Freiheitsrechte sind gar nicht so einfach zu leben. Sie fordern uns gewisse Kenntnisse, Rücksichtnahme auf die Rechte und Freiheiten der anderen, Engagement und auch Zivilcourage ab. Sie verlangen eine positive Haltung zum demokratischen Miteinander in einem pluralen Gemeinwesen. Sie verlangen eine klare Haltung zum Grundgesetz als der Wertegrundlage unseres Zusammenlebens. Das Grundgesetz grenzt niemanden aus, verlangt keine „Blutsverwandtschaften". Es gibt allen Religionen Raum zur Entfaltung. Dieses Programm kann nur funktionieren, wenn alle Bürger Toleranz und Respekt dem anderen gegenüber leben wollen. Das muss gelernt werden, das verlangt Wissen übereinander und vor allem die Bereitschaft, sich auf den anderen einzulassen. Wer keine Fremden kennt, kann sie leicht pauschal ablehnen. Wer sie kennt, kann leichter Verständnis für ihre Situation empfinden und sich auch in ihre Lage versetzen. Wer politisch Andersdenkende verunglimpft und nur als seine Feinde betrachtet, kann nicht zum Konsens in Streitfragen beitragen. Die für die Demokratie existenzielle Diskursfähigkeit droht dann verloren zu gehen.

Das Grundgesetz gewährt umfassende Meinungsfreiheit (Art. 5), das Recht, friedlich zu demonstrieren und sich zu versammeln (Art. 8), und als allerletztes Mittel das Recht zum Widerstand gegen diejenigen, die die verfassungsmäßige Ordnung beseitigen wollen (Art. 20). Die Bürger sollen die Gelegenheit zur friedlichen öffentlichen Diskussion und zum Aufzeigen von Missständen haben.

Die Demokratie ist nicht die Demokratie der Regierenden und nicht die Demokratie der Experten, es ist die Demokratie von uns allen. Kein Gericht und keine staatliche Institution allein können die Demokratie garantieren. Sie können Verstöße gegen Grundrechte und elementare Verfassungsgrundsätze aufdecken und verurteilen. Sie können Verfassungsfeinde beobachten, entlarven und gegebenenfalls wegen Verstoßes gegen ein Staatsschutzdelikt strafrechtlich verfolgen. Das Bundesverfassungsgericht kann verfassungsfeindliche Parteien verbieten. Die Demokratie können aber nur wir Bürgerinnen und Bürger garantieren. Das ist die Stärke und zugleich die Schwäche der Demokratie.

Die Demokratie können nur wir Bürger garantieren.

Die Verantwortung des Staats besteht darin, gleiche Chancen für alle, etwa beim Zugang zu Bildung, zu gewähren. Der Staat trägt die Verantwortung für seine Organisationen und Institutionen, die strikt nach den Gesetzen handeln sollen. Darauf müssen wir uns verlassen können. Doch das ist nicht immer gegeben. So haben beispielsweise die mit dem Nationalsozialistischen Untergrund (NSU) und der NSA verbundenen Skandale der letzten Jahre zum Vertrauensverlust der Bürgerinnen und Bürger in die Geheimdienstorganisationen geführt. Transparenz, Offenheit und der unbedingte Wille, Fehler und Defizite nachvollziehbar aufzuarbeiten, könnten dieses Misstrauen abbauen helfen. Die altbekannten Rituale und Reflexe des Verdrängens und Aussitzens sollten ausgedient haben. Genauso wie politisches Lavieren als Handlungsersatz. Das politische Chaos und Taktieren um den ehemaligen Verfassungsschutzpräsidenten Maaßen war 2018 ein Tiefpunkt der regierenden Koalition.

WAS GEBE ICH PREIS? – INFORMATIONELLE SELBSTBESTIMMUNG

Selbstbestimmung ist ein prägendes Element des dem Grundgesetz zugrunde liegenden Menschenbilds und gehört zum Persönlichkeitsrecht. Der Einzelne soll nicht der Marktmacht großer Konzerne ausgeliefert sein, soll nicht den Begierden staatlicher Institutionen nach möglichst viel Informationen über seine Person und seine Aktivitäten hilf- und rechtlos gegenüberstehen. Er soll sein Kommunikationsverhalten selbst bestimmen können. Das ist schon in der analogen Welt nicht immer leicht. Mit der Digitalisierung ist es ungleich schwieriger geworden. Ohne gesetzlichen Gestaltungsrahmen droht der Nutzer, die Nutzerin zum Datenobjekt zu werden, womöglich, ohne es zu merken. Einen größeren Gau kann es für die informationelle Selbstbestimmung nicht geben.

Seit der Entwicklung der digitalen Kommunikation werden Internetanwendungen vielfach und vielfältig zur privaten und beruflichen Kontaktpflege eingesetzt. Das soziale Wesen eines Menschen bestimmt sich über seine Kontakte, seine Interaktion in der Gemeinschaft. Ob Meinungsäußerung, Informationsaustausch oder persönliche Selbstdarstellung mittels Text und Bildern: In den sozialen Netzwerken wird die Person sichtbar. Der Einzelne entfaltet eben auch durch seine Aktivität im Internet seine Persönlichkeit. Unzählige Apps mit Angeboten für alle Lebensbereiche gewähren Einblicke in das private und öffentliche Tun des Nutzers und erlauben eine andere Art der Selbstdarstellung und Selbstverwirklichung als die direkte, reale, also analoge Kommunikation. Mit einem Mausklick kann mühe- und kostenlos ein unüberschaubarer Verbreitungsgrad in einer ebenso unüberschaubaren Internet-Community erzielt werden.

Selbst bestimmen zu können, welche Informationen ich über mich wem preisgebe und wem ich erlaube, Informationen über mich zu bestimmten Zwecken zu verwenden, macht den Kern des Rechts auf informationelle Selbstbestimmung aus. Das Bundesverfassungsgericht hat die Digitalisierung und ihre Bedeutung für den Grundrechtsschutz früh erkannt. Das Recht auf informationelle Selbstbestimmung, umgangssprachlich Datenschutzrecht genannt, bezog sich im Volkszählungsurteil von 1983 auch schon auf die Datenverarbeitung, aber natürlich war damals die dann folgende digitale Entwicklung nicht ansatzweise in ihrer heutigen Dimension vorhersehbar.

Das Bundesverfassungsgericht hat mit der Grundsatzentscheidung zur Volkszählung 1983[24] unmissverständlich erklärt, dass zum allgemeinen Persönlichkeitsrecht das Recht des Einzelnen gehört, selbst zu entscheiden, wann und innerhalb welcher Grenzen persönliche Lebenssachverhalte von ihm preisgegeben werden. Es hat die Gefahren gesehen, die dem Persönlichkeitsrecht unter den Vorzeichen der automatisierten Datenverarbeitung drohen, und reklamiert, dass der Einzelne gegen unbegrenzte Erhebung, Speicherung, Verwendung und Weitergabe seiner personlichen Daten besonders geschützt werden muss.

„Mit dem Recht auf informationelle Selbstbestimmung wären eine Gesellschaftsordnung und eine diese ermöglichende Rechtsordnung nicht vereinbar, in der Bürger nicht mehr wissen können, wer was wann und bei welcher Gelegenheit über sie weiß. Wer unsicher ist, ob abweichende Verhaltensweisen jederzeit notiert und als Information dauerhaft gespeichert, verwendet oder weitergegeben werden, wird versuchen, nicht durch solche Verhaltensweisen aufzufallen. (...) Dies würde nicht nur die individuellen Entfaltungschancen des Einzelnen beeinträchtigen, sondern auch das Gemeinwohl, weil Selbstbestimmung eine elementare Funktionsbedingung eines auf Handlungsfähigkeit und Mitwirkungsfähigkeit seiner Bürger begründeten freiheitlichen, demokratischen Gemeinwesens ist.

Hieraus folgt: Freie Entfaltung der Persönlichkeit setzt unter den modernen Bedingungen der Datenverarbeitung den Schutz des Einzelnen gegen unbegrenzte Erhebung, Speicherung, Verwendung und Weitergabe seiner persönlichen Daten voraus. Dieser Schutz ist daher von dem Grundrecht des Art. 2 Abs. 1 in Verbindung mit Art. 1 Abs. 1 GG umfasst."[25]

Diese Sätze aus dem Volkszählungsurteil sollten über jeder App, vor jeder Recherche stehen. Sie sind zeitlos und immer aktuell. Bis heute wird dem informationellen Selbstbestimmungsrecht eine überragende Position beigemessen. Es hat die Gesetzgebung auch in der Europäischen Union beeinflusst, das Grundrecht auf Datenschutz gemäß Artikel 8 wurde in die Europäische Grundrechtecharta aufgenommen, und die Europäische Datenschutzgrundverordnung hat den Datenschutz deutlich verbessert.

In der alten, analogen Welt werden etwa Akten, die persönliche Daten enthalten, Tagebücher, private Aufzeichnungen, Krankenakten oder Steuerdaten geschützt.[26] Im digitalen Zeitalter werden nicht nur die schönen alten Dokumente und Aufzeichnungen aus Papier vor unerlaubtem Zugriff geschützt, sondern es wird jede Form der Erhebung, schlichten Kenntnisnahme, Speicherung, Verwendung, Weitergabe oder Veröffentlichung von individualisierten oder individualisierbaren Informationen erfasst.[27] Viele Web-Anwendungen, die auf sogenannten nutzergenerierten Inhalten basieren, gehören dazu, wie z. B. ein Account bei einem bestimmten Netzwerk, Bestandsdaten wie Benutzername, E-Mail-Adresse, Passwort, Geburtsdatum, Bilder, Statusmeldungen, Informationen zu Freundschafts- und Verwandtenbeziehungen und die bewusst oder unwissend hinterlassenen Cookies und andere Netzspuren, die es ermöglichen, das Netzverhalten nachzuvollziehen.

An diesen personenbezogenen Daten sind aber längst nicht mehr nur staatliche Institutionen interessiert, eine mengenmäßig größere Rolle spielt der Zugriff privater Konzerne auf die Daten, die der Nutzer im Netz oder auf einer sozialen Plattform hinterlässt; persönliche Daten, die er zudem häufig wissentlich und freiwillig preisgibt. Den Bürger vor sich selbst zu schützen, ist nicht die ureigene Aufgabe der Grundrechte, sondern zuallererst gelten sie gegen staatliche Begehrlichkeiten. Im Verhältnis zu privaten Konzernen befinden wir uns zunächst im staatsfreien Bereich ohne die Restriktionen der öffentlichen Gewalt. Es gibt Unterschiede, denn Unternehmer haben auch Grundrechte, die sie ausüben, wie das Führen eines Gewerbebetriebs, also eines Unternehmens mit Eigentumsrechten. Für sie gelten genauso die allgemeine Handlungsfreiheit, die Wissenschaftsfreiheit und die Presse- und Meinungsfreiheit. Ohne hier auf die dogmatischen Grundlagen näher einzugehen, kann der Staat dann handeln, wenn es aufgrund bestehender grundrechtlicher Schutzpflichten geboten ist. Das hat etwa dazu geführt, das Recht auf informationelle Selbstbestimmung des Einzelnen vor übermäßigem zeitlich und räumlich entgrenzten, weltweiten Datenausgleich mit nationalen und internationalen Regelungen zu schützen. Die Grundrechte können dann eine mittelbare Wirkung entfalten.

DATENSCHUTZ IST SELBSTBESTIMMUNG

Die Nutzer in Deutschland sind durch die Europäische Datenschutzgrundverordnung (EU-DGSVO) und nationale Datenschutzgesetze gegen zu weitgehende Datenverwendungen rechtlich abgesichert. Diese wichtigen neuen Schutzgesetze, die am 25. Mai 2018 in Kraft getreten sind, verbessern die Stellung der Nutzer bei der Wahrung und Durchsetzung ihrer Rechte auf informationelle Selbstbestimmung. Voraussetzung dafür ist aber, dass die Nutzer informiert sind, dass sie ihre Rechte kennen und dass sie nicht alles tun, was die Anbieter von Informationsdiensten von ihnen verlangen.

An erster Stelle steht der Selbstschutz des Nutzers, den aber viele Nutzer gar nicht für sich in Anspruch nehmen. Sie geben freiwillig vieles Persönliche preis, wenn sie dafür eine Dienstleistung, eine App oder eine soziale Plattform nutzen können. Über den Umfang des Datenzugriffs, die Vernetzung und die Zwecke, für die seine Daten verwandt werden, ist der Nutzer meist nicht vollumfänglich informiert. Häufig interessiert er sich dafür auch nicht, weil er nur die Vorteile der Fitnessgadgets, der Verkehrsinformationen, der Sharingdienste, der Buchungen und Einkäufe, der Vernetzung mit WhatsApp, des Austauschs über Facebook oder der Mitteilungen über Twitter sieht, während ihm seine personalisierten Daten als nicht so bedeutsam erscheinen.

Viele reagierten auf die neuen Datenschutzregelungen denn auch eher mit Stöhnen. Dass Nutzer in die Verwendung ihrer Daten als Teil ihres Rechts auf informationelle Selbstbestimmung einzuwilligen haben, wurde nicht so sehr als Vorteil wahrgenommen, sondern eher als Bürokratie. Umso wichtiger ist die verständliche Information über die Auskunftsrechte, die der Nutzer geltend machen kann: über seine Einwilligungs- und Widerrufsrechte und sein Recht auf Löschen von Daten. Er muss wissen, an welche Datenschutzbehörde er sich bei möglichen Verstößen wenden kann und welches Klagerecht er hat.

Sobald Datenmissbrauch von Konzernen öffentlich bekannt wird, wie es in der Vergangenheit bei Lidl, bei der Telekom oder bei

Klassenlotterien der Fall war und immer wieder bei Facebook und WhatsApp geschieht, steigt das Interesse am Datenschutz, kurze Zeit später gerät dessen strukturelle Dimension aber wieder in Vergessenheit. „Die große Schafherde der Internetbenutzer trägt die meisten ihrer personenbezogenen Daten freiwillig zur informationellen Schlachtbank, indem sie wahllos ‚soziale Netzwerke' bedient und auch sonst dauernd elektronische Spuren ihrer Präsenz und Persönlichkeitsentfaltung hinterlässt, ohne dass ihnen die Dimension der Verbreitung bewusst wird", formuliert ein Experte zugespitzt.[28] Ich appelliere an jeden Nutzer, sich nicht erst bei Missbrauch für seine Daten zu interessieren, sondern immer schon beim täglichen Umgang mit dem Smartphone oder anderen technischen Endgeräten.

Grundrechte leben davon, dass sie im Alltag gelebt werden. Nachlässigkeiten, Vergesslichkeit oder einfach Nichtwissen und Desinteresse sind nicht cool, sondern dumm. Wo Bürger und Bürgerinnen Einfluss im Umgang mit ihrer Privatsphäre haben, sollten sie ihn auch ausüben. Angesichts der weltumspannenden Informationsgesellschaft mit einer undurchschaubaren, komplexen Technik und marktbeherrschenden Konzernen sind sie auf den Schutz der von ihnen genutzten Infrastruktur angewiesen. Hackerattacken, Cyberangriffe, Trolls und Social Bots können ihre mobilen Endgeräte und Festanschlüsse lahmlegen oder sogar ganz zerstören.

VERTRAULICHKEIT UND INTEGRITÄT INFORMATIONSTECHNISCHER SYSTEME

Neben oder genauer gesagt *vor* das Recht auf informationelle Selbstbestimmung tritt das Recht auf Gewährleistung der Vertraulichkeit und Integrität informationstechnischer Systeme.[29] Dieses sogenannte IT-Grundrecht schließt die Lücke beim Schutz des allgemeinen Persönlichkeitsrechts, die weder durch das Recht auf informationelle Selbstbestimmung noch durch das Fernmeldegeheimnis oder den Schutz der Wohnung über Artikel 13 GG abgedeckt werden kann. Es ergänzt die räumliche durch eine digitale Privatsphäre. Die Nutzung komplexer informationstechnischer Systeme ist aus dem Alltag vieler Bürgerinnen und Bürger nicht mehr wegzudenken. Hinter diesem nüchternen technischen Begriff verbergen sich ganz konkrete Anwendungen. Wie oft nehmen wir einen USB-Stick in die Hand oder speichern unsere Daten in einer Cloud. Wir benutzen irgendeine IT-Infrastruktur, irgendeine Software oder irgendeinen Speicherplatz auf irgendeinem Rechner oder auf mehreren Rechnern, die diesen Service über das Netz anbieten. Wir nehmen so viel an Diensten in Anspruch, wie wir gerade brauchen. Die Hauptsache für den Nutzer ist doch, dass es funktioniert. Die über ein Rechnernetz angebotene IT-Infrastruktur ist nicht auf dem eigenen lokalen Rechner installiert. Der Nutzer kann sich selbst nicht um die Sicherheit dieses technischen Systems kümmern, sondern er ist auf den Anbieter angewiesen, den er im Zweifel gar nicht kennt. Damit ist es für den Einzelnen schwer bis unmöglich, die Technik zu beherrschen. Er kann den unerlaubten Zugriff auf Daten in der Cloud und die unerlaubte Verwendung dieser Daten nicht durch eigene Verschlüsselungen oder eine andere Sicherheitstechnik verhindern. Da ist er dem Anbieter der Dienste, dem Betreiber und dem Hersteller ausgeliefert.

Aber das kann und darf kein Grund sein, den Nutzer vollkommen schutzlos zu stellen. Und genau da greift das sogenannte IT-Grundrecht ein. Es schützt nicht das einzelne Datum oder den Inhalt der Kommunikation, sondern die Infrastruktur selbst und ist damit dem Inhaltsschutz vorgelagert. Das IT-Grundrecht bedeutet also einen Systemschutz. Das Bundesverfassungsgericht umschreibt den Schutzbereich wie folgt:

„Das Grundrecht auf Gewährleistung der Integrität und Vertraulichkeit informationstechnischer Systeme ist anzuwenden, wenn die Eingriffsermächtigung Systeme erfasst, die allein oder in ihren technischen Vernetzungen personenbezogene Daten des Betroffenen in einem Umfang und in einer Vielfalt enthalten können, dass ein Zugriff auf das System es ermöglicht, einen Einblick in wesentliche Teile der Lebensgestaltung einer Person zu gewinnen oder gar ein aussagekräftiges Bild der Persönlichkeit zu erhalten. Eine solche Möglichkeit besteht etwa beim Zugriff auf Personalcomputer, (...) auf solche Mobiltelefone oder elektronische Terminkalender, die über einen großen Funktionsumfang verfügen und personenbezogene Daten vielfältiger Art erfassen und speichern können."[30]

Das IT-Grundrecht greift mit anderen Worten dann, wenn drei Merkmale erfüllt sind: Es handelt sich um ein komplexes System, also zum Beispiel um intelligente Steuerungsmechanismen in unseren Häusern und Wohnungen und beim vernetzten Autofahren, künftig vielleicht auch beim vollkommen autonomen Autofahren. Die dafür notwendige technische Infrastruktur muss eine absolut sichere Nutzung gewährleisten. Der Bürger kann dafür nichts tun.

Es geht um den Schutz der personenbezogenen Daten bei der Nutzung des Systems. Autofahren, Stromnutzung, Informationsübermittlung eröffnen Einblicke in das Verhalten, die Persönlichkeit des Nutzers. Er hat deshalb einen Anspruch auf Schutz vor unberechtigter Nutzung und Verwertung.

Und es geht um die Datenhoheit des Einzelnen, was in diesem Zusammenhang gleichbedeutend ist mit einer berechtigten Vertraulichkeitserwartung.[31] Der Betroffene nutzt also entweder sein eigenes System oder kann bei einem komplexen System darauf vertrauen, dass er allein das Zugriffsrecht auf seine Daten hat und nicht autorisierte Dritte davon sicher ausgeschlossen sind. Er soll sich darauf verlassen können, dass nicht in sein Persönlichkeitsrecht eingegriffen wird. In diesem Zusammenhang spielen Allgemeine Geschäftsbedingungen eine Rolle. Wenn dort festgehalten ist, dass man in die Nutzung seiner Daten durch Dritte zu einem bestimmten Zweck einwilligt, kann man sich nicht mehr auf die Vertraulichkeit der Daten berufen. Eine entsprechende Erwartungshaltung ist dann nicht mehr zu begründen. Es kommt also sehr darauf an, dass die Allgemeinen Geschäftsbedingungen und Datenschutzhinweise verständlich formuliert sind und vor Nutzung der Systeme auch genau gelesen werden. Aber auch wenn der Nutzer so umfassend informiert einwilligt, bleibt ihm dennoch das Recht, seine Einwilligung zu widerrufen. Dann dürfen seine Daten nicht mehr verarbeitet werden.

DAS BETRIFFT UNS ALLE

Im Grundgesetz findet man das IT-Grundrecht nicht ausdrücklich in einem Grundrechtsartikel niedergelegt. Es wurde erst durch die Entscheidung des Bundesverfassungsgerichts aus dem allgemeinen Persönlichkeitsrecht entwickelt. Anlass für diese Entscheidung war die vom Gesetzgeber in Nordrhein-Westfalen beschlossene Online-Durchsuchung durch den Verfassungsschutz. Mit der Online-Durchsuchung können alle auf einem Smartphone, einem Laptop oder Desktop-Computer gespeicherten Daten: E-Mails, App-Nutzungen, Recherchen, Bilder, Musik, Videos ausgelesen und durchsucht werden. Ein fundamentaler Eingriff in das Persönlichkeitsrecht! Deshalb hat das Bundesverfassungsgericht strenge Anforderungen an diese Überwachungsmaßnahme gestellt, die nicht zum beliebigen Ausforschungsinstrument werden darf. Das zuvor beschlossene Gesetz war verfassungswidrig.

Für die informationstechnologische Entwicklung ist das IT-Grundrecht von herausragender Bedeutung. Leider ist es vom Gesetzgeber bisher viel zu wenig beachtet, ja sogar bewusst missachtet worden. Die streng eingegrenzte Online-Durchsuchung wurde in einem erneuten Anlauf für die Aufgaben des Bundeskriminalamts zur Gefahrenabwehr eingeführt und 2016 wiederum vom Bundesverfassungsgericht zurechtgestutzt. 2017 schließlich wurde die Online-Durchsuchung auch für die Strafverfolgung in die Strafprozessordnung aufgenommen.

Statt ständig untaugliche Versuche zu unternehmen, die Online-

Durchsuchung den Sicherheitsbehörden umfangreich zu ermöglichen, hätte sich der Gesetzgeber intensiver mit seiner Verpflichtung befassen sollen, für einen besseren Schutz der digitalen Infrastruktur zu sorgen. Sie ist immer wieder massiven Hackerangriffen ausgesetzt – nicht nur durch private Personen oder Organisationen, sondern auch durch staatliche Sicherheitsdienste. Wer erinnert sich nicht an die massenhaften Zugriffe der amerikanischen National Security Agency (NSA) auf die Datenleitungen und Datendurchleitungsknotenpunkte in Deutschland, die im Jahr 2013 dank der Veröffentlichung von Geheimdokumenten durch den ehemaligen CIA-Mitarbeiter Edward Snowden bekannt wurden. Handys waren abgehört, millionenfach Daten abgegriffen und verwertet und damit die Grundrechte auch vieler Deutscher verletzt worden. Die Politik zeigt sich in den letzten Jahren ziemlich machtlos. Wir müssen davon ausgehen, dass diese Praxis amerikanischer Geheimdienste und wohl auch anderer ausländischer Geheimdienste wie des britischen und russischen bis heute ausgeübt wird. Da helfen die Grundrechte dem Einzelnen leider nicht wirklich, denn er hat kaum konkrete Informationen. Auskünfte von Geheimdiensten sind für den Bürger auch bei behaupteter Grundrechtsverletzung nur in Ausnahmefällen zu bekommen, und den Gerichten sind dann häufig die Hände gebunden. Kein ermutigender Befund, bei dem es auch nicht bleiben sollte.

Dass diese Gefahren keine Hirngespinste von Angstfanatikern und Technikfeinden sind, zeigen die zahlreichen Hackerangriffe der letzten Jahre. Am 12. Mai 2017 startete ein großer Cyberangriff mit dem Schadprogramm WannaCry, bei dem über 230 000 Computer in 150 Ländern infiziert und jeweils Lösegeldzahlungen verlangt wurden. Der Angriff wurde von Europol in diesem Ausmaß als noch nie da gewesenes Ereignis beschrieben. WannaCry basiert auf dem Ausnutzen einer Sicherheitslücke von Microsoft. Der US-amerikanische Auslandsgeheimdienst NSA nutzte diese Lücke mehr als fünf Jahre lang für eigene Zwecke, ohne Microsoft darüber zu informieren.

„Die aktuellen Angriffe zeigen, wie verwundbar unsere digitalisierte Gesellschaft ist. Sie sind ein erneuter Weckruf für Unternehmen, IT-Sicherheit endlich ernst zu nehmen und nachhaltige Schutzmaßnahmen zu ergreifen. Die aktuelle Schwachstelle ist seit Monaten bekannt, entsprechende Sicherheitsupdates stehen zur Verfügung. Wir raten dringend dazu, diese einzuspielen."33 Diese Warnung des staatlichen IT-Sicherheitsexperten Arne Schönbohm, Präsident des Bundesamts für Sicherheit in der Informationstechnik (BSI), zeigt nicht nur die großen IT-Sicherheitslücken auf, sondern auch die Gefahren, die von ihnen für die gesamte Wirtschaft und den Nutzer ausgehen können. In seinem Lagebericht 2018 warnt das BSI vor mehr als 800 Millionen Schadprogrammen, die derzeit im Umlauf sind. Es wurden 200 Millionen mehr gezählt als im Jahr davor. Und jeden Tag kommen 390 000 neue Malware-Varianten hinzu. Die Gefährdungslage in Deutschland ist hoch, auch wenn der Einsatz von Erpressersoftware abnimmt. Umso unverantwortlicher ist es, wenn Sicherheitslücken von Geheimdiensten für ihre Spionagesoftware, die sogenannten Staatstrojaner, zur Online-Überwachung genutzt werden.

> In seinem Lagebericht 2018 warnt das BSI vor mehr als 800 Millionen Schadprogrammen, die derzeit im Umlauf sind.

Microsofts Präsident und Rechtsvorstand Brad Smith wirft „den Regierungen der Welt" vor, nicht ausreichend vor Software-Schwachstellen zu warnen, die von ihren Geheimdiensten entdeckt werden. Mit dieser Praxis macht sich der Staat mitverantwortlich für mögliche Schäden, die durch solche Cyberattacken entstehen. Einer der vielen Puzzlesteine aus dem NSA-Universum ist eine Technik, die heimlich mit maßgeschneiderten Methoden Zugänge zu fremden Rechnern, Routern und Daten schafft und weitgehend automatisiert den Angriff auf den Computer durchführt.34 Dass das zu einer Vertrauenskrise in staatliches Handeln führen muss, ist naheliegend.

Mit der ständigen Weiterentwicklung des automatisierten Autofahrens über zahlreiche Assistenzdienste bis hin zum pilotierten

Fahren werden auch die Sicherheitsanforderungen an die digitale Infrastruktur immer höher, denn auf sie werden dann alle Verkehrsteilnehmer mit selbstfahrenden Autos angewiesen sein. Es ist nicht übertrieben zu sagen, dass es dabei um Leben und Tod geht. Kann der „Fahrer" überhaupt nicht mehr in die Steuerung seines Fahrzeugs eingreifen, muss er sich auf die technische Fernsteuerung seines Autos hundertprozentig verlassen können.

Die öffentliche Hand ist für die Einführung und Zulassung automatisierter und vernetzter Systeme im öffentlichen Verkehrsraum zuständig. Fahrsysteme müssen behördlich zugelassen und kontrolliert werden. Dabei sollen technisch unvermeidbare Restrisiken bei gleichzeitig grundsätzlich positiver Risikobilanz die Einführung des automatisierten Fahrens nicht verhindern. Das hat die Ethik-Kommission in ihren Leitlinien festgelegt.[32] Was das konkret bedeutet, welches Restrisiko wirklich eingegangen werden kann, bleibt unklar.

Euphorischen Erwartungen, automatisiertes Autofahren sei in naher Zukunft für alle möglich, ist entgegenzuhalten, dass die Restrisiken in einem Straßenverkehr mit Millionen Autofahrern täglich in Deutschland nicht vertretbar sind. Im Zweifel muss es heißen, sich für die Sicherheit und gegen die Gefährdung von Verkehrsteilnehmern zu entscheiden. Die absolut sichere Dateninfrastruktur ist unverzichtbare Voraussetzung für das auf Sensoren beruhende automatisierte Fahren, und die muss der Staat garantieren.

Das IT-Grundrecht entfaltet für den Nutzer seine volle Schutzwirkung gegen Eingriffe durch den Staat in die privaten Computer, mobile Endgeräte und digitale Infrastrukturen. Da es sich um einen sehr tiefen Eingriff handelt, der Einblicke in Handeln, Denken und in die Überzeugungen des Nutzers eröffnet, sind sehr strenge Maßstäbe anzulegen. Der Kernbereich der privaten Lebensgestaltung muss vor allen Einblicken geschützt werden. Gegen unberechtigte Verletzungen dieses Grundrechts steht der Rechtsweg offen, der Schaden ist dann allerdings schon eingetreten.

Wirkungsvoller und viel früher einsetzend ist es, wenn sich der Nutzer selbst gegen technischen, auch staatlichen Hackerangriff absichert. Wenn er zum Beispiel Verschlüsselungstechnik einsetzt. Aber vor professioneller geheimdienstlicher Spionagesoftware schützen schwerlich private Firewalls. Es ist eine Aufgabe des Bundesamts für Sicherheit in der Informationstechnik, dem Bürger beratend zur Seite zu stehen und ihm den optimalen Schutz gegen Staatseingriffe und unerlaubte Hackerattacken zu ermöglichen. Dass es da noch sehr viel zu verbessern gibt, hat der Hackerangriff Anfang 2019 auf die Kontaktdaten von ca. tausend Politikern und Prominenten gezeigt.

Man sollte auch selbst alle möglichen Sicherheitsvorkehrungen treffen. Und sich darüber auch ständig informieren. Das betrifft die Aktualisierung der Software, wenn dadurch aufgetretene Sicherheitslücken geschlossen werden. Dass immer zeitnah Sicherheitskopien erstellt werden, sollte eigentlich selbstverständlich sein. Passwörter, PINs, TANs sollten nicht unverschlüsselt gespeichert werden, wenn sie denn überhaupt gespeichert werden. Bei vielen an das Internet angeschlossenen Rechnern ist es nicht nötig, dass auf ihnen Server-Programme laufen. Server-Dienste werden von vielen Betriebssystemen in der Standardinstallation geladen; mit ihrer Deaktivierung schließt man eine Reihe von Angriffspunkten aus. Sicherheitsaspekte wie zum Beispiel die Einrichtung von Zugriffsbeschränkungen sind vielen Nutzern ebenfalls fremd. Und noch vieles mehr schafft einen gewissen Sicherheitsstandard, der zum eigenen Schutz dazugehört. Ich bekenne, dass ich dazu selbst nicht in der Lage bin und mir immer wieder professionelle Hilfe holen muss.

Kapitel 4
Die Privatsphäre – ein massiv bedrohtes Gut

Privatsphäre ist eine Voraussetzung für persönliche Freiheit und Autonomie, das Recht auf Privatsphäre ist deshalb aus dem allgemeinen Persönlichkeitsrecht abgeleitet. Das Bedürfnis nach einem privaten, anderen nicht zugänglichen Bereich besteht nicht nur gegenüber einer allgemeinen Öffentlichkeit, sondern ebenso innerhalb enger freundschaftlicher Beziehungen. Damit das funktionieren kann, ist gegenseitiges Vertrauen notwendig und die Einsicht, vom anderen nicht alles wissen zu können, schon gar nicht die geheimsten Gedanken.

Das Internet setzt dagegen auf die Vermittlung möglichst vieler Informationen. Mit dem Smartphone, das fast jeder Mensch ständig bei sich hat, werden permanent Daten aufgesaugt. Auf welche Links, Videos, Websites klickt man? Standort, Kontakte, der Gesichtsausdruck beim Telefonieren, Stimmungslagen – alles wird von Algorithmen erfasst. Deren Urheber sind vorwiegend private Konzerne, die mit gezielter, auf den einzelnen Kunden zugeschnittener Werbung Milliardenumsätze machen.

Das notwendige Vertrauen im Umgang miteinander wird durch die digitale Kommunikation berührt und auch verletzt. Facebook und WhatsApp machen Inhalte der privaten Beziehungen für Dritte sichtbar. Der Einfluss der Nutzer auf den Umgang mit diesen Daten nimmt drastisch ab. Hinzu kommt die naive Vorstellung, nichts zu verbergen zu haben. Was nichts anderes bedeutet, als nichts gegen staatliche und private Ausforschung und Überwachung zu haben.

Ein gesundes distanziertes Verhältnis zu staatlichen Behörden wie zu den Internet-Konzernen ist jedoch angesichts jeweils unterschiedlicher Interessenlagen quasi Bürgerpflicht. Gläsern für den Staat und unbekannte Dritte zu sein, hat seine abschreckende Wirkung für viele Menschen verloren. In autoritären Staaten wie der Türkei, Russland und China folgen der lückenlosen staatlichen Überwachung oft Verfolgung oder Festnahme und damit die spürbarste Einschränkung der Freiheit, die es gibt. In den westlichen Demokratien setzt der Bürger voraus, dass ihm das nicht passieren kann, und geht deshalb häufig allzu leichtfertig mit den eigenen Personendaten um. Da hilft ein Blick nach Polen und Ungarn, wo die Transformationsprozesse von der liberalen zur sogenannten illiberalen Demokratie am weitesten vorangeschritten sind. Kritiker des Systems und der aktuellen Politik bekommen den Druck des Staats zu spüren. Unbesorgtes digitales Kommunizieren führt zur Gefährdung der eigenen Person. Deshalb sind Wachsamkeit, Reflexion, Nachfragen und Nachforschen unverzichtbar, soll das Recht der informationellen Selbstbestimmung mit Leben erfüllt werden und nicht zur Farce verkommen.

Privatsphäre ist nach Ansicht einiger Netzaktivisten ein Auslaufmodell.

Gefahr für die Privatsphäre und die informationelle Selbstbestimmung droht auch aus der Zivilgesellschaft selbst. Post-Privacy-Zeitgenossen halten den Schutz des Kerns privater Lebensgestaltung im digitalen Zeitalter für obsolet. Mit dem Internet sei die Privatsphäre eher nebensächlich geworden. Das World Wide Web setze auf maximale Transparenz, das Wissen über den anderen gehöre dazu. Totale Offenheit und der totale Verlust der Privatsphäre werden von Teilen der Netzaktivisten als Chance für eine bessere Zukunft begrüßt. Privatsphäre ist danach ein Auslaufmodell. Ziehen sich alle aus, hat keiner mehr Angst vor Nacktheit. Als Ort, in dem sexuelle Unterdrückung und reaktionäre Strukturen gedeihen, gehöre die bürgerliche Erfindung des Privaten endlich abgeschafft, lautet die Forderung.

Post-Privacy verkennt vollkommen die Bedeutung des Datenschutzes als Persönlichkeitsschutz. Die Haltung, da sowieso jeder alles von allen wissen könne, brauche es die Privatsphäre nicht mehr, verkennt ihre Bedeutung für die Entfaltung des Einzelnen. Es darf eben gerade nicht jeder alles über den anderen wissen. Darauf gibt es kein Recht. Und es gibt umgekehrt auch keine Verpflichtung, möglichst viel aus dem eigenen Privatleben mit Followern zu teilen.

KURZER BLICK IN DIE GESCHICHTE DER PRIVATHEIT

Die heutige Vorstellung von Privatsphäre entstand mit dem Aufkommen des Bürgertums in der Neuzeit. Der Humanismus entwarf ein Gesellschafts- und Bildungsideal, dessen Verwirklichung jedem Menschen die jeweils optimale Persönlichkeitsentfaltung ermöglichen sollte. Der Liberalismus postuliert Freiheit, Leben und Eigentum als unveräußerliche Rechte eines jeden Bürgers. Sie werden als elementare Menschenrechte angesehen, die die Verfassung vor willkürlichen staatlichen Eingriffen schützen soll. Diese Auffassung steht im Gegensatz zum Kollektivismus, der häufig im Namen des Gemeinwohls individuelle Freiheitsrechte zurückstellt.

Die Verabschiedung des Grundgesetzes erfolgte vor dem Hintergrund der schlimmsten Menschenrechtsverletzungen der Neuzeit. Die Menschenwürde, die private Zuflucht, die eigenen vier Wände waren unter dem nationalsozialistischen Unrechtsregime wertlos. Es behandelte Menschen wegen ihres Glaubens, ihrer Herkunft, ihrer Abstammung und ihrer politischen Gesinnung willkürlich als rechtlose Objekte. Die Menschen wurden mit allen Mitteln ausgeforscht und überwacht, Denunziation tat ein Übriges. Unvorstellbar, was ein NS-Unrechtsregime heute mit den Möglichkeiten der Digitalisierung anrichten könnte.

Wie wichtig die Freiheit ist, selbst zu entscheiden, was man von sich preisgeben möchte und was nicht, wird jedem dann bewusst, wenn jemand gegen seinen Willen in seine Privatsphäre eindringt.

Sichtbar erfolgt dieser Eingriff staatlicherseits bei Durchsuchungen, Beschlagnahmung privater Gegenstände oder offener Observation. Unsichtbar dann, wenn staatliche Behörden heimlich die Gespräche in der eigenen Wohnung aufzeichnen und jedes Verhalten per Video aufnehmen. Sich privat sicher zu fühlen und gleichzeitig von Dritten umfassend beobachtet zu werden, ist ein unvergleichlicher Vertrauensbruch. Für Geheimdienste vieler Staaten gehören solche Eingriffe zum Instrumentarium ihrer Tätigkeit, besonders um Feinde bzw. Gefährder der demokratischen Grundordnung auszuforschen oder Menschen zu überwachen, die zu einer Gefahr werden könnten.

Während des Ost-West-Konflikts spielten Geheimdienste, Abhörmaßnahmen und Überwachungstechnologien eine große Rolle, die der Öffentlichkeit oft erst nachträglich oder gar nicht bekannt wurde. Heimliche Ausforschung und Überwachung traten an die Stelle des offenen, sichtbaren Konflikts. Zur Unterdrückung der Bürgerinnen und Bürger gehörte in der damaligen DDR ihre totale Durchschaubarkeit.

DER STAAT WEISS ALLES

Heute scheint der Kalte Krieg überwunden, aber dafür sind in der multipolaren Welt umfangreiche Überwachungspraktiken von ausländischen Geheimdiensten, auch vom deutschen Auslandsgeheimdienst, dem Bundesnachrichtendienst (BND), bekannt geworden. Nach den Enthüllungen Edward Snowdens 2013 konzentrierte sich die Debatte in der Öffentlichkeit auf das abgehörte Handy von Kanzlerin Merkel, die den Vorgang mit dem Satz „Ausspähen unter Freunden – das geht gar nicht" scharf verurteilte. Der eigentliche Skandal liegt aber allgemein in den Abhör- und Abschöpfungspraktiken der Geheimdienste. Wie immer wurden diese Maßnahmen mit der Terrorismusgefahr und der Notwendigkeit einer effektiven Prävention begründet.

Der IS und andere terroristische Organisationen lassen sich davon nicht sonderlich beeindrucken, der grundrechtliche Kollateralschaden ist aber immens und dauert wahrscheinlich bis heute an. Denn warum sollten die Geheimdienste ihre Praktiken wirklich grundlegend geändert haben? Die Terrorismusbedrohung gibt es nach wie vor. Zu einem No-Spy-Abkommen ist es nie gekommen, nicht einmal zu einem europäischen. Richtig ernsthaft verhandelt wurde es wohl nicht, der britische Nachrichtendienst Government Communications Headquarters (GCHQ) war sowieso dagegen. Eine Aufklärung über die Dimension der Überwachung hat es nicht gegeben, kein Geheimdienst lässt sich wirklich in die Karten schauen. In Deutschland hat sich ein Parlamentarischer Untersuchungsausschuss intensiv mit der Beteiligung des BND und dem Zugriff ausländischer Geheimdienste auf Daten von Deutschen befasst und immerhin einige Fakten ans Licht gebracht. Zehntausende von dem US-Partner NSA eingebrachte illegitime Zielvorgaben, die gegen deutsche Interessen gerichtet waren, wurden vom BND in sein Überwachungssystem eingespeist und die Ergebnisse an die NSA weitergegeben. Das kam erst 2015 auf Nachfragen der Abgeordneten heraus.

Eine Arbeitsgruppe des Parlamentarischen Kontrollgremiums für die Geheimdienste fand heraus, dass der BND mit bis zu 40 000 umstrittenen Suchvorgaben (sogenannten Selektoren wie etwa IP-Adressen oder Handynummern) unrechtmäßig eine Vielzahl von Zielen in EU- und Nato-Staaten ausgeforscht hat. Darunter sollen ausländische Regierungsstellen und EU-Institutionen sowie zivilgesellschaftliche Organisationen gewesen sein. In Einzelfällen seien auch deutsche Staatsbürger ausgespäht worden.

Die NSA hatte das Projekt Eikonal, in dessen Rahmen der BND jahrelang einen Frankfurter Netzknoten der Deutschen Telekom ausspionierte und Daten an die NSA weitergab, in viel größerem Stil gekapert als bislang bekannt. Hans de With, früherer Vorsitzender der G-10-Kommission des Bundestags, die teilweise für die Kontrolle der BND-Überwachungstätigkeit zuständig ist, plädierte für die grundlegende Revision der gesetzlichen Grundlagen für die Rasterfahndung des BND. Das BND-NSA-Projekt Eikonal bezeichnete er als unverhältnismäßig. Der BND hat die parlamentarische G-10-Kommission im Unklaren über diese Operation gelassen. „Ich habe davon erst aus der Presse erfahren", erklärte Hans de With im NSA-Untersuchungsausschuss des Bundestags.[35]

Der parlamentarische Untersuchungsausschuss hat einiges über die geheimdienstlichen Praktiken herausfinden können, was sonst nie an die Öffentlichkeit gekommen wäre. Der Einzelne kann nur in seltenen Fällen selbst erfolgreich gegen geheimdienstliche Überwachungsmaßnahmen klagen, schon allein deswegen, weil er von ihnen nichts erfährt. Deshalb müssen die parlamentarischen Kontrollgremien (G-10-Kommission und Parlamentarisches Kontrollgremium) die notwendige, auch vom Grundgesetz geforderte rechtsstaatliche Kontrolle ausüben. Wie schwierig das angesichts der Informationshoheit des BND ist, zeigt diese Geschichte.

Die Handlungsmöglichkeiten der Kontrollgremien müssen darum ständig verbessert und der tatsächlichen Situation angepasst werden. Die 2016 erfolgten Reformen zur Stärkung der Arbeit der Kontrollgremien gehen zumindest in die richtige Richtung, wenn sie denn auch umgesetzt werden. Da der Informationsaustausch der Geheimdienste untereinander immer mehr zunimmt, muss es auch eine vernetzte Kontrolle geben. Nationale Kontrolleure der Geheimdienste müssen über die staatlichen Grenzen hinweg zusammenarbeiten und die Kooperation der Arbeit der unterschiedlichen Typen von Aufsichtsorganen organisieren. Das ist wirklich dringlich, denn es gibt eine immer stärkere Kooperation des Bundesamts für Verfassungsschutz mit anderen Nachrichtendiensten über die Plattform „Counter Terrorism Group" (CTG). Die CTG ist ein informeller Zusammenschluss von 30 europäischen Nachrichten- und

Sicherheitsdiensten und soll der Verbesserung operativer Erkenntnisse über den Islamischen Terrorismus dienen. Nach einem Gutachten des wissenschaftlichen Dienstes des Bundestags[36] muss die Bundesregierung auch darüber Auskunft geben und darf sich nicht pauschal darauf berufen, dass ausländische Geheimdienste ihnen jegliche Information untersagt hätten. Außerdem muss die Bundesregierung sicherstellen, dass durch verlässliche Zusagen der ausländischen Nachrichtendienste die vom Bundesamt für Verfassungsschutz weitergegebenen Daten – und diese Daten betreffen immer Personen, die als verdächtig eingeschätzt werden – nicht ohne dessen Zustimmung an Dritte übermittelt werden. Die Einhaltung dieser Verpflichtungen unterliegt der parlamentarischen Kontrolle. Und die muss deshalb auch vernetzt gut funktionieren, damit die Kontrolleure in den jeweiligen Staaten abgestimmt vorgehen. So wird nicht nur den rechtsstaatlichen Anforderungen genügt, sondern auch dem Schutz der Menschenrechte.

Edward Snowden hat mit der unerlaubten Veröffentlichung brisanter Dokumente seines damaligen Arbeitgebers NSA einen einmaligen Einblick in die Arbeit der Dienste gegeben. Es wurde offenbar, dass die NSA auf die Datenbestände der globalen IT-Konzerne zugegriffen hatte, wohl auch mit Einverständnis der Konzerne. Ganzseitige Anzeigenkampagnen pro Datenschutz können nicht darüber hinwegtäuschen, dass die digitalen Geschäftsmodelle von Facebook und anderen Konzernen des Silicon Valley auf einem sich ständig rasant vermehrenden Datenbestand basieren.

Edward Snowden hat gegen Gesetze in den USA verstoßen. Gleichzeitig hat er aber auch Grundrechtsverletzungen ans Licht gebracht, die zumindest in Deutschland nicht nur zum typischen Abwehrreflex der staatlichen Institutionen führten, sondern eine Debatte über die Rolle der Dienste bis hin zu einem Untersuchungsausschuss auslösten. Die Diskussion um die Geheimdienste muss fortgesetzt werden. Und sie muss sich viel stärker darauf konzentrieren, dass die Geheimdienste trotz dieses Skandals immer mehr

Informationen von Bürgern erheben und verarbeiten wollen. Sie haben es besonders auf die Telekommunikationsdaten abgesehen, deren Verwendung zu den umstrittensten Themen der letzten zwölf Jahre gehört.

Trotz zaghafter Reformen der parlamentarischen Kontrolle des BND wird auch heute mit Abhöraktivitäten ausländischer Geheimdienste gerechnet werden müssen. Öffentliche Anhörungen im Parlamentarischen Kontrollgremium und die Arbeit des neuen Unabhängigen Gremiums (zwei Richter am Bundesgerichtshof und ein Bundesanwalt sowie drei Stellvertreter) zur Kontrolle der Ausland-Ausland-Fernmeldeaufklärung sollen zu besseren Informationen und effektiverer Überwachung führen.

Leider bleibt der Erfolg aus, was zeigt, wie schwierig in der Praxis eine wirksame Kontrolle ist. Nach wie vor wird an dem Internetknoten De-Cix – er ist gemessen am Verkehrsaufkommen der größte der Welt – der Datenverkehr aus Deutschland, weiten Teilen Europas, aber auch aus Russland, China, Afrika und dem Nahen Osten abgegriffen. Die Daten werden über ein zusätzliches BND-Glasfaserkabel kopiert und in einer Außenstelle des Geheimdienstes gefiltert und ausgewertet. Strategische Fernmeldeüberwachung nennt man das.

Gegen diese Praxis hatten die Betreiber des De-Cix vor dem Bundesverwaltungsgericht in Leipzig geklagt. Sie wollten den ungebetenen Gast gern aus ihren Serverzentren verbannen, um nicht mehr „Komplize" strategischer, sprich anlassloser Überwachung zu sein. Die Leipziger Richter entschieden, dass der BND berechtigt sei, auf Anordnung des Bundesinnenministeriums internationale Telekommunikation zu überwachen und aufzuzeichnen. Und die Betreiber des De-Cix sind verpflichtet, dieses Vorgehen weiterhin zu ermöglichen und den Anordnungen des BND Folge zu leisten.

Damit wird zugleich akzeptiert, dass auch die Kommunikation deutscher Bürger und Bürgerinnen als „Beifang" mit ins Netz der Überwacher geht. Mit ihrer Entscheidung blockieren die Richter eine dringend notwendige weitere Reform des BND und seiner parlamentarischen Kontrolle.[37]

Gemäß Artikel-10-Gesetz zur Beschränkung des Brief-, Post- und Fernmeldegeheimnisses ist es den deutschen Geheimdiensten erlaubt, die Kommunikation im Ausland (Ausland-Ausland) oder zwischen dem Inland und dem Ausland zu überwachen und sie etwa auf bestimmte Stichworte hin zu untersuchen. Eine strategische Überwachung der Kommunikation im Inland ist den Geheimdiensten hingegen generell untersagt und nur in Einzelfällen und mit Genehmigung der G-10-Kommission des Bundestags erlaubt.

Die Betreiber des De-Cix bezweifeln indes, dass es technisch möglich ist, die inländische Kommunikation herauszufiltern. Zu diesem Schluss kamen auch die Experten des Chaos Computer Clubs, die bereits 2016 im Auftrag des NSA-Untersuchungsausschusses ein technisches Gutachten angefertigt haben. Einem Prüfbericht der Bundesdatenschutzbeauftragten Andrea Voßhoff ist zu entnehmen, dass das Datenfiltersystem (Dafis), das deutsche Staatsbürger herausfiltern soll, „erhebliche systemische Defizite" aufweist.[38]

Ob die G-10-Kommission überhaupt in der Lage ist, die Überwachungspraxis des BND zu kontrollieren, darf bezweifelt werden.

Diese Defizite sieht der Geheimdienst heute behoben. Man prüfe die Übertragungsprotokolle mit „mehrdimensionalen Filtern". Mithilfe von Browser- und Programmeinstellungen sowie Geodaten ließen sich deutsche Nutzer aussortieren. Ausnahmsweise durch den Filter gerutschte Daten würden „per Hand entfernt". An der Wirksamkeit dieser Maßnahmen darf gezweifelt werden.

Ob die G-10-Kommission überhaupt in der Lage ist, die Überwachungspraxis des BND zu kontrollieren, darf bezweifelt werden. Das Unabhängige Gremium beklagte 2017 in seinem ersten Jahresbericht die Behinderung seiner Arbeit, sodass es ein mögliches Fehlverhalten nicht angemessen überprüfen könne.[39] Damit läuft die Reform weitgehend ins Leere.

Eine wirkliche Trendwende würde erst mit der Schaffung eines unabhängigen Geheimdienstkoordinators und mit dem Budgetrecht des Parlamentarischen Kontrollgremiums über die Einzeletats der Dienste eingeleitet. Eine ganz entscheidende Rolle spielte dabei der Zugang der Mitglieder der Kontrollgremien zu den Informationen des BND, auch ohne aktuellen Skandal in Einzelfällen. All das muss gesetzlich abgesichert werden. Die so verbesserte Kontrolle könnte nicht nur das Vertrauen der Bürger in die Arbeit von Geheimdiensten stärken, sondern bedeutete auch aktiven Grundrechtsschutz. Hinzu kommt, dass eine wirksame Kontrolle besonders angesichts der permanenten Ausdehnung der technischen Möglichkeiten der Geheimdienste unverzichtbar ist.

Gründe für Wachsamkeit gibt es also mehr als genug. Geheimdienste sind kein Staat im Staat, sie dürfen sich nicht im Interesse der Sicherheit außerhalb der Rechtsordnung stellen. Auch Geheimdienste müssen die Privatsphäre des Einzelnen achten und dürfen nicht wahllos Informationen sammeln nach dem Motto, es wird schon irgendetwas Wichtiges dabei sein.

IST DER EINZELNE BEI SO VIEL STAAT MACHTLOS?

Der Einzelne kann vielleicht nicht allzu viel ausrichten, aber vollkommen machtlos ist er nicht. Er kann versuchen, Auskunft zu bekommen, ob über ihn etwas gespeichert ist. Journalisten haben nach der Rechtsprechung des Bundesverfassungsgerichts unter bestimmten Voraussetzungen Anspruch auf Informationen vom BND. Für den Bürger ist das schwieriger, im Zweifel hat der Schutz angeblicher Staatsgeheimnisse Vorrang vor der Auskunftspflicht gegenüber der Öffentlichkeit. Deshalb erfüllen Whistleblower, also Hinweisgeber, eine so wichtige Aufgabe. Sie machen durch Informationen Staatsversagen sichtbar und decken Vertuschungen und Skandale auf. Die mitgeteilten Interna müssen verifiziert werden, aber der Überbringer der schlechten Nachricht darf nicht wie der Täter behandelt werden.

Es braucht Regeln für die Weitergabe interner Informationen, die auch Staatsgeheimnisse betreffen können. Diese Regeln dürfen nicht zur Verhinderung der Aufklärung führen, indem sie den Hinweisgeber in einer Weise kriminalisieren, dass er entweder von jeglicher Mitwirkung bei der Aufklärung von Staatsversagen von vornherein absieht oder ihm wegen drohender Strafverfolgung nur die Flucht außer Landes bleibt. Edward Snowden erlebt eine solche Kriminalisierung bis heute. Nach amerikanischem Recht drohen ihm jahrzehntelange Freiheitsstrafen, Begnadigungen sind bei der populistischen Politik à la Trump nicht zu erwarten. Einen „Deal", die vorzugsweise von Donald Trump benutzte politische Handlungsoption, dürfte es in Rechtsstaatsfragen nicht geben, aber ein Trump sieht im Deal mit einem verurteilten Bürger für sich wohl auch kaum einen Mehrwert. Also sitzt Edward Snowden seit fünf Jahren geduldet in Moskau und muss sich als lebendiger Beweis für die Achtung der Menschenrechte durch das Putin-Regime widerwillig benutzen lassen.

Whistleblower-Schutzmechanismen mit klaren Vorgaben brauchen wir nicht nur national, sondern auch international. Aus heutiger Sicht klingt das utopisch, aber die Kraft der Einsichtsfähigkeit und die Stärke der Zivilgesellschaft haben schon öfter mehr bewegt, als Politikern lieb war. Wie sonst hätte die Mauer 1989 fallen können!

Natürlich können die Bürger versuchen, sich dem Abgreifen ihrer Daten mit ganz praktischen Maßnahmen wie der Verschlüsselung ihres Datenbestands zu entziehen. Gegenüber den technischen Möglichkeiten der Geheimdienste werden aber nur Experten wirklich effektiv dazu in der Lage sein. Immerhin kann jeder Shield Cards gegen das illegale Auslesen von Daten, das sogenannte Skimming, benutzen, um elektronisches Geld und Daten vor Diebstahl zu bewahren, und Schutzhüllen für das Smartphone, die den elektronischen Zugriff von außen verhindern. Dazu braucht es keine IT-Kenntnisse.

> **Whistleblower-Schutzmechanismen mit klaren Vorgaben brauchen wir nicht nur national, sondern auch international.**

Kapitel 5
Big Data und Datenschutz – ein Widerspruch?

Die ganze digitale Welt lebt von Daten, vorzugsweise personenbezogenen Daten. Datenlieferanten sind zuallererst die Nutzer, also wir alle. Und wir sind ziemlich großzügig darin, kostenlos tiefe Einblicke in unseren Gesundheitszustand, unsere Freundschaften und Familie, unsere Vorlieben und Kaufinteressen zu liefern. Kurzum, wir teilen vieles von dem mit, was unsere Persönlichkeit ausmacht und nach klassischem Verständnis zur Privatsphäre gehört. Mit der Kreditkarte zahlen wir gern unseren Online-Einkauf, und bald wird es im Supermarkt keine Kasse, sondern nur noch die Bezahl-App geben, die der Kunde benutzen muss, weil das schnöde Bargeld angeblich niemand mehr will. So ist jedenfalls die Vorstellung mancher Anhänger der sogenannten IT- oder Digital-Disruption, die der Verdrängung früherer Technologien durch digitale Innovationen und damit zugleich der umfassenden Kontrolle des Bürgerverhaltens das Wort reden. Das stärkt ihre Stellung und manipulativen Einflussmöglichkeiten, denn die Datenberge wachsen und damit auch die Möglichkeiten und der Umfang zielorientierter Werbung und Online-Angebote.

Wir brauchen mehr Transparenz der eingesetzten Algorithmen.

Wenn der Widerstand gegen die schleichende digitale Fremdbestimmung auch noch nicht groß ist, so muss, sollte das Bargeld vollkommen abgeschafft werden, doch mit lautstarkem Protest gerechnet werden. Denn diese Veränderung wäre sichtbar und greifbar, sie ginge im Wortsinn ans Portemonnaie. Solche Gegenwehr brauchen wir im digitalen Leben noch viel mehr. Und dafür brauchen wir mehr Transparenz der eingesetzten Algorithmen, der elektronischen Voreinstellungen und der verfolgten Zwecke.

DER VERMESSENE MENSCH

In analogen Zeiten war für den Nutzer sehr viel übersichtlicher, welche Daten für welchen Zweck verwandt werden sollen. Und mit dem Bargeld gab und gibt es noch eine Art der Bezahlung, die absolut anonym ist, keine Hinweise auf die Vermögenssituation und keine Spuren des Einkaufs hinterlässt. Hauptinteressenten an den personenbezogenen Daten waren die staatlichen Behörden, besonders aus dem Sozialbereich mit Arbeits- und Rentenverwaltung, und dem Bereich der inneren Sicherheit mit Polizei und Geheimdiensten, weiterhin die Schulverwaltung und natürlich die Steuerverwaltung mit dem Finanzamt. Aus dieser Situation heraus wurde das Recht auf Datenschutz entwickelt, es besitzt seit der Entscheidung des Bundesverfassungsgerichts zur Volkszählung im Jahr 1983 Verfassungsrang. Unter den Bedingungen der automatischen Datenverarbeitung gibt es kein belangloses Datum mehr[40], war eine Kernfeststellung. Je mehr Daten heute aus- und verwertet werden, desto mehr wird die Privatsphäre des Einzelnen eingeschränkt. Mehr Daten und mehr Kontrolle gehen Hand in Hand.

Blickt man ausschließlich durch die Brille der IT-Weltplayer, dann sind alle gesetzlichen Regelungen, die den Umgang mit digitalen Dienstangeboten einschränken, überflüssige Bürokratie. Jede vom Nutzer einzuholende Einwilligung, jede Löschung, jede Zweckbindung der erhobenen Daten stören die permanente Weiterentwicklung der Angebote, die umfassende Analyse des Datenmaterials über Milliarden Menschen, die Vernetzung dieser Unmengen an Daten und damit deren gewinnträchtige Vermarktung. Über jeden von uns sind Megabytes gespeichert. Unter diesem Blickwinkel sind Big Data und informationelle Selbstbestimmung Gegensätze. Datenmassen versus Datenminimierung, totale Datenerfassung versus Beschränkung auf bestimmte Daten, personenbezogene Daten versus anonymisierte Daten. Big Data versus Small Data. Und das bedeutet Fremdbestimmung versus Selbstbestimmung.

Es ist richtig, dass grundlegende Datenschutzprinzipien wie Datensparsamkeit und die Zweckbindung der verwandten Daten nicht speziell für Big Data entwickelt wurden und deshalb ihre unveränderte Anwendung auf Big-Data-Verfahren schon zu Beschränkungen führen kann. Dass sie deshalb als innovationshemmend kritisiert werden, ist aus Sicht der Unternehmen zwar nachvollziehbar, rechtfertigt es aber nicht, diese Prinzipien über Bord zu werfen. Es müssen vielmehr die Interessen der betroffenen Bürger und der Unternehmen bei der jeweiligen Anwendung gegeneinander abgewogen werden. Dabei spielt es auch eine Rolle, ob mit einer Big-Data-Anwendung die Gefahr der Ausgrenzung von Personengruppen wegen bestimmter Eigenschaften oder die Gefahr der Manipulation persönlicher Einstellungen – zum Beispiel bei Wahlen – gegeben ist.[41] Das ist nicht hinnehmbar.

Diese Gegensätze sind also nicht unauflösbar. Aber ohne Einschränkungen geht es nicht. Muss denn der lernfähige Algorithmus mit immer mehr Daten gefüttert werden? Gibt es nur ein Weiterso? Für Facebook und Co. ist das selbstverständlich. Facebooks neuestes Projekt ist Ausdruck dieses Selbstverständnisses: Das Unternehmen möchte mit Banken Kundendaten austauschen, um den Nutzern im Facebook Messenger ihre Kontoinformationen anzeigen zu können.[42] Die Nutzer würden so länger auf Facebook verweilen und damit die Anzeigenpreise hochtreiben. Dass es letztlich um die Vermarktung der Kontendaten geht, ist ungeachtet aller gegenteiligen Beteuerungen naheliegend. Und für die Banken wäre diese Kooperation eine Möglichkeit, ihren Kunden noch bessere maßgeschneiderte Angebote zur Vermögensanlage zu machen. Also eine Win-Win-Situation für beide Kooperationspartner mit einem Verlierer – dem Bankkunden und Facebook-Nutzer.

Wer so denkt und plant, hat den Menschen hinter der Digitalisierung vergessen. Dem Grundgesetz entspricht es eben nicht, dass Menschen vollkommen vermessen und verdatet werden. Big Data bedeutet keineswegs, dass alles technisch Machbare auch gemacht werden muss. Informationelle Selbstbestimmung im digitalen Zeitalter heißt, dass der einzelne Nutzer mit seinem Nein zur Datenvermarktung auch Nein zu diesem Projekt sagt, zum Verkauf seiner Daten, die er den Banken kostenlos nur für die Vermögensanlage und -verwaltung zur Verfügung stellt. Selbstbestimmung mittels erklärter Einwilligung, so sieht es die Datenschutzgrundverordnung vor.

Big Data bedeutet keineswegs, dass alles technisch Machbare auch gemacht werden muss.

Das klingt sehr schön, ist aber auch etwas naiv, denn gerade formularmäßige Einwilligungen werden dazu genutzt, eine möglichst umfangreiche Legitimation für die Datenverwendung zu bekommen. Ob es sich jeweils um eine informierte Einwilligung in voller Kenntnis aller Folgen handelt, bleibt sehr fraglich. Die häufig in den Allgemeinen Geschäftsbedingungen eingeforderte Einwilligung geht meist über die rein datenschutzrechtlichen Belange hinaus, und den Nutzern bleibt gar nichts anderes übrig als zuzustimmen, weil ihnen sonst der Zugang zu den Diensten verwehrt bleibt. Von Freiwilligkeit kann da kaum die Rede sein. Zugespitzt bezeichnet Hoffmann-Riem diese geforderte Einwilligung als „Totengräber der Autonomie", obwohl sie doch genau das Gegenteil sein soll, nämlich die Stärkung der Autonomie.[43]

Ich halte es deshalb für notwendig, zusätzlich über weitere objektive Grenzen der Einwilligung – wie z. B. ein striktes Koppelungsverbot, eine zwingende Zustimmung zur Verwendung von Cookies – nachzudenken. Diese können sich auch aus der Menschenwürde ergeben, die nach der Rechtsprechung des Bundesverfassungsgerichts selbst für den Betroffenen etwas „Unverfügbares" ist.[44] Angesichts der rasanten Entwicklung hin zu superintelligenten Systemen ist es höchste Zeit für eine digitale Emanzipation, die ihren Namen verdient.

Nicht nur muss der Schutz des Einzelnen konkretisiert werden, es ist auch dringend notwendig, darüber eine öffentliche Debatte zu führen. Wir brauchen eine digitale Vertrauensgesellschaft.[45]

Der Wunsch privater Konzerne, von uns mehr zu wissen als wir selbst, damit sie uns sagen können, was das Beste für uns sei, ist anmaßend und bedeutet tiefe Eingriffe in das Grundrecht auf informationelle Selbstbestimmung. Immer besser vorhersagen zu können, was der Nutzer denn wollen soll, mag für diesen manches erleichtern, birgt aber die Gefahr der Fernsteuerung. Fremdbestimmung darf nicht zur Errungenschaft des 21. Jahrhunderts werden, und die Technik darf nicht darüber bestimmen, was schützenswert und im Hinblick darauf machbar ist, das geschieht durch das Grundgesetz.

Daten sind werthaltig, sie sind das „Gold" für die gesamte digitale Entwicklung, aber diese Daten sind unverzichtbar für unsere Persönlichkeitsentfaltung. Das hat absoluten Vorrang vor allen anderen Interessen des Staats und der Konzerne. Dafür muss auch rechtlich noch einiges passieren, und das ist für mich unverzichtbar. Es geht um nichts Geringeres als die Gestaltung des Epochenwandels, der durch die Digitalisierung bestimmt wird. Nationale Regierungen stoßen an ihre Grenzen, es wird europäische und internationale Kooperationen von Regierungen und Organisationen geben müssen. Rechtsschutzmöglichkeiten national und europäisch müssen ausgebaut werden; das setzt mehr Transparenz der digitalen Prozesse, ihrer Kriterien und Wirkungsweisen voraus, beispielsweise durch Zertifizierung.

Und auch die alten Kulturtechniken der Datenminimierung und der Anonymisierung – mit einem besseren Schutz vor Deanonymisierung, also vor dem Umgehen oder der Aufhebung der Anonymisierung – sollten nicht ad acta gelegt werden. Ist das nur naiv? Keineswegs, es ist im Gegenteil die Verbindung von Teilhabe und informationeller Selbstbestimmung. Die Masse der Daten allein macht es nicht. Datenminimierung als oberster Grundsatz, zudem mehr Anonymisierung und als schwächeres Element Pseudonymisierung

– ein umfangreicher und verpflichtender technischer Datenschutz könnte schon zu einem Umsteuern der derzeitigen Praxis mancher IT-Konzerne führen.

Ein solches Vorgehen ist nicht so radikal wie die Empfehlung des Internetpioniers Jaron Lanier, die eigenen Social-Media-Accounts zu löschen, um Druck auf Konzerne wie Facebook und Twitter auszuüben. Nur mit wirtschaftlichen Einbußen könnten die Konzerne zur Änderung ihrer Algorithmen dahin bewegt werden, endlich verantwortungsbewusster mit den Kundendaten umzugehen.[46]

Diese Einschätzung des Silicon-Valley-Insiders ist zutreffend. Als soziale Wohlfahrtseinrichtungen, denen es wirklich um das Wohl und die Rechte der Menschen geht, verstehen sich die Konzerne nicht. Umsatz und Rendite sind die Benchmarks, nicht Datenschutz, Privatsphäre und Vertrauen. Dass Google sich möglicherweise jetzt den Zensurvorgaben des chinesischen Staats unterwerfen will, um auf dem riesigen chinesischen Markt Geschäfte zu machen, belegt das eindrucksvoll. Gewinnmaximierung um jeden Preis, auch um den Preis der Meinungsfreiheit und der Preisgabe des Vertrauens der Nutzer in einen einigermaßen geschützten Raum der Kommunikation, lässt Google auf den chinesischen Markt drängen. Um in den Wettbewerb mit dem chinesischen Platzhirsch, dem Internetgiganten Baidu, treten zu können, muss Google auch grünes Licht von der chinesischen Internetregulierungsbehörde Cyberspace Administration of China erhalten. Geschäft zulasten der Moral, die Google gern für sich in Anspruch nimmt, wäre dann die Firmenphilosophie von Google. Das kann ein Unternehmen so für sich entscheiden, aber es sollte die Kunden dann nicht mit hehren Prinzipien und Idealen „to make the world better" behelligen. Unabhängig davon, ob das „Dragonfly"[47] genannte China-Projekt tatsächlich umgesetzt werden kann, sollten die Nutzer schon die Absicht zum Anlass nehmen, ihr Verhalten zu überdenken.

> **Umsatz und Rendite sind die Benchmarks, nicht Datenschutz, Privatsphäre und Vertrauen.**

Es geht Jaron Lanier darum, ein ganzes Geschäftsmodell und dessen Auswirkungen auf die digitale Kommunikation abzuschaffen. Laniers Analyse ist eindeutig, und sie hat Gewicht, da der anerkannte Programmierer beste Kontakte ins Silicon Valley pflegt: Unternehmen, die den Großteil ihres Gewinns damit erwirtschaften, „Kunden zu finden, die bereit sind, dafür zu zahlen, das Verhalten anderer Menschen zu verändern"[48], sind aus seiner Sicht würdelos und schaden nachhaltig der Gesellschaft. Denn dank der digitalen Werkzeugpalette von Facebook und Co. müssen sich Institutionen und Unternehmen längst nicht mehr mit analogen Glückstreffern begnügen, sondern können die Nutzer sozialer Medien durch individualisierte Ansprache an ihrem durch Algorithmen errechneten empfänglichsten Punkt treffen.

Weitere Merkmale jener Unternehmen, die Laniers Kritik herausfordern, sind neben der „totalen Überwachung", den „aufgezwungenen Inhalten", angestrebte „Verhaltensmodifikation" und „Fake People", die die ohnehin schon „vergiftete" Kommunikation in sozialen Netzwerken noch zusätzlich in eine bestimmte Richtung lenken.[49]

Die Verbraucher haben Macht und sind eine Macht. Einige Millionen Accounts weniger, ein schlechtes Image und unzufriedene Kunden können auch Unternehmen mit Billionenwert wie Apple nicht unbeeindruckt lassen. Wir haben als potenzielle Kunden allen Grund zu Selbstbewusstsein. Ohne unsere Daten läuft keine Suchmaschine, gibt es keine zielgenaue personalisierte Werbung, kann jede Fitness-Plattform schließen, haben die Adressenhändler nichts mehr zu verkaufen und greifen die Überwachungstechnologien ins Leere. Lassen wir sie es spüren, dass sie von unserem Konsumverhalten abhängig sind. Handeln wir endlich nachhaltig und reagieren nicht reflexhaft auf Skandale wie den von Facebook und Cambridge Analytica, von dem auch einige Hunderttausend Menschen in Deutschland betroffen waren. Denn wer erwartet, dass Facebook nach dem Bekanntwerden des unerlaubten Zugriffs auf Millionen

Kundendaten und die mangelhafte Kontrolle über deren Verwendung sein Geschäftsmodell grundlegend ändern wird, wartet vergebens. Die öffentlichen Auftritte Marc Zuckerbergs waren inhaltsleer und eine Provokation sowohl für jeden Kunden als auch für die Parlamentarier, die Zuckerbergs Anhörung veranlassten. Den Lippenbekenntnissen zum Wert des Datenschutzes folgen keine konkreten Änderungen für wirklich mehr Datenschutz. Von Facebooks Anzeigenkampagne, die für die Möglichkeiten von Facebooks Privatsphäre-Einstellungen wirbt, profitieren einzig die Medien, in denen diese Anzeigen geschaltet sind.

Wer sich der digitalen Teilhabe nicht entziehen will, der sollte seine Rechte gegenüber den Datenkraken geltend machen. Jeder Bürger muss dazu wissen, dass sein mobiles internetfähiges Endgerät Gegenstand der Ausforschung und Überwachung ist – in den USA und China mehr, in Deutschland etwas weniger. Je mehr biometrische Merkmale eingesetzt werden, Siri und Alexa unser Verhalten beeinflussen, umso mehr geben wir von uns preis. Deshalb ist das bewusste Kommunizieren in dem Wissen, dass sehr viele der eigenen Daten erfasst und weiterverwendet werden, erste Bürgerpflicht.

Die Rechte des Nutzers auf Schutz seiner Daten und seiner Privatsphäre verlangen, dass er weiß, welche Daten wann und zu welchen Zwecken gespeichert und weiterverwendet werden. Das hört sich einfach an, ist aber gegenüber ausländischen Unternehmen gar nicht so einfach durchsetzbar. Max Schrems, der junge österreichische Jurist, hat Facebook und uns allen gezeigt, wie es geht. Er hat über die irische Datenschutzbehörde, irische Gerichte und schließlich beim Gerichtshof der Europäischen Union erstritten, dass Facebook ihm den gesamten seine Person betreffenden Datenbestand mitteilen musste. Er erhielt 1200 Seiten mit Datenmaterial, Fotos und Geodaten sowie mit den Hinweisen auf die Datenbestände und E-Mails, die von ihm eigentlich längst gelöscht worden waren. Nichts soll verloren gehen, auch nicht die angeblich gelöschten Daten. Schrems erhielt auch Informationen über die Bewertungen und Einschätzungen, die der Algorithmus von Facebook zu seiner Person vorgenommen hatte. Grundlage war nicht nur die eigentliche Datenbasis, sondern auch das Umfeld wie Studienkollegen, Bewerbungen, Aufenthalte und allgemeine Statistiken. So auskunftsfreudig ist Facebook sonst wohl nicht, angeblich führte ein interner Kommunikationsfehler im Unternehmen zu dieser umfassenden Preisgabe, die gute Einblicke in das Geschäftsmodell von Facebook gibt. Beruhigt zurücklehnen lässt einen diese Erkenntnis nicht, ganz im Gegenteil. Alle Facebook-Nutzer sollten von Facebook Auskunft über sämtliche ihre Person betreffenden gespeicherten Daten verlangen.

Die verschärften Datenschutzregeln in der Europäischen Union geben dafür die rechtliche Grundlage. Der Datenschutzaktivist Max Schrems macht sich diese Möglichkeiten zunutze und will mittels Sammelklagen die Rechte der Nutzer schützen. Seine Klagen gegen Facebook haben auch zum Ende der sogenannten Safe-Harbor-Praxis der Europäischen Union geführt, die den Austausch von Daten zwischen Unternehmen in der EU und in den USA damit rechtfertigten, mit diesen Daten werde verantwortungsbewusst und datenschutzkonform umgegangen. Die Aufdeckung des NSA-Zugriffs auf die Datenbestände der großen IT-Konzerne in den USA entlarvte diese Zusicherung als falsch. David hatte gegen den Goliath gewonnen – im 21. Jahrhundert.

Max Schrems will mit einer eigenen Organisation künftig die ausgeweiteten Datenschutzrechte der Europäer (Art. 80 Abs. 2 DSGVO) durchsetzen. Noyb heißt die von ihm 2017 gegründete Organisation. Die Abkürzung steht für „none of your business" („geht dich nichts an"). Die Arbeit wird durch Unterstützer und ein paar Großspenden – unter anderem von den Betreibern der anonymisierenden Suchmaschine Startpage und der Stadt Wien – finanziert werden.

„Es zahlte sich bisher aus, sich nicht ans Recht zu halten", aber das ändere sich nun, begründet Schrems den Schritt.[50] Die ab Mai

2018 geltende EU-DSGVO ahndet Missbrauch von persönlichen Daten mit bis zu millionenschweren Strafen. Zusammen mit einem Team von Juristen und IT-Experten will Noyb gegen den Datenmissbrauch durch Internet-Riesen wie Facebook und Google vorgehen. Gemeinsam mit Verbraucherschutzorganisationen soll eine wirkungsvolle Infrastruktur geschaffen werden, diese könnte den Datenschutz zu einem scharfen Schwert gegen Unternehmen machen, die sich über bestehende Gesetze hinwegsetzen. Bisher war es für die Konzerne leicht, entsprechende Regelungen zu umgehen, indem sie ihre Niederlassungen an dem europäischen Standort mit den niedrigsten Datenschutzstandards ansiedelten. Darüber hinaus entfaltete die frühere europäische Datenschutzrichtlinie keine Wirkung für Konzerne mit Firmensitz und Rechner außerhalb der Europäischen Union.

Die EU-DSGVO erleichtert jetzt die Möglichkeit, die Datenschutzrechte geltend zu machen, und unterwirft die ausländischen IT-Player dann den europäischen Regelungen, wenn sie die Daten von Bürgerinnen und Bürgern in der EU verarbeiten und ihre Dienstleistungen auf dem Markt der EU anbieten. Die Ansiedlung der Firmensitze von Facebook, Google, Twitter, Apple, Microsoft, Ebay, Paypal in Dublin bringt zumindest im Hinblick auf den Datenschutz keine Vorteile mehr. Jeder Nutzer kann sich an die zuständige Datenschutzbehörde in Deutschland wenden: Das sind in diesen Fragen die Landesdatenschutzbeauftragten. Er kann aber auch an eine Organisation wie die von Max Schrems herantreten.

Wenn die Konzerne mit Hunderttausenden Anfragen konfrontiert werden, nehmen sie vielleicht den Datenschutz künftig ernster. Die Androhung von Bußgeldern in Millionenhöhe, die nur von den zuständigen Datenschutzbehörden verhängt werden können, wird ihnen sofort zeigen, dass die Zeit der folgenlosen laschen Haltung zum Datenschutz vorbei ist. Auf zwei bis vier Prozent des letzten Jahresumsatzes können sich je nach Schwere der Datenschutzverstöße die Bußgelder belaufen. Bei dreistelligen Milliardenumsätzen kommt ein erkleckliches Sümmchen zusammen, das auch diese Konzerne nicht mal eben aus der Portokasse zahlen. Auch deshalb wurden die neuen europäischen Datenschutzregeln nach jahrelangem Ringen um eine brauchbare, Unternehmens- und Nutzerinteressen berücksichtigende Lösung beschlossen. Sie zielen in erster Linie auf große Firmen, nicht etwa auf ehrenamtliche Vereine, ihnen soll das Leben nicht unnötig erschwert werden.

Die Datenschutzregeln verlangen auch dem Nutzer einige Sorgfalt und Aufmerksamkeit ab. Er muss in viele Nutzungen einwilligen, also gefragt und informiert werden. Er kann die Löschung verlangen, wenn er seine Einwilligung widerruft. Er muss lernen, dass sein biometrischer Fingerabdruck als Türöffner zum Smartphone auch gespeichert und gelesen wird. Er muss sich mit cloudbasierten Sprachdiensten befassen, die zusammen mit den verschiedensten Apps sein tägliches Leben erleichtern helfen sollen wie zum Beispiel die Ansage, welcher Müll wann abgeholt wird.

Alles, was gesprochen und mitgeteilt wird, landet in einer Cloud. In welcher?

Sie wissen aber vielleicht auch Bescheid über mein nächstes Date, über die Nachbarn, über Essensvorlieben, über meine Einstellung zum Steuerzahlen und zu Flüchtlingen. Das mag jeder halten, wie er mag, aber entscheidend ist, dass alles, was gesprochen und mitgeteilt wird, in einer Cloud landet. In welcher? Wer hat Zugriff? Wie sicher ist die Cloud? Wer ist der Anbieter? Liegen die Daten in einer amerikanischen Cloud? Die NSA freut sich. Denn alle Gespräche in der Privatwohnung werden von diesen cloudbasierten Sprachdiensten gestreamt! Das muss sich jeder Nutzer vorstellen.

Wenn der Staat das gesprochene Wort in der Privatwohnung aufzeichnen will, muss er genau darauf achten, dass keine den Kernbereich des Privaten berührenden Gespräche gespeichert, jedenfalls auf keinen Fall bei Auswertung der Bänder verwertet werden. Privaten Unternehmen hingegen erlauben die Nutzer von Alexa, alles aufzuzeichnen, zu streamen, zu speichern und damit der Kontrolle des Nutzers erst einmal zu entziehen. Ein ungeheuerlicher Eingriff in das Privatleben. Um die Herrschaft über diese anvertrauten privaten Details zurückzubekommen, muss der Nutzer nicht nur wissen, was Alexa alles kann, sondern auch, wie er selbst damit umgeht. Die Löschung kann der Einzelne ganz einfach selbst vornehmen, glaubt man denn den Werbeprospekten. Das Vertrauen in den verantwortungsbewussten Umgang mit den Unmengen an Daten seitens des Diensteanbieters sollte freilich nicht grenzenlos sein. Die unzähligen Skandale im Umgang mit personenbezogenen Daten zeigen, wie berechtigt Misstrauen, in jedem Fall aber, wie wichtig die Kenntnis der Gefahren durch unerlaubten Zugriff ist.

Warum müssen die Gespräche überhaupt gestreamt und gespeichert werden? Warum werden sie nicht automatisch einen Tag später gelöscht, wirklich auch auf dem Server gelöscht, denn der Nutzer wird sich nicht mehr nach der Müllabfuhr, der Bahnfahrt, nach dem Kochrezept vom Vortag erkundigen. Das ist digitaler Müll von gestern. Wenn er die Daten speichern lassen möchte, sollte er selbst diese Möglichkeit aktivieren können. Diese datenschutzfreundliche Herangehensweise des sogenannten Opt-in stärkt die Rechteausübung und ist Selbstbestimmung, Opt-out, die jetzt gängige Praxis, ist nur das Rückgängigmachen der Fremdbestimmung.

Der mündige Bürger, der sich um seinen Datenschutz selbst kümmert, wird die Unternehmen dazu antreiben, technisch noch raffinierter zu agieren, um möglichst viel Datenmaterial zu bekommen. Hätte man sie zu der technisch datenschutzfreundlichsten Einstellung zwingend verpflichtet und dem Nutzer das Recht eingeräumt, diese auch etwas anpassen zu dürfen, wäre das ein wirklicher Quantensprung im Datenschutz gewesen. So bleibt es für den Einzelnen kompliziert, die Technikfreaks sind im Vorteil, und die Kreativität der Daten-Rattenfänger kann sich gut entfalten.

Damit jeder Nutzer wenigstens die einfacheren technischen Schutzmöglichkeiten kennt und sie auch einsetzen kann, bedarf es hilfreicher Geister. Im Netz findet man dazu viele Anregungen, und es gibt zahlreiche Organisationen, die an Verschlüsselungssoftware wie Pretty Easy Privacy für sichere Kommunikation arbeiten. Die Grundrechte leben davon, dass sie auch gelebt werden. Das kann dem Bürger niemand abnehmen.

Und selbstverständlich braucht der Nutzer endlich einen Anspruch gegen seinen Diensteanbieter auf eine Ende-zu-Ende-Verschlüsselung zum wirksamen Schutz seiner laufenden Kommunikation, die damit an keiner Station auf dem Weg der Datenübertragung einsehbar ist. Nach dem massenhaften E-Mail-Missbrauch Anfang 2019 muss die Zwei-Faktor-Authentifizierung (Identitätsnachweis mittels zweier unabhängiger Komponenten wie z. B. Passwort und Telefonnummer) als verbindlicher Standard für alle Online-Anbieter eingeführt werden. Verbindlich, nicht nur als freiwillige Selbstverpflichtung.

Kapitel 6
Mein Recht auf Vergessenwerden

Das kleine Geheimnis ist eine nostalgische Kindheitserinnerung ans rosa-geblümte Tagebuch, dem man vielleicht die Gedanken, die niemanden etwas angingen, anvertraute. Aber es ist mehr. Es gehört essenziell zum eigenen Leben, immer wieder Geheimnisse zu haben und nicht alles über sich preiszugeben. Auch im digitalen Zeitalter muss es den privaten Rückzugsraum, die geschützte Privatsphäre geben – und die Möglichkeit, sie verteidigen und auch wieder herstellen zu können. Das ist sehr viel schwieriger, als ein Schloss am Tagebuch anzubringen. Denn mit all unseren Posts, Tweets, Bildern und Videos im Netz sind wir für viele uns unbekannte Nutzer präsent und können nichts dagegen tun. Ein unbedachter Kommentar in einem Forum kann sich Jahre später negativ im Beruf auswirken.

Vergisst das Internet wirklich nichts?

Vergisst das Internet wirklich nichts? Einmal beim Twittern gepennt, und schon bleiben die Infos über meine persönlichen Vorlieben für immer im Netz? Das ist zwar in vielen Fällen so, aber es gibt Möglichkeiten, den Ruf online wieder herzustellen, auch mithilfe der neuen europäischen Datenschutzstandards.

Ein Recht auf Löschung der eigenen Daten besteht dann, wenn die weitere Verarbeitung und Speicherung gegen gesetzliche Bestimmungen verstößt. Das heißt, dass persönliche Daten, die einmal mit Einwilligung oder durch Vertrag oder kraft gesetzlicher Grundlage verarbeitet und zugänglich gemacht wurden, nicht gelöscht werden müssen. Das Zurückholen von persönlichen Informationen ist in diesen Fällen eher die Ausnahme, deshalb ist es so entscheidend, vor ihrer Preisgabe gründlich darüber nachzudenken. Jeder Nutzer hat es also auch in seiner Hand, was über ihn bekannt wird. Eigene Posts, Bilder und Kommentare können in der Regel selbst wieder gelöscht werden. Lassen sich Foreneinträge nicht entfernen, kann man die Pseudonymisierung fordern. Statt des eigenen Namens erscheint dann ein fiktiver Name.

Je nach medialem Interesse gibt es Berichterstattung über Personen in der Presse, befassen sich Blogs und Plattformen mit der persönlichen Situation einzelner. Die Leserschaft interessiert besonders der neueste Klatsch über bekannte Persönlichkeiten, deren sexuelle Vorlieben und wechselnde Freundschaften, Krankheiten und Liebschaften der Mitglieder der Königs- und Adelshäuser, Outfits von Stars und Sternchen, die finanziellen Abenteuer von Unternehmern, Freuden und Leiden von Fußballern. Sie sind tagtäglich Bestandteil der Boulevardpresse und werden von Millionen Menschen mit Begeisterung konsumiert. Da bleibt nur noch wenig privat, vieles geht sehr ins Persönliche. Das passt vielen Betroffenen dann nicht, wenn es auch die negativen Seiten des Daseins betrifft.

Für den nicht prominenten Bürger, der z. B. mit seinem Start-up Insolvenz anmelden muss, der zu schnell und vielleicht mit zu viel Alkohol im Blut Auto gefahren und in eine Polizeikontrolle geraten ist, der sich im Streit mit Nachbarn befindet, der sich öffentlich abfällig über Kollegen oder Bekannte geäußert hat, ist es auch sehr wichtig, diese privaten Informationen nicht zeitlich unbegrenzt im Netz zu finden. Sie können dem beruflichen Lebensweg und der finanziellen Situation ebenso wie familiären bzw. privaten Beziehungen schaden.

Im analogen Kommunikationszeitalter hatte sich in diesem Bereich eine ausgewogene Rechtsprechung entwickelt. Sie brachte das berechtigte Anliegen der Betroffenen der Achtung ihrer Persönlichkeit mit dem berechtigten Interesse der Medien an Berichterstattung über öffentliche Personen in Einklang. Diese „Very Important Persons" (VIPS), die auch von der Öffentlichkeit leben und deshalb freizügig mit Informationen über ihr Privatleben sind, müssen das Interesse an ihrer Person respektieren und können nur in eingeschränktem Maß verlangen, dass die Medien auf ihre persönlichen Befindlichkeiten Rücksicht nehmen. Sie haben deshalb nur in Ausnahmefällen ein Recht auf Löschung dieser Daten. Die Persönlichkeitsrechte der Bürger und Bürgerinnen ohne herausragende Position bzw. ohne einen gewissen Bekanntheitsgrad haben dagegen ein größeres Gewicht gegenüber dem presserechtlichen Äußerungsrecht.

Damit diese Grundsätze zur Pressefreiheit und zum allgemeinen Persönlichkeitsrecht auch im digitalen Leben durchgesetzt werden können, hat sich schon vor längerer Zeit die Diskussion um den „digitalen Radiergummi" entwickelt. Er soll das „Vergessen" von bestimmten persönlichen Informationen ermöglichen. Jeder Bürger soll Einfluss darauf nehmen können, wie lange Informationen von ihm im Netz zugänglich sind.

Der Versuch, gegen die Verletzung seiner Persönlichkeitsrechte im Netz mit juristischen Mitteln vorzugehen, ist schwer genug angesichts der beschränkten Reichweite nationaler Gesetzgebung, angesichts der immensen Widerstände gegen internationale Übereinkünfte und angesichts der starken ökonomischen Interessen, die grundrechtsschützenden Regelungen entgegenstehen. Das digitale Vergessen braucht eine breite Debatte in der Gesellschaft. Erinnern und Vergessen bekommen eine neue Dimension im digitalen Zeitalter.[51] Aus diesen Überlegungen ist die Forderung nach einem sogenannten Recht auf Vergessenwerden entstanden. Die öffentliche Diskussion darüber hat weit über die eigentliche juristische Bedeutung hinaus große Aufmerksamkeit erregt und auch die Beratungen zur Datenschutz-Grundverordnung zeitweise geprägt.

DIE ENTSCHEIDUNG DES EUROPÄISCHEN GERICHTSHOFS ZU GOOGLE SPAIN

Am stärksten hat die Google-Spain-Entscheidung des EuGH[52] im Jahr 2014 die Debatte um die Verantwortlichkeiten von Suchmaschinenbetreibern und um entsprechende verbesserte Datenschutzregelungen beeinflusst. Erstmals werden seitdem auch die Betreiber von Suchmaschinen für die Verarbeitung personenbezogener Daten verantwortlich gemacht. Die pauschale Behauptung, sie hätten mit den Inhalten gar nichts zu tun und stellten nur die Technik für Recherchen mannigfaltiger Art zur Verfügung, ließ der Europäische Gerichtshof nicht mehr gelten. Die Algorithmen der Suchmaschinen listen die aufgefundenen Fundstellen bei einer Recherche auf und präsentieren eine Auswahl gefundener Ergebnisse, insofern nehmen sie auch eine Bewertung vor.

Mit dem Recht auf Vergessenwerden hat der Betroffene Anspruch darauf, dass ihn verletzende Berichterstattung von den Suchmaschinen nicht mehr als Link angezeigt und bei Recherchen auch nicht mehr gefunden wird. Das kann der Betroffene von dem Betreiber der Suchmaschine grundsätzlich verlangen, aber nicht immer und uneingeschränkt. Wenn die Öffentlichkeit ein berechtigtes Interesse an dem Verhalten des Betroffenen hat, gilt dieses Recht auf Löschen der Links nicht.

Konkret heißt das, dass aktuelle Ereignisse tendenziell eher im Netz bleiben. Berichte über unseriöse Geschäfte, über die finanzielle Schädigung Unbeteiligter oder Vertragspartner, über strafrechtliche Vorwürfe und über Insolvenz von Unternehmen und Privatpersonen sind für Dritte zum eigenen Schutz und der Vermeidung von Schäden wichtig. Liegen sie einige Zeit zurück, überwiegt das Interesse des Betroffenen an seinem guten Ruf und an einer zweiten Chance. Bei besonders sensiblen Daten wie genetischen oder Gesundheitsdaten kann es auch zu sofortigem Löschen des Links kommen. Parallel dazu sollte der Betroffene versuchen, gegen die Quelle der Berichterstattung, z. B. einen Zeitungsartikel, vorzugehen, um eine

Richtigstellung zu erreichen. Der Erfolg eines solchen Versuchs hängt – anders als das Entfernen der Links – von der Rechtmäßigkeit der Angaben ab, was durchaus schwierige Bewertungsfragen aufwerfen kann. Wird das Begehren auf Löschung der personenbezogenen Daten abgelehnt, kann fachmännische Hilfe ratsam sein.

Das beim Bundesverfassungsgericht anhängige Apollonia-Verfahren[53] befasst sich mit dem Anspruch auf Löschung des Namens eines wegen zweifachen Mordes und versuchten Mordes zu lebenslanger Haft verurteilten Mannes, der gegen den „Spiegel" klagte, weil in dem Nachrichtenmagazin sein voller Name genannt worden war und archivierte Ausgaben seit 1999 online zugänglich sind. Das Oberlandesgericht Hamburg entschied, die Namensnennung sei stigmatisierend und verstoße gegen sein Persönlichkeitsrecht. Nachdem der Bundesgerichtshof das Urteil 2012 aufgehoben hatte,[54] legte der Mann Verfassungsbeschwerde ein. Daneben ist noch ein weiteres Verfahren wegen grundsätzlicher Rechtsfragen zum Recht auf Vergessen beim Bundesverfassungsgericht[55] anhängig. Das zeigt, wie existenziell und für das künftige Leben bestimmend dieser Schutz des Persönlichkeitsrechts für den Einzelnen sein kann.

Die Reaktionen von einigen IT-Experten auf dieses Recht auf Vergessenwerden reichten von Belächeln bis zu massiver Kritik, verbunden mit dem Vorwurf, die Richter hätten das Internet und die Digitalisierung nicht verstanden. Genau das Gegenteil ist richtig. Es ist eine wichtige Antwort auf die vielfältigen Auswirkungen der Digitalisierung auf die Grundrechte, darunter jene, die nicht allein durch die Contentverantwortlichen, sondern auch durch die Beteiligung von Suchmaschinen- und Plattformbetreibern an der Verbreitung von Inhalten entstehen.

Mit dem Recht auf Vergessenwerden hat der Betroffene Anspruch darauf, dass ihn verletzende Berichterstattung von den Suchmaschinen nicht mehr als Link angezeigt wird.

DAS RECHT AUF VERGESSENWERDEN GELTEND MACHEN

Das ist gar nicht so schwierig. Mithilfe eines online abrufbaren Formulars[56] kann sich jeder Nutzer direkt an den Suchmaschinenbetreiber wenden und verlangen, dass die Links zu den Berichten auf Social-Media-Plattformen, in Presseartikeln, in Blogs gelöscht werden. Diese Berichte sind bei erfolgreichem Löschanspruch dann nur noch schwer auffindbar. Sie sind nicht ganz verschwunden, aber sie können zumindest mit einer Namensrecherche nicht mehr gefunden werden. Den Betreibern von Suchmaschinen kommt also eine eigene Verantwortung für den Schutz der Persönlichkeit ihrer Nutzer zu. Das betrifft nicht den persönlichkeitsverletzenden Inhalt selbst, aber die Verarbeitung der persönlichen Daten mit dem Suchmaschinenalgorithmus, um mit dem Namen des betroffenen Nutzers recherchieren zu können. Betroffene können sich auch an die zuständige Datenschutzbehörde in Deutschland wenden – das ist für Google der Datenschutzbeauftragte in Hamburg – und um Unterstützung ihres Antrags bitten.

Zwischen dem 29. Mai 2014 und dem 16. Dezember 2018 sind aus europäischen Ländern 754 416 Ersuchen um Entfernung aus den Suchergebnissen bei Google eingegangen. In diesen Ersuchen wurde die Entfernung von insgesamt 2 895.431 Links aus den Google-Suchergebnissen gefordert. 123 781 dieser Löschanfragen kamen aus Deutschland; 476 630 (Stand: 16.12.2018) Links wollten deutsche Nutzer aus den Trefferlisten von Google entfernen lassen.

Doch Google löschte in weniger als der Hälfte der Fälle: Nur 44 Prozent der Löschanfragen insgesamt wurden akzeptiert, bei 56 Prozent lehnte Google das Löschbegehren ab. In Deutschland lag die Löschquote bei 48 Prozent. Google entscheidet in jedem Einzelfall separat, ob es dem Löschantrag nachkommt. Das ist dann der Fall, „wenn die betreffenden Links ‚unangemessen, irrelevant, nicht mehr relevant oder übertrieben' sind, wobei Aspekte des öffentlichen Interesses berücksichtigt werden, einschließlich der Rolle der Person im öffentlichen Leben".[57]

Die Entscheidung, ob Inhalte im öffentlichen Interesse sind, ist komplex, sodass bei der Bewertung verschiedene Faktoren berücksichtigt werden müssen, zum Beispiel, ob sich die Inhalte auf das Berufsleben, eine in der Vergangenheit begangene Straftat, ein politisches Amt oder die öffentliche Stellung des Antragstellers beziehen oder ob es sich um selbst verfasste Inhalte, amtliche Dokumente oder journalistische Arbeiten handelt.

Der überwiegende Teil der Anfragen kommt von Privatpersonen: 88,6 Prozent aller Löschanträge. Die restlichen Anträge kommen von Regierungsbeamten/Politikern, Juristischen Personen, Personen des Öffentlichen Lebens und auch von Minderjährigen.

Das Recht auf Vergessenwerden hat bei allen Bewertungsschwierigkeiten zu einer Stärkung des Bürgers bei der Verteidigung seines Persönlichkeitsrechts aus Artikel 2 Absatz 1 in Verbindung mit Artikel 1 Absatz 1 GG geführt. Es emanzipiert den Einzelnen, er wird Akteur, er hat Rechtsinstrumente an der Hand. Um sie erfolgreich durchzusetzen, gibt es auch einige Anbieter im Netz, die sich darauf spezialisiert haben und gegen Bezahlung den Löschantrag direkt bei der Suchmaschine stellen.

Diese Verbesserungen und Korrekturen im Hinblick auf die Online-Präsenz des Einzelnen gelten nur innerhalb der EU. Ich halte das für nicht ausreichend, denn über google.com können die in Europa gelöschten Links umgangen und die die Persönlichkeit verletzenden Presseberichte gefunden werden. Damit wird das Recht auf Vergessenwerden geschwächt und die Entscheidung des europäischen Gerichtshofs in der Substanz umgangen.

In den USA sind nach anfänglicher Ablehnung die Diskussionen über das Löschen von Links in Bewegung geraten. In autoritär regierten Staaten wird dagegen unter dem Vorwand der Korruptionsbekämpfung und der Verbesserung der Lebensbedingungen für die Menschen die digitale Präsenz des Einzelnen zur totalen Überwachung benutzt. Mit Big Data werden alle seine Äußerungen und seine digitalen Spuren analysiert und auf ihre Übereinstimmung mit der Regierungspolitik bewertet. Diese dunkle Kehrseite der Digitalisierung führt zu einem Frontalangriff auf die Selbstbestimmung und Persönlichkeit des Einzelnen.

„Verhaltensweisen von Nutzern, die verändert und zu einem Imperium gemacht wurden, das jedermann mieten kann", nennt Jaron Lanier diese Entwicklung.[58] Es sind nicht das Smartphone und das Internet an sich, die diese Gefahren auslösen. Das Problem liegt darin, dass die Person zum Produkt wird. Es ist ein destruktives Geschäftsmodell, das Unternehmen mittels sich permanent verändernder Algorithmen aufgrund von Feedback zu Verhaltensmodifikationen nutzen. Und wer die Algorithmen besonders gut optimieren kann, wird der Star unter den Unternehmen.

Diese Methoden nutzen Staaten für ihre Zwecke. Sind sie nicht in einem Rechtsstaat mit klaren, durchsetzbaren Rechten des Einzelnen und funktionierender Gewaltenteilung gebunden, wird der Bürger zum Objekt der digitalen Überwachungsmethoden, denen er sich nur mit vollkommener Ablehnung jeder digitalen Nutzung entziehen könnte. Und auch dann liefe er Gefahr, durch seinen Herzschrittmacher, einen elektronischen Stromzähler oder durch seine bei einem Freund mit WhatsApp gespeicherte Telefonnummer digital erfasst zu werden. Es ist also fast nicht mehr möglich, sich der digitalen Vereinnahmung zu entziehen, ohnehin gibt es kaum noch durchgängig analoge Alternativen. Im digitalen Zeitalter macht sich außerdem gerade derjenige schon verdächtig, der sich der digitalen Erfassung vollkommen zu entziehen versucht. Angesichts dieser Gefahren ist es umso wichtiger, mit allen Mitteln die Freiheitsrechte zu verteidigen, die Demokratie und den Rechtsstaat zu stärken.

Ich ermutige die Nutzer, ihr Recht auf Löschung von Daten zu ihrer Person wahrzunehmen. Jeder Link und jeder Beitrag weniger bedeutet mehr Schutz der Persönlichkeit und weniger Angst vor Missbrauch.

Kapitel 7
Der Mensch ein Datenhaufen?

„Der Mensch ist die ultimative Maschine." „Der Mensch ist ein biologistischer Algorithmus. Wir wollen Künstliche Intelligenz einsetzen, um die Menschen umzuprogrammieren, damit sie sich besser benehmen." Das sind Äußerungen aus dem Silicon Valley[59], die viel sagen über das dort verbreitete Menschenbild.

„Der ‚Mensch als Datenhaufen' ist das Prinzip, das tief eingewoben ist in die digitalen Angebote des Valley und für das wir uns mit dem Kauf seiner Hardware und Software ein erstes Mal unbewusst entscheiden. (...) Wer digitale Angebote und Geräte aus dem Silicon Valley nutzt, kauft sich die ‚Werte' von kontinuierlicher Überwachung und des Profiling der eigenen Person ein – und dazu den Anspruch des Technologieanbieters, mit beidem Geld zu verdienen", so die Juristin und IT-Unternehmerin Yvonne Hofstetter, die vor den gesellschaftlichen Folgen der digitalen Transformation warnt.[60]

Die Möglichkeiten der Künstlichen Intelligenz (KI) spielen bei der künftigen digitalen Entwicklung eine entscheidende Rolle. Heute schon wird spezielle Künstliche Intelligenz vielfältig eingesetzt, wie zum Beispiel beim Schachspielen, in Home-Assistenten und zur Diagnose in der Medizin. Die Forschung zur Künstlichen Intelligenz, besonders zum Deep Learning (einer Optimierungsmethode der Informationsverarbeitung mit großen Datenmengen), wird in vielen Staaten vorangetrieben.

Wenn von KI die Rede ist, dann ist ein Computerprogramm gemeint, das Daten wie ein künstliches neuronales Netz verarbeitet. Hinter KI stehen mehr als 50 Jahre alte Konzepte der Informationsverarbeitung, die sich in ihrer Struktur am menschlichen Gehirn orientieren. Es handelt sich um eine Software, die auf einem herkömmlichen Computer laufen kann, sie ist aber wesentlich leistungsstärker, wenn die Hardware für diese spezifische Form der Datenverarbeitung optimiert ist.

Hinzukommen muss die Verfügbarkeit großer Datenmengen, denn das Netzwerk muss trainiert werden, um gute Ergebnisse zu produzieren. Es ist kein Zufall, dass der Aufstieg von KI mit dem dramatischen Anwachsen von Rechenleistung und digitalen Datenbeständen zusammenfällt – und dass Datensammler wie Google treibende Kraft sind. Je mehr Daten analysiert werden, desto besser wird das Ergebnis. Die Mustererkennung in großen Datenmengen gelingt mit immer größerer Geschwindigkeit und Präzision.

WAS KI UNS ABNIMMT

KI ist in immer mehr Bereichen dem Menschen überlegen, sie wird unseren Alltag künftig auf fundamentale Weise umwälzen. KI, so sind sich Experten sicher, wird reproduzierbare und monotone Tätigkeiten weitgehend übernehmen. Aber künstliche intelligente Systeme arbeiten nicht nur Routinen ab, sondern passen ihr Verhalten an verschiedene Bedingungen und Kontexte an und sind in der Lage, aus Fehlern zu lernen.

Das Smartphone ist schon heute unser persönlicher Assistent, ein KI-basiertes Interface, das jederzeit die gewünschten Informationen liefert. Weitere Entwicklungen stehen kurz vor der Einführung. Seit 2018 kann man in Seattle mit einem Amazon-Account in Amazons erstem kassenlosen Supermarkt einkaufen, indem man sich am Eingang per Smartphone einbucht. Kameras und Sensoren registrieren, welche Produkte der Kunde genommen hat. Amazon plant die Eröffnung weiterer Filialen. Ein weiteres Beispiel ist eine

Software, die Autoschäden begutachten und somit den menschlichen Gutachter ersetzen kann. Ein lernender Algorithmus, gefüttert mit Millionen von Aufnahmen beschädigter Autos, kann angeblich allein auf Basis einer fotografischen Aufnahme des Schadens innerhalb weniger Sekunden einen Kostenvoranschlag errechnen und gegebenenfalls wenig später das Geld überweisen.

Autonom fahrende Autos sind in greifbare Nähe gerückt, bald werden mithilfe eines von der Universität Zürich entwickelten Algorithmus autonome Drohnen den Luftraum erobern und Pakete ausliefern oder bei Rettungseinsätzen assistieren. Weltweit werden Diagnose-Programme entwickelt, die die überlegene Mustererkennung von KI-Systemen nutzen, um Tumore besser als ein Arzt zu erkennen oder bei Herzerkrankungen Therapieempfehlungen zu geben. Auch der Landwirtschaft kommen Innovationen auf Basis von KI zugute. Derzeit wird ein Roboter entwickelt, der Unkraut erkennen und mechanisch entfernen kann. Es steht zu hoffen, dass nachhaltige Landwirtschaft ohne Herbizide künftig einfacher betrieben werden kann als heute.

WIE UNS KI BEDROHT

Google-Chef Sundar Pichai bezeichnet Künstliche Intelligenz als eine der wichtigsten Entwicklungen der Menschheit. Sie sei umwälzender als die Entdeckung des Feuers und der Elektrizität, erklärte er Anfang 2018 in einem Interview mit dem amerikanischen Nachrichtensender MSNBC.[61] Für die Befürworter ist KI nur die überfällige technische Entwicklung zur Erleichterung des täglichen Lebens. Manche bewerten KI gar als Allheilmittel für Menschheitsprobleme. Ist das die schöne neue Welt, von der alle nur profitieren? Diese Betrachtung blendet vollkommen aus, welche gravierenden gesellschaftlichen Umwälzungen damit verbunden sein werden. Sogar Technologievisionäre wie Elon Musk (SpaceX, Tesla) warnen eindringlich vor KI, die „viel gefährlicher als Atomwaffen" sei.[62]

Zu nennen wäre in diesem Zusammenhang das Projekt Maven des US-Verteidigungsministeriums, das in Kooperation mit Google entwickelt wurde. Mithilfe von KI sollen militärische Drohneneinsätze effizienter werden. Indem immer mehr Entscheidungen an die Maschine delegiert werden, fallen ethische Hemmungen in Kampfsituationen weitgehend weg. Google-Mitarbeiter protestierten gegen das Projekt, Google hat die Mitarbeit inzwischen gestoppt.

In die Schlagzeilen gelangt ist die KI Ende 2017 durch das geplante Sozialkredit-System (social scoring) der chinesischen Regierung, das bereits getestet wird. Ab 2020 sollen alle Bürger einer sozialen Bewertung unterzogen werden, in die Parameter wie Kreditwürdigkeit, Zahlungsmoral, Strafregister und vieles andere einfließen. Das Guthaben auf dem Punktekonto beeinflusst die sozialen, beruflichen oder ökonomischen Chancen jedes Bürgers, jeder Bürgerin. Engmaschige digitale Überwachung der Aufenthaltsorte und Aktivitäten, des sozialen Umgangs, der Ernährung, des Konsumverhaltens – all das und mehr fließen in das Social Scoring ein. Normabweichungen können so erkannt und geahndet werden, Selbstzensur und taktisches Wohlverhalten werden gefördert.

Schließlich seien die mittels künstlicher neuronaler Netze produzierten sogenannten Deepfakes (Zusammenziehung von Deep Learning und Fake) erwähnt, täuschend echt wirkende Bilder oder Videos, bei denen z.B. Gesichter von Prominenten in Pornofilme montiert werden. Deepfakes, mit der entsprechenden Daten- und Speicherkapazität auch von Laien leicht herzustellen, lassen sich für Falschmeldungen, Racheakte oder Erpressung missbrauchen.[63]

KI ausschließlich als harmlose technische Weiterentwicklung zu betrachten, blendet bewusst die Risiken und Gefahren für die gesellschaftlichen Grundwerte, für die Selbstbestimmung des Einzelnen und für seine Privatsphäre aus. Und die sind nicht zu unterschätzen. Algorithmen entscheiden, welche Nachrichten wir lesen, welche Partner wir treffen und welche Partei wir wählen, sie strukturieren unser Wissen vor und beeinflussen dadurch unsere Erkenntnis- und

Entscheidungsprozesse. Die global agierenden IT-Konzerne im Silicon Valley, besonders Facebook und Google, sammeln, speichern und verwerten nicht nur massenhaft Wissen über jeden einzelnen Nutzer, mit ihren Algorithmen nehmen sie Bewertungen darüber vor, was wahr und was falsch ist. Sie wollen künftiges Verhalten vorhersehen, sie wollen es mit ihren Angeboten überhaupt schaffen und steuern. Die Technik dazu wird immer komplexer. Die technologische Entwicklung ist rasant dynamisch, und die Macht der Konzerne über unser Leben wächst. Wirklich durchschauen können wir die Abläufe und die Technik hinter der Technik nicht. Problembewusstsein müssen und können wir entwickeln. Neugier und Skepsis sind statt gedankenlosem Konsumieren gefragt.[64]

KONSEQUENZEN FÜR DEN SCHUTZ DER GRUNDRECHTE

Automatisierte Systeme mit Blackbox-Algorithmen sind nicht mit dem Transparenzgebot der bürgerlichen Öffentlichkeit vereinbar. Wer die Datengrundlage, Handlungsabfolge und Gewichtung der Entscheidungskriterien nicht kennt und versteht, kann auch ihre Rechtmäßigkeit nicht überprüfen. Der Computerpionier Joseph Weizenbaum beschreibt den Programmierer als Schöpfer von Universen, deren alleiniger Gesetzgeber er selbst ist.[65] Die Verfahrensregeln der liberalen Demokratien werden so quasi umgangen, und eine großtechnische Manipulation wird ins Werk gesetzt. Der zeitlebens kritische Geist seiner eigenen Zunft sparte nicht mit harschen Urteilen. Einen „Misthaufen mit Perlen drin" nannte er das Internet wiederholt, nur zehn Prozent der Information im Netz seien überhaupt brauchbar, der Rest sei Schrott. „Heute glauben alle, sie müssten nur googeln, um an relevante Informationen zu gelangen. Dabei muss man erst mal lernen, richtige Fragen zu stellen. Gute Fragen sind wie ein wissenschaftliches Experiment."[66]

Für Facebook, Google und Co. stellt die Demokratie eine Art Realversuch dar, in dem man Bürger als Probanden instrumentalisiert und sie unter Ausnutzung psychologischer Schwächen lenkt, ohne das Versuchsdesign publik zu machen. Eine ketzerische, vollkommen aus der Luft gegriffene Vermutung? Keineswegs. In Google-internen Videos wird spekuliert, wie durch ständiges Sammeln von Daten und den Einsatz von KI nicht nur individuelle Probleme der Menschen, sondern auch die großen Probleme der Menschheit gelöst werden können. Was wäre, wenn die gespeicherten Informationen wie genetische Merkmale von einer Generation zur nächsten weitergegeben würden, um immer genauere Vorhersagen über künftige Verhaltensweisen treffen zu können? Es gäbe keine Krankheiten, keine Depressionen, keine Armut, keine Kriege mehr, aber natürlich auch keinen freien Willen, denn der würde alles so schön maschinell Vorgegebene ja nur zerstören. Sind nur genügend Daten vorhanden, kennt das System den Menschen besser als er sich selbst, der „KI-induzierte Behaviorismus" regelt alles.[67]

So stelle ich mir die Zukunft der offenen Gesellschaft und der Demokratie nicht vor. Für beide ist konstitutiv, dass die Menschen wirklich frei ihre Meinung bilden und Entscheidungen treffen können – also nicht von Technik dominiert und fremdbestimmt werden. Sensibilität für diese Entwicklung kann nicht nur die Sache des Einzelnen sein. Es ist auch eine staatliche Verantwortung, über Gefahren aufzuklären, über die Technik zu informieren und eine sichere digitale Infrastruktur zu schaffen. Die permanente Anpassung des Rechtsrahmens in der Europäischen Union und in Deutschland gehört dazu genauso wie die Schärfung des Kartellrechts gegenüber den marktbeherrschenden Konzernen. Es gilt, dem Informationskapitalismus die richtigen Leitplanken zu geben.

Künstliche Intelligenz und ihre Algorithmen sind nicht neutral, sie folgen Absichten der Programmierer, Datenwissenschaftler und Experten, die an der Implementierung dieser Technologie beteiligt sind. Die Technik ist von Menschen gesteuert. Sie müssen sich auch mit den ethischen Grundsätzen befassen, die auf Programmcodes angewandt werden können.

Es kommt in der digitalen Entwicklung darauf an, nicht den Punkt zu verpassen, von dem aus es kein Zurück mehr gibt. Der berühmte Physiker Stephen Hawking sagte einmal: „Die Konstruktion künstlicher Intelligenz wäre das größte Ereignis der menschlichen Geschichte. Unglücklicherweise wäre es auch das letzte."

Die deutsche Politik antwortet auf diese rasante Entwicklung wie immer. Der Deutsche Bundestag hat im Sommer 2018 eine Enquete-Kommission zur KI eingerichtet, die Bundesregierung hat Eckpunkte für eine „Strategie Künstliche Intelligenz" im Juli 2018 beschlossen, und im November 2018 wurde die KI-Strategie der Bundesregierung vorgelegt. Sie will die Entwicklung von KI mit über drei Milliarden Euro forcieren und Deutschland wettbewerbsfähig machen. Die individuellen Freiheitsrechte, Autonomie, Persönlichkeitsrechte und die Entscheidungsfreiheit des Einzelnen gehören dazu. KI soll im Dienst und zum Wohl der Menschen vorangetrieben werden. Angesichts der Entwicklung von KI in anderen Staaten seit vielen Jahren, dem technischen Vorsprung amerikanischer Konzerne und den großen Investitionen in China kommt der Beschluss der Bundesregierung – und mehr ist es noch nicht – reichlich spät.

Die Entwicklung geht weiter, und einiges ist offensichtlich: die Unsicherheit über diese Veränderungen, teilweise auch Angst vor ihren Auswirkungen und schließlich die Dominanz einiger Akteure. Deutschland sollte zu einer führenden Kraft der wertebasierten Entwicklung algorithmischer Prozesse werden.

MIT TRANSPARENZ GEGEN DIE ÄNGSTE VOR DER MASCHINE

Angst ist kein guter Ratgeber und verändert nichts. Deshalb braucht es zuallererst mehr Transparenz im Hinblick auf die Entwicklung, die Zusammenhänge und die schon bestehenden Verletzungen der informationellen Selbstbestimmung, des Datenschutzes und der Privatsphäre durch die KI-basierten Programme. Ein dichtes Monitoring, das die Einhaltung der zügig anzupassenden gesetzlichen

Vorgaben überwacht, schafft Transparenz. Ein Beispiel wäre die Einführung von Datenschutz-Plaketten nach dem Vorbild der umfangreich geprüften TÜV-Plaketten für Kraftfahrzeuge. Solche Plaketten könnten weitgehend transparent die Sicherheit technischer Systeme ausweisen. Die Stiftung für den Datenschutz verfügt über viel Sachverstand, und die Datenschutzgrundverordnung verlangt ohnehin eine bessere Unterrichtung der Bürgerinnen und Bürger über die Speicherung ihrer personenbezogenen Daten. Eine repräsentative Umfrage der Bertelsmann Stiftung zum Wissen der Bevölkerung über Algorithmen hat gezeigt, dass 45 Prozent der Befragten spontan nicht sagen konnten, was ihnen dazu einfällt. 46 Prozent sind unentschieden, ob Algorithmen mehr Chancen oder Risiken bedeuten. 73 Prozent wollen ein Verbot von Entscheidungen, die eine Software selbsttätig trifft.[68]

Angst ist kein guter Ratgeber und verändert nichts.

Aus den Ergebnissen leiten die Verfasser ab, dass ein „breiter Wissens- und Kompetenzaufbau auf allen Ebenen und Aufklärung der Bevölkerung" notwendig sei. Besseres Verständnis führe eher zu einer positiven Einstellung gegenüber algorithmischen Systemen und schärfe das Risikobewusstsein. Um dem weitverbreiteten Unbehagen gegenüber Algorithmen entgegenzuwirken, bedürfe es einer effektiven Kontrolle algorithmischer Systeme.[69]

Das ist ein Handlungsauftrag an die Politik. Transparenz führt nicht nur zu verbesserter Kontrolle, zur Aufdeckung von Missbrauch und Korruption in allen wirtschaftlichen Bereichen. Sie ist auch ein Instrument zur besseren Kontrolle staatlichen Handelns. Gleichzeitig bewirkt der Schutz der Geschäftsgeheimnisse eine im Kern berechtigte Beschränkung des Zugangs zu dem, was sich hinter KI und den algorithmischen Systemen verbirgt.

Es geht um die vernünftige Ausgestaltung dieses Schutzes. Die dafür notwendige nationale Gesetzgebung zur Umsetzung der den Schutz von Geschäftsgeheimnissen regelnden EU-Richtlinie darf nicht zu einer weitgehenden Abschottung führen. Anderseits bedeutet die Veröffentlichung von Algorithmen letztlich wenig mehr an Wissen und Verständnis für die Bürgerinnen und Bürger. Algorithmen sind nicht per se verständlich und lesbar. Für Algorithmen auf der Basis künstlicher neuronaler Netze, also nichtlinearer, selbstlernender Systeme („Lernmaschinen") gilt das erst recht. Selbst wenn man den genauen Programmiercode kennen würde, wäre es schwer zu durchschauen, was das System wirklich macht. Eine sehr weitgehende Veröffentlichung bringt deshalb nicht unbedingt mehr Transparenz und kollidiert mit dem berechtigten Interesse am Schutz dieses Geschäftsgeheimnisses.

In der Wissenschaft wird inzwischen auch von „erklärbarer Künstlicher Intelligenz" gesprochen. Dabei geht es nicht darum, jedes künstliche Neuron in einem neuronalen Netz zu beobachten oder gar zu verstehen, sondern man will nur wissen und veranschaulichen, zu welchen Entscheidungen ein Netz oder ein herkömmlicher linearer Algorithmus bei bestimmten Konstellationen kommt. Damit kann man im Prinzip auch herausfinden, ob der Algorithmus direkt oder indirekt bestimmte Gruppen von Menschen diskriminiert, etwa Menschen, die zwar immer ihre Rechnung pünktlich bezahlt haben, aber unzuverlässige Nachbarn haben, derentwegen ihre eigene Kreditwürdigkeit sinkt.

Wegen des Schutzes des Geschäfts- und Betriebsgeheimnisses könnten die Hersteller von Algorithmen und Scoring-Verfahren gesetzlich zumindest verpflichtet werden, über eine standardisierte Schnittstelle die Merkmale für die Entscheidung von Individualfällen überprüfen zu lassen. Damit das Geschäftsgeheimnis gewahrt bleibt, dürfte diese Schnittstelle aber nur von einer Aufsichtsbehörde, die zu Verschwiegenheit verpflichtet wird, genutzt werden. Das könnte der zuständige Datenschutzbeauftragte, eine Digitalagentur oder eine dem Bundesamt für Sicherheit in der Informationstechnik zugeordnete Stelle sein. Es gibt schon Vorschläge, wie ein solches Verfahren im Einzelnen unter Achtung des Geschäftsgeheimnisschutzes ausgestaltet sein sollte.[70]

Im Koalitionsvertrag von 2018 zwischen CDU, CSU und SPD ist immerhin der Wille vorhanden, die derzeitige Intransparenz zu überwinden. Dort steht, dass „Algorithmen- und KI-basierte Entscheidungen, Dienstleistungen und Produkte" überprüfbar gemacht werden sollen und dazu eine Ethikkommission eingesetzt werden soll. Die Entwicklung kann nicht ungebremst weitergehen.

Licht in die Blackbox werfen zu können, heißt, Licht in die Annahmen zur Einschätzung und Vorhersage von Verhaltensweisen zu bekommen. Das heißt auch, das bisherige Dunkel der persönlichkeitsverletzenden Speicherung und Verarbeitung sensibler Daten aufzuhellen. Der Jurist und Rechtsphilosoph Gustav Radbruch warnte schon Anfang des 20. Jahrhunderts davor, den Menschen auf naturwissenschaftlich Messbares zu reduzieren.

Humanität und Menschenwürde gelten selbstverständlich im digitalen Zeitalter. Ethik und Moral müssen die Grenzen des technisch Machbaren bestimmen. Sie müssen bestimmen, ob und wenn ja unter welchen Voraussetzungen Technik verantwortbar eingesetzt werden kann. Auch dazu gibt es schon verschiedene internationale Untersuchungen, ebenso Entwürfe für Gütekriterien algorithmischer Prognosen, adressiert an jene, die signifikanten Einfluss auf den gesamten Prozess und die Auswirkungen algorithmischer Entscheidungssysteme haben.

Essenziell muss sein, dass der Mensch immer Zweck bleibt und nie zum Mittel wird, dass es keine Diskriminierungen gibt, dass die Verantwortung klar erkennbar ist und dass keine hoch manipulativen Gestaltungsmethoden zur Ausnutzung von emotionalen Reaktionen eingesetzt werden. Zudem braucht es endlich eine breite öffentliche Debatte, die Unsicherheit und Ängste aufgreift und den Anspruch deutlich macht, diese Entwicklung gestalten zu können und zu wollen. Und auch Grenzen aufzuzeigen. Die Sorge vieler Bürger ist, dass irgendwann selbst die Spezialisten, die Nerds, nicht mehr verstehen,

Essenziell muss sein, dass der Mensch immer Zweck bleibt und nie zum Mittel wird.

was passiert. Dass nur noch Konzerne mit starken Wirtschaftsinteressen und der damit verbundenen wirtschaftlichen Power den Ton angeben. Dass diese Interessen unseren Nutzerinteressen diametral entgegenstehen. Es gibt die Sorge, dass am Ende die Seele vermessen wird, dass anhand von Datenspuren und Gesichtszügen Aussagen über Intelligenz, geschlechtliche Orientierung, kriminelle Ambitionen und mehr getroffen werden.[71] Solche Algorithmen sind ein gefundenes Fressen für Populisten und für autoritäre und diktatorische Regime. Grenzenloses Ausprobieren, was technisch geht, geht eben nicht. Es geht zu weit.

Kapitel 8
Freiheit und Sicherheit

Der Konflikt zwischen den individuellen Freiheitsrechten und der inneren Sicherheit ist in den Grundrechten angelegt. Denn jede staatliche Eingriffsbefugnis, um die innere Sicherheit zu verteidigen und die Menschen vor Gefährdungen zu schützen, führt in unterschiedlicher Intensität zur Beschränkung der Freiheitsrechte.

Wer die Freiheit für den Preis der Sicherheit hält, hat schlecht gerechnet. Zwar stimmt es, dass die Freiheit wenig nutzt, wenn man unausgesetzt um Leib und Leben fürchten muss. Seinen Bürgern Sicherheit zu gewährleisten, ist deshalb eine wichtige Aufgabe des Staats. Lassen sich Sicherheitsrisiken nur mit Inkaufnahme von Freiheitsbeschränkungen eindämmen, so darf dabei auf keinen Fall das Ziel aus den Augen verloren werden. In Deutschland, das sich nach bitteren Erfahrungen in seinem obersten Verfassungsgrundsatz auf Achtung und Schutz der Menschenwürde festgelegt hat, geht es um die Sicherheit der Freiheit. In einem solchen Land darf dem Staat nicht jedes Mittel zur Bewahrung der Sicherheit recht sein. In einem solchen Land brauchen die Bürgerinnen und Bürger das feste Vertrauen in die staatliche Achtung ihrer Freiheitsrechte. Natürlich wollen sie auch so weit wie möglich in Sicherheit leben und nicht der ständigen terroristischen oder kriminellen Bedrohung ausgesetzt sein. Wenn aber der Eindruck erweckt wird, mehr Sicherheit gäbe es nur und alternativlos mit immer stärkerer Beschränkung der Freiheitsrechte, dann werden

> **Wer die Freiheit für den Preis der Sicherheit hält, hat schlecht gerechnet.**

die Freiheitsrechte als lästiges Anhängsel für Schönwetterzeiten behandelt. Genau das untersagt das Grundgesetz. Terroristen müssen mit aller Konsequenz bekämpft werden. Diese Aussage gehört zum Ritual der Politik. Doch was heißt das konkret? Müssen und können die Freiheitsrechte im Zweifel immer verdrängt werden? Überwiegt immer die Sicherheit im Interesse des Allgemeinwohls und im Interesse des Schutzes von Leib und Leben Einzelner?

Der ehemalige Bundesverfassungsrichter Dieter Grimm brachte es auf die einfache Formel: mehr Sicherheit – weniger Freiheit. Weder gilt Sicherheit absolut noch tun es die Freiheitsrechte. Es geht um die richtige Balance und um den Schutz des nicht einschränkbaren, nicht abwägbaren Kerns der Grundrechte.[72] Darum muss immer wieder rechtlich und politisch gerungen und auch gestritten werden. Dass Maßnahmen und Eingriffsbefugnisse der Polizei zum Zweck der inneren Sicherheit zugunsten der Grundrechte beschränkt werden, erscheint manchen nicht unmittelbar verständlich. Warum sollen nicht alle Gespräche in der privaten Wohnung – am besten noch per Videoaufnahmen – aufgezeichnet werden, wenn dadurch Informationen gewonnen werden können, die möglicherweise Hinweise auf kriminelles oder terroristisches Verhalten enthalten? Warum mit viel Aufwand die privaten von den sogenannten „verbrecherischen" Gesprächen trennen, wenn das Interesse der Polizei am Privatleben doch rein dienstlich ist und der aufgezeichnete private Teil wieder gelöscht werden kann? Wenn man nichts zu verbergen hat, kann einem das doch egal sein.

Was auf den ersten Blick so plausibel scheint, ist ein großer Irrtum, der gar nicht häufig genug aufgeklärt werden kann. Es geht nicht darum, ob der Bürger etwas zu verbergen hat, sondern darum, dass der Staat zunächst einmal kein Recht hat, von unserem Privatleben etwas zu erfahren. Wir haben dem Staat nichts mitzuteilen, sondern er braucht eine an der Verfassung ausgerichtete gesetzliche Legitimation, wenn er in die Privatsphäre der Bürger eindringen will, und sei es auch zur Wahrnehmung ureigener staatlicher Aufgaben. Das ist die nüchterne Verfassungslage oder – wie von manchen Innenpolitikern gern gesagt wird – das Gefängnis, aus dem die Politik, um handlungsfähig zu sein, auch mal ausbrechen müsse. Ein fatales Missverständnis, das seinen Niederschlag in der Politik der inneren Sicherheit seit den 90er-Jahren gefunden hat. Seitdem wird fast ununterbrochen versucht, die Kompetenzen und Eingriffsbefugnisse der staatlichen Sicherheitsinstitutionen für vorgeblich mehr Sicherheit und zulasten der Freiheit auszudehnen, und damit immer wieder die Verfassung überdehnt. Weit über 60 gesetzliche Bestimmungen sind seit den 90er-Jahren genau mit dieser Zielrichtung verabschiedet worden, und immer wieder musste das Bundesverfassungsgericht zum Schutz der Freiheitsrechte der Bürgerinnen und Bürger Korrekturen vornehmen.

ORGANISIERTE KRIMINALITÄT

Es war die sogenannte Organisierte Kriminalität, die Anfang der 90er-Jahre in den Fokus der deutschen Innenpolitik geriet. Nicht nur, aber insbesondere von politisch konservativer Seite wurden Schreckensszenarien entworfen, wonach Deutschland im Begriff stehe, von der Organisierten Kriminalität und ihren mafiaähnlichen Strukturen durchdrungen und beherrscht zu werden. Deutschland sei zum Ruheraum der Mafia geworden und der Staat inzwischen vom Umfang der Bestechung, der Geldwäsche, des Drogen- und des Menschenhandels in seiner Existenz bedroht. Große Teile der Bevölkerung sahen damals solche Behauptungen als zutreffend, die Bedrohung als real an. Rückblickend muss diese Einschätzung als gezielte politische Übertreibung verurteilt werden.

Zuvor war die von dem liberalen Politiker und Rechtswissenschaftler Werner Maihofer geprägte Formel „in dubio pro libertate" („im Zweifel für die Freiheit") politisch noch weitgehend unumstritten gewesen. Es war politischer Common Sense, dass unsere demokratische Grundordnung die größtmögliche Freiheit des Einzelnen zum Ziel hat, deren Beschränkung nur im Fall zwingender Notwendigkeit gerechtfertigt werden könne. Nun öffnete die „Krake" der Organisierten Kriminalität die Schleusen für eine neue, rigide grundrechts- und freiheitsfeindliche Sicherheitspolitik. Mit den Terroranschlägen vom 11. September 2001 setzte sich diese Entwicklung mit erhöhter Dynamik fort.

„Der Terror funktioniert nur, weil die Politik von Angst erfasst ist." Diese Aussage in einem in der „Süddeutschen Zeitung" erschienenen Kommentar von Stefan Kornelius[73] will auf den Umstand hinweisen, dass der Terrorismus mit seinen zerstörerischen und mörderischen Attacken einen aus seiner Sicht sehr viel wichtigeren Zweck verfolgt als Schaden für Leib und Gut.

„Der Terror funktioniert nur, weil die Politik von Angst erfasst ist."

Den Zweck nämlich, durch die Verbreitung von Angst die westlichen, liberalen Gesellschaften zu veranlassen, in eine überzogene Abwehrpanik zu verfallen und ihre eigenen Grundlagen zu beschädigen. In einer solchen Panik wächst die Bereitschaft einer Gesellschaft, genau jene Grund- und Freiheitswerte aufzugeben, derentwegen sie sich zu Recht gegenüber religiös-totalitären Staaten überlegen fühlt.

Das Kalkül des Terrorismus läuft also darauf hinaus, die liberalen Gesellschaften nicht nur von außen, durch die eigentlichen Terrorakte, sondern durch eine sekundäre Wirkung, der Erzeugung von Angst, von innen heraus zu schwächen und womöglich zu zerstören. Dies gelingt umso mehr, je unbedachter die westliche Politik bereit ist, Freiheitsrechte gegen vermeintliche Zugewinne an Sicherheit einzutauschen.[74] Es ist daher höchste Zeit, den Freiheitsrechten wieder angemessen Gewicht zu verschaffen.

Man könnte meinen, dass sich gerade in Deutschland durch die vielfachen Interventionen des Bundesverfassungsgerichts die Erosion der Freiheitsrechte in Grenzen hält. Doch ist man nach meiner Überzeugung der Grenze des gerade noch erträglichen Verzichts auf Freiheit nicht nur sehr nahegekommen, sondern hat sie durchaus schon überschritten. Wie die Aufrüstung im Namen der Sicherheit tatsächlich aussieht und welche Gefahren von ihr ausgehen, das soll der folgende Überblick zeigen, der sich auf die grundrechtsrelevanten Kernmaßnahmen bezieht.

**DIE UNVERLETZLICHKEIT DER WOHNUNG
ALS POLITISCHE MANÖVRIERMASSE**
Mit dem vom Bundestag am 16. Januar 1998 nach sehr strittiger Debatte verabschiedeten Gesetz zur Verbesserung der Bekämpfung der Organisierten Kriminalität vollzog sich ein rechtspolitischer Paradigmenwechsel. Es war der Tag, an dem der Staat große Ohren bekam.

Die Paulskirchenverfassung von 1849 schützte die Unversehrtheit der Wohnung, auch die Weimarer Reichsverfassung enthielt eine entsprechende Schutzregelung. Mit der ersten Änderung des Artikels 13 GG seit der Verabschiedung des Grundgesetzes 1949 wurde die akustische Wohnraumüberwachung, umgangssprachlich „großer Lauschangriff" genannt, zu Zwecken der Strafverfolgung in die Strafprozessordnung aufgenommen.

Der intimste Zufluchtsraum, die Privatwohnung, war vor staatlichen Eingriffen nicht mehr geschützt. Bei Verdacht auf eine schwere Straftat durfte der Staat mit richterlicher Genehmigung nun Privatgespräche abhören und war befugt, heimlich in Privatwohnungen einzudringen, um dort Abhöreinrichtungen zu installieren. Zur Begründung des Einsatzes verdeckter Mikrofone – „Wanzen" – verwiesen Polizei, konservative Rechtspolitiker und Juristen auf die angeblich notwendige Stärkung des „wehrhaften Rechtsstaats". Eine Rechtsordnung muss auf die Bedrohung des Rechtsfriedens und der Rechtssicherheit reagieren. Heute – das zeigen auch Erfahrungen im Ausland, etwa im Kampf gegen die organisierte Kriminalität –

wird man auf technische Überwachungsmöglichkeiten nicht mehr verzichten können.

Der tiefe Eingriff in die Unverletzlichkeit der Wohnung, einem Verfassungsgut, kann angesichts der Erfahrungen der Deutschen mit zwei Diktaturen aber nicht gerechtfertigt werden. Es ist ein elementares Recht, das die freiheitliche liberale Grundordnung nach 1949 kennzeichnet. Nie mehr Staatswillkür, nie mehr Bespitzelung und totale Überwachung, diese Ziele prägten die Verfassungsberatungen. Der große Lauschangriff brach mit diesem Versprechen. Es kam deshalb auch nicht überraschend, dass die Bestimmungen, die den Lauschangriff in der Strafprozessordnung ausgestalteten, durch die Entscheidung des Bundesverfassungsgerichts vom 3. März 2004 in wichtigen Teilen mit dem Grundgesetz für unvereinbar erklärt wurden.[75]

Erstmals in der deutschen Rechtsprechungsgeschichte wurde in dieser Lauschangriffs-Entscheidung vom Bundesverfassungsgericht der Versuch unternommen, die in Artikel 1 Absatz 1 GG geschützte Menschenwürde zu konkretisieren. In deren Kern darf der Staat wegen der in Artikel 79 GG festgeschriebenen Ewigkeitsgarantie unter keinen Umständen, auch nicht zum Schutz hochrangiger Rechtsgüter, eingreifen. Die Menschenwürde, so stellte das Gericht damals fest, ist dann verletzt, wenn eine staatliche Überwachungsmaßnahme den „Kernbereich privater Lebensgestaltung" berührt. Die großen Ohren des Staats wurden wieder etwas kleiner.

DER GROSSE LAUSCHANGRIFF – BLAUPAUSE
FÜR EINE EINSEITIGE SICHERHEITSPOLITIK
Wenngleich nur knapp zwei Jahre später die beschworene Gefahr der Organisierten Kriminalität in der öffentlichen Diskussion kaum noch eine Rolle spielte, diente der zu ihrer Bekämpfung eingeführte große Lauschangriff als eine Art Blaupause für die staatliche Reaktion auf die Terroranschläge, die am 11. September 2001 in Washington und New York verübt wurden.

Der Trend ist klar: Eine von Terroranschlägen geprägte Sicherheitslage in Deutschland, Europa und der Welt bereitet den Nährboden für eine gesetzgeberische Aufrüstung der Überwachungsmaßnahmen. Hatte in den 1990er-Jahren der große Lauschangriff noch zu wochenlangen Protesten auf deutschen Straßen geführt, wird der Staatstrojaner zur Strafverfolgung heute unter dem Radar öffentlicher Aufmerksamkeit ins Bundesgesetzblatt geschrieben. Immer dann, wenn die Rede von Sicherheitslücken ist, hat die Empirie verloren. Eine liberale Sicherheitspolitik baut hingegen gerade auf Erfahrung auf. Sie stellt nicht die gesamte Bevölkerung unter Generalverdacht, sondern konzentriert sich auf gefährliche Einzelfälle.

Bestimmend ist seit 9/11 stattdessen eine Logik des (Miss-)Verständnisses im Verhältnis von Freiheit und Sicherheit, die als Generalargument für eine Fülle von Sicherheitsgesetzen genutzt wird: Mehr Daten bedeuteten mehr Sicherheit. Nur wenn Regierungen und Sicherheitsbehörden möglichst alles wüssten, könnten sie effektive Terrorabwehr und lückenlose Strafverfolgung betreiben. Mehr Daten heißt anlasslose massenhafte Erhebung, Sammlung, Speicherung, Verknüpfung des Alltags von uns allen, nicht nur von potenziellen Terroristen. Vor 9/11 wurden lediglich vorhandene Datenspuren genutzt, seitdem werden sie auf Geheiß des Gesetzgebers generiert. Deswegen werden private Stellen dazu verpflichtet, das Verhalten ihrer Kunden zu erfassen. Deswegen werden die Eingriffsschwellen für die polizeiliche Gefahrenabwehr und für den Zugriff auf vorhandene Datenbanken immer weiter gesenkt. Deswegen wird die Grenze der Strafbarkeit weit ins Vorfeld der tatsächlichen Handlung bis an die Grenze der Gedankenfreiheit verlagert. Deswegen werden Daten verknüpft, um abweichendes Verhalten (was ist das und wer bestimmt das eigentlich?) möglichst genau erkennen, nachzeichnen und vorhersagen zu können.

Eben jene Logik führt zu Regelungen, die mehr Sicherheit suggerieren, aber nicht tatsächlich bringen, und die gleichzeitig Freiheitsrechte einschränken. Das ist umso absurder, je offensichtlicher der begrenzte praktische Nutzen der massenhaften Datensammlungen ist. Wer soll diese Mengen an unstrukturierten Daten analysieren und auswerten, im Fall der Gefahrenabwehr noch dazu in Echtzeit?

Dass es im Gegenteil immer schwieriger wird, die Nadel im Heuhaufen der Datenberge zu finden, haben die Terroranschläge in Deutschland und Europa gezeigt. Die Pariser Attentäter, die im Januar 2015 Anschläge auf die Redaktion des Satiremagazins „Charlie Hebdo" und im November 2015 auf den Club Bataclan verübten, waren genauso behördenbekannt wie die Drahtzieher der Attentate von Stockholm, Barcelona, Hamburg und vom Berliner Breitscheidplatz. Dennoch wurden die mörderischen Attacken nicht verhindert. Allein im Gemeinsamen Terrorismusabwehrzentrum stand die Personalie Anis Amri, der im Dezember 2016 den fürchterlichen Anschlag in Berlin verübte, an elf verschiedenen Sitzungstagen auf der Tagesordnung. Akribisch hat der Untersuchungsausschuss im nordrhein-westfälischen Landtag aufgeklärt, dass Ausländerbehörden und Innenministerium von Meldeauflagen bis hin zu Ausweisungsverfügung und Abschiebungsanordnung zahlreiche Maßnahmen zur Verfügung standen. Sie blieben ungenutzt. Der Bundesinnenminister räumte ein, dass eine Inhaftierung vor dem Anschlag möglich gewesen wäre. Dass Amri dennoch nicht aus dem Verkehr gezogen wurde, lag an einer falschen polizeilichen Gefährlichkeitsprognose im Vorfeld, nicht aber an mangelnden Rechtsgrundlagen und fehlenden Informationen.

Dass der immer größer werdende Heuhaufen die Suche nach der Stecknadel zunehmend erschwert, ist nicht das einzige Problem. Auf lange Sicht noch schlimmer ist, dass die verantwortlichen Politiker durch Gesetzgebungsaktionismus ihren Tatendrang zu untermauern suchen. Sie wollen den Bürgern zeigen, dass sie sie vermeintlich vor jeder Gefahr schützen können. Geschieht dann aber der nächste Terroranschlag, sinkt das Vertrauen in die Kompetenz von Politikern und in die Handlungsfähigkeit des Staats ins Bodenlose. Dies geschieht mit einer gewissen Zwangsläufigkeit, denn schließlich ist einem Anschlag nicht vorzubeugen, wenn bisher unbekannte bzw. nicht als radikalisiert bekannte Täter Alltagsgegenstände wie Lastkraftwagen missbrauchen. Unsere freie und offene Gesellschaft hat einen Preis. Und der kann schmerzhaft sein. Die Unsicherheit müssen wir alle stärker als bisher aushalten – zur Bewahrung unserer freiheitlichen Rechtsordnung. Ich bin überzeugt davon, dass die Bevölkerung in der Lage und willens ist, diese Resilienz zu bilden. Anstatt aber in die Bürger zu vertrauen und Lehren aus vergangenen Fehlern zu ziehen, wetteifern die zurzeit verantwortlichen Politiker mit immer weitergehenden Maßnahmen im Bereich der Inneren Sicherheit. Die Entwicklung vom Präventions- zum Schutzstaat ist in vollem Gang.

Die Entwicklung vom Präventions- zum Schutzstaat ist in vollem Gang.

VERTRAULICHE KOMMUNIKATION – GEHT DAS NOCH?

Wir alle entfalten uns als Person im interaktiven Miteinander. Wir leben von dem persönlichen Austausch mit anderen – seien es Freunde, Bekannte, Arbeitskollegen, Kunden, Gleichgesinnte in Verbänden und Parteien oder Mitarbeiter in Verwaltungen. Wir wollen, dass das, was wir einem Dritten anvertrauen, auch vertraulich bleibt. Und da ist es gleichgültig, ob mit mobilem Telefon oder über Festnetz gesprochen wird, ob der Austausch per E-Mail, Brief oder im direkten Gespräch stattfindet. Die permanente Schere im Kopf, die Frage, wer was in welchem Umfang und auf welche Weise mitbekommen könnte, obwohl die Inhalte nicht für ihn bestimmt sind, macht uns zu misstrauischen Zeitgenossen und verändert unser Verhalten grundlegend. Schon die Möglichkeit, jemand könnte mithören, reicht dafür aus. Ob es tatsächlich geschieht, erfährt der Einzelne sowieso erst sehr viel später.

Das Brief-, Post- und Fernmeldegeheimnis ist gemäß Artikel 10 GG unverletzlich – das klingt altmodisch. Von seiner fundamentalen Bedeutung für die Persönlichkeitsentfaltung des Einzelnen hat das

Grundrecht aber nichts verloren. Im Gegenteil: Es ist angesichts der technologischen Entwicklung in der Telekommunikation so aktuell wie lange nicht. Das Bundesverfassungsgericht bestätigt das in seiner Rechtsprechung. Eingriffe und Beschränkungen dieses Grundrechts dürfen nur auf ausdrücklicher gesetzlicher Grundlage und nur sehr restriktiv erfolgen. Eine freie, offene Kommunikation hat eine immense politische Bedeutung für eine freiheitlich-demokratische Staatsordnung. Wie nahezu alle speziellen Grundrechtsverbürgungen des Grundgesetzes ist auch Artikel 10 eine spezifische verfassungsrechtliche Antwort auf konkrete geschichtliche Unrechtserfahrungen. In den Worten des Bundesverfassungsgerichts gewinnt Artikel 10 seine besondere Bedeutung aus der Erfahrung, dass der Staat unter Berufung auf seine eigene Sicherheit sowie die Sicherheit seiner Bürger häufig zum Mittel der Überwachung privater Kommunikation gegriffen hat.[76] Sie war Gegenstand der bürgerlichen Regimekritik im 19. Jahrhundert. Und zuletzt hat die maßlose Überwachung in der DDR die Gier des Staats nach der Kontrolle seiner Bürgerinnen und Bürger gezeigt.

Früher wie heute erfolgt der Informationsaustausch häufig über eine bestimmte räumliche Entfernung. Die Beteiligten sind darauf angewiesen, dass die Kommunikationswege vor unbefugtem Zugriff geschützt sind. Mit der digitalen Entwicklung ist der Radius deutlich größer geworden. Kabel, Telefon, Funkverkehr, Teletext, Zwischenspeicherung auf Servern oder Mailbox – jedes Kommunikationsmittel wird von Artikel 10 erfasst.

Aber ist es für die Bürger wirklich bedrohlich, dass es legale Abhörmöglichkeiten gibt? Muss denn jeder befürchten, abgehört zu werden? Sind das nicht schon wieder unseriöse Schreckensszenarien, die nur Angst machen sollen? Angstmacherei wäre unverantwortlich, aber der Hinweis auf das technisch Machbare versetzt die Bürger in die Lage, ihre Situation besser einschätzen zu können und sich des Werts der Freiheitsrechte bewusst zu werden. Und genau das kann Ängsten begegnen.

Sinnvoll zum Verständnis ist ein kurzer Blick auf die Rechtslage und darauf, wie oft die Telekommunikation von den dazu ermächtigten Sicherheitsbehörden überwacht wurde. Die zuständigen Behörden dürfen zur Wahrnehmung ihrer Aufgaben präventiv (Gefahren abwehrend) und repressiv (strafverfolgend) Telefongespräche abhören und technische Maßnahmen zur Ortung und zum Einwählen in Funkzellen verwenden. Die Rechtsgrundlagen finden sich in den Polizei- und Verfassungsschutzgesetzen der Länder und in den Bundesgesetzen für das Bundeskriminalamt, den Bundesnachrichtendienst, das Bundesamt für Verfassungsschutz, den Militärischen Abschirmdienst, den Zoll und die Strafverfolgungsbehörden. Die Anforderungen an diesen Eingriff in private Kommunikation sind unterschiedlich: Es muss der Verdacht auf eine Straftat bestimmter Schwere vorliegen oder Gefahr für wichtige Rechtsgüter drohen, ein bestimmtes Ermittlungsstadium erforderlich sein oder auch ein Richterbeschluss. Es darf also nicht nach Gusto das Handy abgehört oder ins Festnetz gelauscht werden. Aber es ist nicht auszuschließen, dass wegen niedrigschwelliger Verdachtsanforderungen auch Unbeteiligte, Unverdächtige betroffen sind.

Wie notwendig der Schutz der Telekommunikation in jeder Form ist, zeigen die ständig ansteigenden Zahlen der Abhörmaßnahmen. Ohne hier die Länderpolizeiaktionen zu berücksichtigen, ergibt sich ein eher düsteres Bild hinsichtlich des Schutzes der Privatsphäre. Im ersten Halbjahr 2018 nutzten das Bundesamt für Verfassungsschutz, die Bundespolizei und das Bundeskriminalamt ca. 172 000-mal die sogenannten stillen, weil dem Empfänger unbemerkt bleibenden SMS als Ortungswanzen, in Funkzellen wählten sich das Bundeskriminalamt, die Bundespolizei und der Zoll ca. 120-mal ein, was bedeutet, dass eine Vielzahl an Telefonen erfasst wurde, und der IMSI-Catcher zur Lokalisierung von Telefonen wurde von der Bundespolizei und dem Bundeskriminalamt 52-mal genutzt.[77] Diese Zahlen geben nur einen Teil der Abhöraktivitäten wieder, denn der Bundesnachrichtendienst wurde aus Geheimschutzgründen vollkommen außen vor gelassen, das Bundesamt für Verfassungsschutz teilweise. Das Mithören und Aufzeichnen der eigentlichen Gespräche fand zu Zwecken der Strafverfolgung im Jahr 2016 beim Mobilfunk über 21 000-mal statt, bei der Internettelekommunikation über 10 000-mal und beim Festnetz ca. 3900-mal, insgesamt also ca. 35 000-mal.[78] Die Aufzeichnungen von Telefongesprächen zu Zwecken der Gefahrenabwehr sind darin nicht enthalten. Es ist eine ständig steigende Tendenz. Im Jahr 2009 lagen die Telefonüberwachungen für die strafrechtlichen Ermittlungen noch insgesamt bei ca. 21 000. Es werden immer wieder auch Personen zu Unrecht erfasst, wie beispielsweise der Polizeiskandal in Sachsen um den Fußballverein Chemie Leipzig aus dem Jahr 2017 zeigt. Im Rahmen einer Polizeifahndung wurden Hunderte Menschen abgehört, am Ende gab es keine ausreichenden Erkenntnisse für weitere Ermittlungen. Auch Journalisten und Anwälte sind dabei überwacht worden, obwohl sie aufgrund ihres Berufs und ihrer Stellung in unserer Demokratie einen besonderen Schutz genießen.[79]

Ob zu Unrecht aufgezeichnete Gespräche umgehend wieder gelöscht werden, ist für den Betroffenen nicht feststellbar, denn er wird meistens nicht oder erst sehr viel später von der Maßnahme unterrichtet. Was sich so harmlos anhört, hat gehöriges Potenzial, das Grundrecht zum Schutz des Post- und Fernmeldeverkehrs nachhaltig zu verletzen. Die staatlichen Behörden sind deshalb in der Pflicht, die gesetzlichen Bestimmungen sehr sorgfältig und nicht überdehnend anzuwenden. Es darf nicht das Motto gelten: Wenn es um die Sicherheit vieler Bürger geht, soll sich der Einzelne nicht so anstellen.

Beim G20-Gipfel in Hamburg wurden einige Journalisten nicht akkreditiert. Sie waren versehentlich in einer Gefährderdatei geführt worden. Als sich der Fehler durch gerichtliche Überprüfung herausstellte, war es zu spät. Das kann schnell den Job kosten.

DAS SMARTPHONE ALS TÜRÖFFNER ZU UNSEREM INNERSTEN

Ging es bisher um die eher klassische Telefonie, haben sich mobile Endgeräte wie das Smartphone inzwischen zu einem Allzweck-Kommunikationsgerät entwickelt. Viele der 57 Millionen Nutzer in Deutschland im Jahr 2018 haben es nicht nur ständig bei sich, sondern auch ständig im Einsatz. Nach einer empirischen Studie der University of Waterloo wird das Smartphone als Substitut aller möglichen analogen Aktivitäten betrachtet, als „das Gehirn in deiner Tasche". Zwischen geringem logischem Denkvermögen und starker Smartphone-Nutzung könne eine „robuste Relation" nachgewiesen werden, so die Erkenntnis der Forscher.[80] Was auch immer das bedeuten mag. Dass einfach zugängliche Informationen des Internets andere Medien der Informationsbeschaffung weitestgehend ersetzt haben, ist unumstritten.

Das Smartphone wird teilweise derart exzessiv genutzt, dass Studien sich mit dem Phänomen der Smartphone-Sucht beschäftigen. US-amerikanische Wissenschaftler führen die Smartphone-Sucht u. a. auf „die Angst, etwas zu verpassen", zurück.[81] Ein bedeutender Teil des privaten Lebens läuft bereits über digitale Medien ab.

Eine im Jahr 2018 veröffentlichte Studie von Forschern der Universität Ulm und der Ludwig-Maximilian-Universität München beschreibt zwei den Einzelnen wie die Gesellschaft herausfordernde Veränderungen, die mit der Digitalisierung einhergehen. Zum einen würden Smartphones mit derart hoher Frequenz genutzt, dass eine Fragmentierung des privaten und beruflichen Lebens entstehe. Der Alltag des Menschen ist heutzutage also nicht vereinzelt von der digitalen Welt berührt, sondern wird geradezu von der Nutzung digitaler Medien zersetzt, was vor allem auf die Nutzung von und die ständige Verfügbarkeit für Mailing- und Messenger-Dienste wie WhatsApp oder WeChat zurückzuführen sei. Außerdem benutzten Menschen die Möglichkeiten der digitalen Welt und sozialen Netzwerke aktiv, um ihre Identität zu gestalten. Die erzählte Geschichte werde so womöglich wichtiger als der erlebte Moment selbst. [82] Das bedeutet im Umkehrschluss: Wer Zugriff auf das Handy hat, mit dem diese Geschichten erzählt werden, weiß am Ende womöglich mehr über die Person als derjenige, der ihr in den Momenten, in denen die Geschichten entstanden, räumlich nahe war.

Zum anderen führt die starke Nutzung der digitalen Medien dazu, dass Informationen über den Einzelnen und sein Verhalten durch die digitalen Medien selbst dokumentiert und abgebildet werden. Dabei ist natürlich vorwiegend das Privatleben tangiert. Der Psychologe Geoffrey Miller von der Universität New Mexico befasst sich mit den verschiedenen Anwendungsgebieten des Smartphones als Instrument für psychologische Studien. Der Aufsatz liest sich wie ein unheilvoller Bericht über die heute schon endlosen und künftig noch erheblich erweiterten Möglichkeiten eines Smartphones, über den Menschen Daten anzuhäufen.[83] Danach sind die Prozessoren bereits jetzt so leistungsfähig, dass mehrere Applikationen (die zum Beispiel Daten über das Verhalten des Nutzers aufzeichnen) problemlos rund um die Uhr im Hintergrund weiterlaufen können, die Speicher der Handys sind so groß, dass eine Fülle an Bild-, Ton- und Textmaterial gespeichert werden kann. Miller geht davon aus, dass deshalb auch bald relevante Dokumente für den Notarzt der Einfachheit halber auf dem Handy abrufbar sein werden. Das Smartphone verfügt bereits jetzt über zahlreiche Sensoren, die auch das physische Umfeld des Nutzers konstant dokumentieren und analysieren können (Magnetometer, Lichtsensor und Barometer seien hier nur exemplarisch für viele weitere Sensoren genannt). Und selbstverständlich ist das Smartphone in der Lage, mittels GPS eine genaue Positionsbestimmung des Nutzers vorzunehmen – im Jahr 2020 ist eine zentimetergenaue Bestimmung zu erwarten. Die Leistungsfähigkeit, die Konnektivität (Netzwerkfähigkeit), die Speicherkapazität und Komplexität der Hardware gepaart mit einer Vielzahl von Sensoren setzen der potenziellen Sammlung von persönlichen Daten keine Grenzen. Geringe Größe, ständige Nähe, Vertrautheit, soziale Bedeutung und

Individualisierbarkeit des Smartphones führen in den Augen des Psychologen dazu, dass der Mensch dem Smartphone Gedanken und Gefühle anvertraut, die über psychologische Erhebungsmethoden niemals zugänglich würden.

Die Schlussfolgerung des deutschen Politikwissenschaftlers und Soziologen Christoph Kucklick wird in der „Soziologischen Revue" folgendermaßen zusammengefasst: „Demnach erfährt das Wissen über die Menschen eine bisher ungekannte Detailgenauigkeit. Es beruht nicht mehr auf Durchschnittswerten aggregierter Daten, sondern die Menge und Art der Daten erlaubt, jeden einzelnen Menschen zu rekonstruieren."[84]

Dieser kurze Exkurs in die Wissenschaft zeigt nach meiner Auffassung plastisch und überzeugend, dass das Smartphone nicht nur die Schatztruhe der menschlichen Seele im 21. Jahrhundert ist, sondern dass es den Schlüssel dazu gleich mitliefert. Und der Staatstrojaner ist sozusagen der Türöffner des Staats dazu. Es geht mir nicht darum, die Nutzung des Smartphones zu verteufeln und die Nutzer mittels Schreckensszenarien erziehen zu wollen. Wir müssen wissen, was andere über uns erfahren, wenn wir es nutzen. Und wir sollten uns damit auseinandersetzen, ob wir diese Datenspuren und diese Persönlichkeitsverlagerung in ein Gerät hinein wirklich wollen. Wir sollten wissen, dass eine Überwachung der Kommunikation nicht mehr mit der klassischen Wanze im Kristallleuchter oder im Telefonapparat vergleichbar ist, die wir aus alten Agentenfilmen kennen. Die Dimension ist eine vollkommen andere. Wir werden als Menschen für Dritte gläsern, durchschaubar. Ein Eingriff in das Smartphone ist mehr als nur eine Momentaufnahme. Deshalb stehe ich der Anpassung der bisherigen analogen Abhörmaßnahmen an die digitale Entwicklung kritisch gegenüber. Die Online-Durchsuchung ist nicht mit dem großen Lauschangriff und die Beschlagnahme eines Computers nicht mit dessen Infiltration durch einen Staatstrojaner vergleichbar.

Im Gegensatz zur klassischen Telefonüberwachung, die über

Telekommunikationsanbieter Telefongespräche mithörte, erfasst die Quellen-Telekommunikationsüberwachung (TKÜ) jede Kommunikation auch vor ihrer möglichen Verschlüsselung oder nach Entschlüsselung. Eine Überwachungssoftware belauscht die laufende Kommunikation und leitet die Gesprächsinhalte an die Strafverfolgungsbehörden weiter. Von der Öffentlichkeit nahezu unbemerkt ist 2017 die entsprechende gesetzliche Regelung in Paragraf 100a Absatz 1 Satz 2 Strafprozessordnung (StPO) neu geschaffen worden. Technisch kommt die Quellen-TKÜ einer Online-Durchsuchung gleich, doch darf sie in rechtlicher Hinsicht nicht mehr können als eine Telefonüberwachung, also die laufenden Gespräche überwachen. Das Bundesverfassungsgericht hat die verfassungsrechtlichen Grenzen der Quellen-TKÜ in seiner Entscheidung zur Online-Durchsuchung 2008 klar definiert:

„Wird ein komplexes informationstechnisches System zum Zweck der Telekommunikationsüberwachung technisch infiltriert (‚Quellen-Telekommunikationsüberwachung‘), so ist mit der Infiltration die entscheidende Hürde genommen, um das System insgesamt auszuspähen. Die dadurch bedingte Gefährdung geht weit über die hinaus, die mit einer bloßen Überwachung der laufenden Telekommunikation verbunden ist. Insbesondere können auch die auf dem Personalcomputer abgelegten Daten zur Kenntnis genommen werden, die keinen Bezug zu einer telekommunikativen Nutzung des Systems aufweisen. Erfasst werden können beispielsweise das Verhalten bei der Bedienung eines Personalcomputers für eigene Zwecke, die Abrufhäufigkeit bestimmter Dienste, insbesondere auch der Inhalt angelegter Dateien oder – soweit das infiltrierte informationstechnische System auch Geräte im Haushalt steuert – das Verhalten in der eigenen Wohnung. (...)

Es kann im Übrigen dazu kommen, dass im Anschluss an die Infiltration Daten ohne Bezug zur laufenden Telekommunikation erhoben werden, auch wenn dies nicht beabsichtigt ist. In der Folge besteht für den Betroffenen – anders als in der Regel bei der herkömmlichen netzbasierten Telekommunikationsüberwachung – stets das Risiko, dass über die Inhalte und Umstände der Telekommunikation hinaus weitere persönlichkeitsrelevante Informationen erhoben werden. Den dadurch bewirkten spezifischen Gefährdungen der Persönlichkeit kann durch Art. 10 Abs. 1 GG nicht oder nicht hinreichend begegnet werden.

Art. 10 Abs. 1 GG ist hingegen der alleinige grundrechtliche Maßstab für die Beurteilung einer Ermächtigung zu einer ‚Quellen-Telekommunikationsüberwachung', wenn sich die Überwachung ausschließlich auf Daten aus einem laufenden Telekommunikationsvorgang beschränkt. Dies muss durch technische Vorkehrungen und rechtliche Vorgaben sichergestellt sein."[85]

Der Gesetzgeber hat durch weitere Anforderungen in Paragraf 100a Absatz 5 und 6 StPO versucht, diesen Vorgaben Rechnung zu tragen, indem er die Pflicht zur Protokollierung der Überwachung festgeschrieben und nur begrenzt Veränderungen des informationstechnischen Systems zugelassen hat. Das vermag kaum zu beruhigen. Denn wenn eine Veränderung der Smartphone-Software unerlässlich ist und technisch bei Beendigung nicht rückgängig gemacht werden kann, ist sie nicht untersagt. Das heißt ganz einfach, dass der Nutzer des Smartphones mit den Folgen dieser Überwachung leben muss, solange er dieses Smartphone weiter benutzt.

Was ist unter einer laufenden Kommunikation konkret zu verstehen, wenn man einen Messengerdienst wie etwa WhatsApp nutzt? Ein Telefongespräch ist klar durch Anfang und Ende begrenzt. In einem Messenger kommunizieren die Partner nicht in Echtzeit, Unterhaltungen mittels WhatsApp haben kein klar definiertes Ende, sie werden oftmals für längere Zeit unterbrochen. Die Grenzen der laufenden Kommunikation sind nicht deutlich erkennbar.

Der Anwendungsbereich der Quellen-TKÜ bleibt ebenso unpräzise wie die Vorgaben an die Anforderungen der einzusetzenden Software. Sie zu konkretisieren, bleibt also letztlich den Ermittlungsbehörden überlassen, zwischen Quellen-TKÜ und Online-Durchsuchung besteht in der Praxis kein Unterschied. Weder wird der Einsatz multifunktionaler Programme vom Gesetzgeber unterbunden, noch macht dieser Vorgaben zur Qualitätssicherung und Überprüfung der eingesetzten Software.

Schwer wiegt auch der Umstand, so der Fachanwalt für IT-Recht Thomas Stadler, „dass die gesetzliche Regelung die Ermittlungsbehörden ermutigt, vorhandene Sicherheitslücken auszunutzen, um fremde informationstechnische Systeme mit Schadsoftware zu infiltrieren. Der Staat verhält sich also wie ein Cyberkrimineller. Das schafft fatale Fehlanreize, weil die Behörden damit ein erhebliches Interesse daran haben, Sicherheitslücken in informationstechnischen Systemen nicht an die Hersteller zu melden, sondern sie vielmehr gezielt aufrechtzuerhalten." Dadurch werde das Allgemeininteresse an möglichst sicheren informationstechnischen Systemen unterminiert und die IT-Sicherheit auf allen Ebenen (Staat, Unternehmen, Bürger) gefährdet.[86]

Es geht nicht um alles oder nichts, sondern um die richtige Balance und um das richtige Maß.

Ich will bei solch gravierenden Auswirkungen für die vertrauliche private Kommunikation genau wissen, was Artikel 10 GG zulässt und wo für den repressiven Bereich der Überwachung die Grenzen zu ziehen sind. Deshalb habe ich gegen diese Ausdehnung der Überwachung zusammen mit meinen Freunden Gerhart Baum und Burkhard Hirsch, mit Christian Lindner und einigen FDP-Bundestagsabgeordneten im August 2018 Verfassungsbeschwerde eingelegt. Das betrifft auch die immer wieder angesprochene Online-Durchsuchung. Sie ist mit demselben Gesetz in die Strafprozessordnung aufgenommen worden und muss in der beschlossenen Ausgestaltung verfassungsrechtlich als noch bedenklicher gelten.

Seit der Grundsatzentscheidung des Bundesverfassungsgerichts zur Online-Durchsuchung aus dem Jahr 2008 hat sich der Frontalangriff auf den PC oder auf mobile Endgeräte kontinuierlich fortgesetzt. Mit der Argumentation, mehr Sicherheit für die Bürgerinnen und Bürger gegen terroristische Anschläge zu schaffen, darf das Bundeskriminalamt den Staatstrojaner anwenden. In viele Landespolizeigesetze sind entsprechende gesetzliche Ermächtigungsgrundlagen aufgenommen worden. 2017 wurde der letzte Schritt gemacht. Jetzt darf der private Computer unter bestimmten Voraussetzungen auch zur Aufklärung von Verbrechen online durchsucht werden.

Gefahrenabwehr und Strafverfolgung sind doch zwei immens wichtige Aufgaben des Staats. Warum also die Aufregung? Bei der Gefahrenabwehr können und sollen schwergewichtige Rechtsgüter wie Leib, Leben, Gesundheit und auch wesentliche Staatseinrichtungen geschützt und deren Verletzung verhindert werden. Das spielt bei der Abwägung zwischen Freiheit und Sicherheit eine große Rolle und kann zur Priorisierung der Sicherheit führen, wenn die Gefahr sehr groß ist und die befürchteten Schäden immens sein können. Geht es um die Aufklärung begangener Taten, ist die Verletzung bereits eingetreten, gibt es Opfer, die leiden, und es geht darum, den oder die Täter zu fassen und zu verurteilen. Bei der Abwägung werden deshalb die Sicherheitsaspekte nicht mehr so hoch gewichtet wie die betroffenen Freiheitsrechte. Genau das ist bei der Bewertung, unter welchen Voraussetzungen die Anwendung der 2017 eingeführten Online-Durchsuchung zur Strafverfolgung angemessen und vertretbar ist, nicht ausreichend berücksichtigt worden. Es geht nicht um alles oder nichts, sondern um die richtige Balance und um das richtige Maß.

DESHALB KLAGE ICH GEGEN DIE ONLINE-DURCHSUCHUNG BEIM BUNDESVERFASSUNGSGERICHT
Die 2017 eingeführte Online-Durchsuchung zur Strafverfolgung orientiert sich am großen Lauschangriff, was angesichts der unterschiedlichen Eingriffstiefe nach meiner Auffassung nicht angemessen und unverhältnismäßig ist. Bei einer Wohnraumüberwachung

werden vielleicht eine Handvoll Menschen betroffen sein, die sich dort regelmäßig aufhalten. Bei einer einzigen Online-Durchsuchung dagegen werden mehrere Hundert oder sogar mehrere Tausend unbeteiligte Personen betroffen sein, deren Nachrichten ausgelesen werden. Die Online-Durchsuchung ist der schwerste Eingriff in die Rechte der Bürgerinnen und Bürger, den die Strafprozessordnung vorsieht. Konkret heißt das, dass auch wegen Wertzeichenfälschungen, Verleitung zur missbräuchlichen Asylantragsstellung oder wegen allgemeiner Vermögensdelikte diese heimliche Überwachung jedes mobilen Endgeräts oder PCs stattfinden darf.

Wie der Kernbereich der privaten Lebensgestaltung effektiv geschützt werden soll, ist vollkommen unklar, denn die Online-Durchsuchung erfasst nicht nur alle auf dem informationstechnischen Gerät gespeicherten Inhalte – Bilder, Videos, SMS, Messengerdienste, alle Apps und GPS-Daten –, sondern bedeutet auch einen Live-Zugriff auf das System, also eine Überwachung während der Benutzung. Während bei der Wohnraumüberwachung in einem solchen Fall die laufende Überwachung eingestellt werden muss, ist ein Abbruch im Fall von Kernbereichsbezug bei der Online-Durchsuchung nicht vorgesehen. Gerade bei der angesprochenen Live-Überwachung, die eingriffsintensiver als die Wohnraumüberwachung ist, muss aus meiner Sicht ein solcher Abbruch zwingend vorgesehen sein. Zudem ist gesetzlich nicht sichergestellt, dass ein Richter kernbereichsrelevante Daten sofort vorgelegt bekommt, bevor ein Staatsanwalt sie zur Kenntnis nimmt. Die konkrete gesetzliche Ausgestaltung ist auch aus diesem Grund verfassungswidrig.

Frappierend ist auch, dass der Gesetzgeber die Eingriffsvoraussetzungen für die Online-Durchsuchung noch nicht einmal konsequent gleich, sondern noch schwächer ausgestaltet hat als bei der Wohnraumüberwachung. Die Wohnraumüberwachung ist nur zulässig, wenn die Erforschung des Sachverhalts auf andere Weise „unverhältnismäßig erschwert oder aussichtslos wäre", das heißt, dass diese Maßnahme nur ultima ratio ist. Im Paragrafen 100b StPO, der die Online-Durchsuchung regelt, heißt es lediglich: „wesentlich erschwert oder aussichtslos". Diese schwächere Voraussetzung findet sich etwa auch bei der Telekommunikationsüberwachung. Bedeutet eine andere Maßnahme bei der Ermittlung einen Mehraufwand, dann kann dies schon den Einsatz der Online-Durchsuchung rechtfertigen.

Zudem sind aus meiner Sicht die momentan vorgesehenen verfahrensrechtlichen Voraussetzungen, also die Sicherungen, unzureichend. Und dennoch haben die Justizminister der Länder im Juni 2018 beschlossen, dass es zusätzlich ein neues gesetzliches Betretungsrecht geben soll, damit der Staatstrojaner auf den PC aufgespielt werden kann. Sie fordern damit nichts anderes als das Recht, heimlich in die Privatwohnung einbrechen zu dürfen, um den Computer zu bearbeiten und daran Veränderungen vorzunehmen.

Das zeigt, es gibt nicht nur kein Ende, sondern immer noch Steigerungen staatlicher Überwachung. Die Erinnerung an totalitäre Regime und Sabotageakte zwielichtiger Geheimdienste drängt sich auf. Diese Gesetzgebung wäre ein weiterer großer Verlust an Freiheit.

Na und?, mögen sich einige fragen. Ist das nun so bedenklich? Das sind doch nur juristische Spitzfindigkeiten einiger Besserwisser. Reicht es nicht langsam mit den ständigen Verfassungsbeschwerden gegen die von den Vertretern der meisten Sicherheitsbehörden als notwendig erachteten Eingriffsbefugnisse? Die dienen doch nur dem Schutz der Bürgerinnen und Bürger und der Verteidigung der inneren Sicherheit. Warum wird die Arbeit der Sicherheitsbehörden behindert?

Die einfache Antwort lautet: Weil es um die Grundrechte der Bürger vor zu weit- und tiefgehender Ausforschung ihres Denkens und Handelns geht. Auch die Staatsaufgabe innere Sicherheit erlaubt nicht jedes Mittel. Wäre das so, würden die Grundrechte ganz prinzipiell zur Disposition gestellt. Immer dann, wenn Überwachungsmaßnahmen mehr Sicherheit versprechen könnten, wären die Grundrechte nur noch Manövriermasse, nur noch ein Anhängsel der

Sicherheitspolitik. Mit der Debatte zum Grundrecht auf Sicherheit wurde das plakativ sichtbar. Die Befürworter begründen dies damit, dass aus dem Grundgesetz – quasi als Pendant zu den Freiheitsrechten – auch ein Recht der Bürger auf ein Handeln des Staats für ihre Sicherheit ableitbar sei. Die Kritiker sehen dagegen dafür keinen Ansatz im Grundgesetz und lehnen dieses Grundrecht auf Sicherheit inhaltlich ab. Gäbe es ein solches Grundrecht, würde das den Staat ermächtigen, zulasten der Freiheitsrechte alles das zu tun, was er für sinnvoll oder notwendig erachten würde. Es gäbe keine sorgfältig abgewogene Balance zwischen Freiheit und Sicherheit. Es gäbe keinen Kernbereich privater Lebensgestaltung, der unabwägbar ist und generell den Sicherheitsüberlegungen gegenüber Vorrang hätte. Deshalb gibt es dieses Grundrecht auf Sicherheit nicht.

Ihm läge auch ein anderes Staatsverständnis zugrunde als das des Grundgesetzes. Es wäre die Vorstellung eines Staates, der alles darf und für den die Rechte der Bürgerinnen und Bürger zur freien Disposition stünden. Das ist das Verständnis autoritärer Systeme, denen die Rechte der Bürger ziemlich gleichgültig sind. Deren Repräsentanten treten den Bürgern mal als gütiger Landesvater, mal als autoritärer Staatsführer gegenüber, sie behandeln die Bürger aber immer als Untertanen. Und sie sehen in jeder Kritik, in jeder freien Meinungsäußerung, im unabhängigen Denken eine potenzielle Gefahr ihrer Macht, die es im Keim zu unterdrücken gilt. Dieses Staatsverständnis schlägt sich zum Beispiel in der ungarischen Politik nieder.

Ein Grundrecht auf Sicherheit gibt es nicht.

Zu Hilfe kommt ihnen die von ihnen und ihrem Apparat selbst beförderte Angst in der Bevölkerung, Opfer eines terroristischen Anschlags werden zu können. Angst führt zur Forderung nach mehr Sicherheit und verdrängt die Sehnsucht nach Freiheit. Davon haben wir doch genug, ist dann das vorherrschende Gefühl. Nur selten überzeugt der Blick auf die Realität, dem manche sogar kritisch gegenüberstehen nach dem Motto: Fakten verwirren nur.

Doch der Blick lohnt sich und ist wichtig. Nach der Entwicklung der bundesweiten Kriminalitätsstatistik ist die Zahl der Straftaten so stark zurückgegangen wie seit 20 Jahren nicht mehr. Insgesamt gibt es 9,6 Prozent weniger Straftaten, auch die Gewaltdelikte sind über 2 Prozent rückläufig.[87] Der Anteil nichtdeutscher Tatverdächtiger nimmt ebenfalls ab, beläuft sich auf gut 30 Prozent. Die Zahl der Delikte gegen die sexuelle Selbstbestimmung liegt bei über 50 000. Da es einige neue Straftatbestände gibt, liegt keine Vergleichszahl aus dem vorhergehenden Jahr vor.

Insgesamt ist Deutschland auch mit der höheren Anzahl von Flüchtlingen nach Bewertung von Experten sicherer geworden. „Es ist so sicher wie lange nicht mehr – aber es fühlt sich für viele nicht so an."[88] Die Kluft zwischen realer und gefühlter Kriminalität ist gewachsen. Von 3500 repräsentativ Befragten sahen es fast 19 Prozent als wahrscheinlich an, Opfer eines Raubüberfalls zu werden. Tatsächlich lag das Risiko bei 0,3 Prozent. Die subjektive Angst war 65-mal so hoch wie die reale Gefahr. Die Ursache für diese Diskrepanz wird in der Berichterstattung seit der Silvesternacht 2016 gesehen, die deutlich stärker die mögliche Tatbeteiligung von Ausländern betont. Nicht ausreichend wahrgenommen wird, dass die meisten Gewaltopfer von Zuwanderern Zuwanderer sind. Die Zahlen für Mord und Totschlag liegen trotz Anstiegs der vergangenen zwei bis drei Jahre weit unter denen der 1990er-Jahre. Und der Anstieg erklärt sich zum großen Teil aus einer Mordserie: der des deutschen Krankenpflegers Niels H.

Was für die innere Sicherheit gebraucht wird, sind genügend Polizisten und Polizistinnen, IT-Fachkräfte, Sondereinheiten mit qualifizierter Ausbildung. Zu viele beteiligte Behörden auf Bund- und Landesebene, fehlende Kooperation, defizitäre Kommunikation und Rechtsversäumnisse sind Gefahren für die innere Sicherheit. Ihnen ist nicht mit Gesetzesänderungen zu begegnen, sondern mit einer verbesserten Sicherheitsarchitektur, mit klaren Kompetenzen und effektiver Zusammenarbeit. Das hätte vielleicht manche Tat verhindern können.

Leider wirkte die Polizei bei Demonstrationen wie denen in Chemnitz 2018 immer wieder überfordert. Verursacht wurde dies u. a. durch zu wenige Polizisten, eine falsche Einschätzung der tatsächlichen Gefährdungslage und einzelne Polizeibeamte, deren Einstellung berechtigte Bedenken entstehen lassen. So geschehen in Dresden, als Polizisten auf Wunsch eines renitenten Pegida-Demonstranten ein ZDF-Team daran gehindert haben, über den Aufmarsch zu berichten. Später entpuppte sich der Demonstrant als Angestellter des Landeskriminalamts. Nicht alles, was Beamte tun, ist auch richtig oder rechtmäßig. Gibt es daran begründeten Zweifel wie im Dezember 2018 in Frankfurt, als wegen rechtsextremer Netzwerke und Volksverhetzung gegen Polizeibeamte Ermittlungen eingeleitet wurden, dann kann der Rechtsstaat von innen in Teilen erodieren und das Vertrauen der Bürgerinnen und Bürger in das rechtsstaatliche Handeln der Sicherheitsbehörden beschädigt werden. Pauschalbe- und -verurteilungen verbieten sich, aber von einem Skandal darf mit Recht gesprochen werden. Es müssen Mechanismen entwickelt werden, damit verfassungsfeindlich gesinnte und agierende Personen nicht mit dieser Hoheitsaufgabe befasst sind. Der Rechtsstaat soll wehrhaft sein und nicht von Feinden im eigenen „Laden" geschwächt werden. In Einzelfällen ist es deshalb richtigerweise 2018 zur Entlassung von Polizisten aus dem Beamtenverhältnis gekommen.

Islamfeindliche Pegidisten dürfen demonstrieren, die Journalisten dürfen das filmen und darüber berichten, die Polizei muss Gewalt und Straftaten verhindern bzw. dagegen vorgehen. Das sind die gelebten Rechte der Bürger mit unterschiedlicher politischer Überzeugung und Gesinnung.

> **Ich will einen handlungsfähigen Staat, der seine Aufgaben kraftvoll wahrnimmt und ansonsten seine Bürger und Bürgerinnen in Ruhe lässt.**

Ich will einen handlungsfähigen Staat, der seine Aufgaben kraftvoll wahrnimmt und ansonsten seine Bürger und Bürgerinnen in Ruhe lässt. Ich will, dass die Bürger Vertrauen in die rechtsstaatlich gebundene Polizei haben können. Sogenannte Reichsbürger mit ihrem kruden Staatsverständnis und Anhänger eines anderen deutschen Staatsgebildes völkischer Prägung lehnen diesen Staat ab. Ihnen muss politisch entschieden entgegengetreten werden. Bei allen staatlichen Eingriffsbefugnissen muss politisch deshalb auch immer beachtet werden, wie sie bei veränderten politischen Verhältnissen ausgenutzt und missbraucht werden können.

DIE UNENDLICHE GESCHICHTE DER ANLASSLOSEN VORRATSDATENSPEICHERUNG

Eine unverhältnismäßige Einschränkung der Freiheitsrechte sehe ich auch in der seit über zehn Jahren verfolgten Überwachungsmöglichkeit des Kommunikationsverkehrs eines jeden Bürgers in Deutschland. Die anlasslose Vorratsdatenspeicherung erlaubt das Speichern aller Telekommunikationsverbindungsdaten für den Fall, dass sie mal gebraucht werden könnten. Die Inhalte werden nicht gespeichert. Es handelt sich um die Erfassung des Telefonverhaltens aller Bürger in Deutschland, ohne Unterscheidung und ohne jeglichen Grund. Mit diesen Daten ist feststellbar, wann wer wie lange und mit wem telefoniert, gesimst, gemailt oder auf anderen elektronischen Wegen kommuniziert hat.

Die Gier nach möglichst vielen Daten, auf Vorrat gehortet, ist anscheinend so unstillbar, dass seit 2006 über diese umfassende Informationsgewinnung in Deutschland politisch und rechtlich gestritten werden muss. Und es geht wirklich um etwas: um das Grundrecht auf Datenschutz und auf Privatsphärenschutz.

Müssen bei der Online-Durchsuchung wenigstens einige konkrete Verdachtsmomente vorliegen, um diese Art der Überwachung nach geltendem Recht anwenden zu können, entfällt das alles bei der anlasslosen Vorratsdatenspeicherung der Telekommunikationsverbindungsdaten. Sie soll die Kriminalitäts- und Terrorismusbekämpfung fördern, indem sie Anbieter von Telekommunikationsleistungen dazu verpflichtet, die Umstände des elektronischen Kommunikationsverhaltens aller ihrer Kunden (wie Anschlusskennungen, Zeit, Ort, Dauer der Telekommunikation) über einen gewissen Zeitraum festzuhalten.

Von Beginn an habe ich mich gegen diese anlasslose, breit gestreute Form der Telekommunikationsüberwachung gestemmt, die alle Bürger unter einen Generalverdacht stellt, und als rechtsstaatlich einwandfreie Alternative das sogenannte Quick-Freeze-Verfahren vorgeschlagen. Dieses Verfahren beruht darauf, dass es immer einen konkreten Anlass wie eine verdächtige Person, den Ort oder die Zeit einer geplanten Tat geben muss, um diese Daten zu speichern und zu verwenden. Es handelt sich also um eine anlassbezogene Speicherung sensibler Daten.

Der Bezug auf den Anlass war und ist der Vorratsdatenspeicherung fremd. Mein Widerstand galt daher seit jeher sowohl der zugrunde liegenden Vorratsdatenspeicherungsrichtlinie der Europäischen Union als auch ihrer nationalen Umsetzungsgesetze. Was die Vorratsdatenspeicherung rechtlich so spannend, aber gleichzeitig auch so kompliziert macht, sind ihre verschiedenen Ebenen. Da ist die Ebene der EU, die verlangt, dass die europäische wie auch die deutsche Regelung der Vorratsdatenspeicherung mit dem Recht der Europäischen Union, insbesondere mit der Grundrechtecharta, vereinbar sind. Und die nationale Ebene verlangt, dass die deutsche Regelung darüber hinaus auch und vor allem dem Grundgesetz und damit dem Grundrechtsschutz genügt.

2010 ist in Deutschland das erste Gesetz infolge einer Verfassungsbeschwerde von mir und von ca. 35 000 Bürgern vom Bundesverfassungsgericht wegen des unverhältnismäßigen Verstoßes gegen das Recht auf Datenschutz und Schutz der Privatsphäre verworfen worden. Auf Betreiben engagierter Verteidiger erklärten über mehrere Jahre hinweg Verfassungsgerichte in ganz Europa die jeweiligen nationalen Regelungen für verfassungswidrig. Im Jahr 2014 kippte dann der Europäische Gerichtshof vor dem Hintergrund der Snowden-Enthüllungen die europäische Gesetzesgrundlage wegen eines Verstoßes gegen die Grundrechte auf Achtung des Privatlebens und auf Schutz personenbezogener Daten. Sie sind in den Artikeln 7 und 8 der Grundrechtecharta der Europäischen Union verankert. In unmissverständlicher Klarheit hielten die europäischen Richter fest, dass die Vorratsdatenspeicherung einen nicht gerechtfertigten Eingriff von großem Ausmaß und von besonderer Schwere in die Grundrechte darstellt. Denn sie beziehe sich generell auf sämtliche Personen, elektronische Kommunikationsmittel und Verkehrsdaten, „ohne irgendeine Differenzierung, Einschränkung oder Ausnahme anhand des Ziels der Bekämpfung schwerer Straftaten vorzusehen".[89] Kurz: Weil die Regelung ohne Anlass sämtliche Bürger und elektronische Kommunikationsmittel erfasst, sind die Grundrechtseingriffe unverhältnismäßig.

Auf EU-Ebene gibt es seitdem kein solches Gesetz mehr. Ist die Vorratsdatenspeicherung also ein rechtspolitisches Fossil, nur noch in Museen der Rechtsgeschichte zu besichtigen? Während meiner letzten Amtszeit als Bundesjustizministerin war das so. Ich habe mich trotz des von der EU-Kommission gegen Deutschland eingeleiteten Vertragsverletzungsverfahrens erfolgreich geweigert, vor der Klarstellung durch die beiden höchsten Gerichte eine neue anlasslose Speicherung zuzulassen.

Mit der neuen Großen Koalition 2013 war es damit vorbei. Sie führte 2015 ohne Not und ohne unionsrechtliche Grundlage die anlasslose Vorratsdatenspeicherung wieder ein und zeigte sich auch von der jüngsten Entwicklung gänzlich unbeeindruckt. Der EuGH wiederholte im Dezember 2016 im Zusammenhang mit den Verhandlungen über die nationalen Regelungen zur Vorratsdatenspeicherung aus Großbritannien und Schweden seine Feststellung, dass die anlasslose Speicherung von Telekommunikationsverkehrsdaten nicht mit EU-Recht vereinbar sei. Die bekannte Begründung: Das Gefühl der umspannenden Überwachung erstickt die Freiheit.

Dass die Vorratsdatenspeicherung gegen den Willen der Bundesregierung nun auch in Deutschland vorerst auf Eis liegt, ist nicht der

Einsicht des Gesetzgebers zu verdanken, sondern einer Entscheidung des Oberverwaltungsgerichts (OVG) des Landes Nordrhein-Westfalen vom 22. Juni 2017 über die Speicherpflicht eines klagenden IT-Unternehmens.[90] Diese beruht auf der kurz skizzierten EuGH-Rechtsprechung. Ist nämlich auch die deutsche Neuregelung mit EU-Recht nicht vereinbar – und davon geht das OVG Nordrhein-Westfalen aus –, könne sie auch keine Speicherpflicht für Unternehmen begründen, die immerhin mit erheblichem finanziellen Aufwand verbunden ist.

Eigentlich müsste der Gesetzgeber aus gesetzeswidrigem Handeln lernen und das Grundrecht auf Datenschutz und Schutz der Privatsphäre endlich achten. Stattdessen beschloss er die jetzt ausgesetzte Regelung. Die Debatte über eine weitere Ausdehnung der anlasslosen Vorratsdatenspeicherung ist nach wie vor in vollem Gang. Der Präsident des Bundeskriminalamts hat 2018 eine längere Speicherung als zehn Wochen gefordert und diese Daten für unverzichtbar für seine Ermittlungen gegen Kinderpornografie erklärt.

Das mag in dem einen oder anderen Fall zutreffend sein. Umfassende Untersuchungen, die die Notwendigkeit der anlasslosen Vorratsdatenspeicherung nachweisen, sind aber nicht vorgelegt worden. Aus statistischen Erhebungen[91] ergibt sich, dass sich die überwältigende Zahl der erfassten Anschlüsse (ca. 85 Prozent) auf die Ermittlung der dynamischen IP-Adressen bezieht und nur ca. 15 Prozent auf retrograde Verkehrsdaten, die aber die politische Debatte beherrschen.

Im Juli 2011 legte das Max-Planck-Institut für ausländisches und internationales Strafrecht erstmals eine umfassendere Studie über die Auswirkungen des Fehlens von Vorratsdaten vor.[92] Sie basiert auf statistischem Material des Bundesamts für Justiz über die Verkehrsdatenerhebung nach Paragraf 100g Absatz 4 StPO, Materialien der Bundesnetzagentur und als wichtigster Erkenntnisquelle auf qualitativen Interviews mit den an der Vorbereitung, Durchführung und Auswertung von Verkehrsdatenabfragen beteiligten Praktikern.

Zudem wird der Evaluierungsbericht der EU-Kommission vom 18. April 2011 bewertet.[93] Als Gesamtergebnis wird bei vorsichtiger Betrachtung des kurzen Beurteilungszeitraums und des nur eingeschränkt vorliegenden Zahlenmaterials festgehalten, dass die Vorratsdatenspeicherung keine signifikante Auswirkung auf die Aufklärungsquote von Verbrechen hat. Die Fokussierung auf diese Ermittlungsmaßnahme erscheint deshalb nicht plausibel.[94]

Der Studie ist ebenfalls klar zu entnehmen, dass die im Evaluierungsbericht der EU-Kommission vertretene Auffassung, die Vorratsdatenspeicherung trage signifikant zur Sicherung Europas bei, durch die Zahlen und Stellungnahmen der Mitgliedstaaten nicht belegt werden kann. Aufgrund der Auswertung von Daten nur von einem Drittel der Mitgliedstaaten, fehlender Differenzierung zwischen auf Vorrat erhobener Daten, Bestandsdaten und anderer gespeicherter Daten sowie weiterer mangelnder oder unzureichender Informationen kann in keinem Fall eine Aussage getroffen werden, ob und in welchem Ausmaß Verkehrsdaten zur Aufklärung von Straftaten beigetragen haben.[95]

Dies ist umso bemerkenswerter, als die fachkundige Debatte diese wissenschaftliche Ausarbeitung weitgehend ausblendet und an der Behauptung des zumindest gefühlten Bedarfs einer anlasslosen Vorratsdatenspeicherung festhält. Wenn trotz dieser Befunde Vertreter der Rechtspopulisten von dramatisch verschärfter Sicherheitslage sprechen, weiß man, dass sie mit eindeutig falschen Behauptungen die Ängste der Bürger schüren. Eine durchsichtige manipulative Strategie.

Es handelt sich bei dieser Kommunikationsüberwachung um den klassischen Konflikt zwischen innerer Sicherheit und individuellem Freiheitsschutz. Diese Alles-oder-Nichts-Haltung soll maximalen Druck auf den Gesetzgeber erzeugen unter der Vorannahme, er werde sich nicht trauen, gegen die Ängste der Bürger zu entscheiden. Bisher war ein solches Vorgehen ja auch häufig erfolgreich.

Der Konflikt könnte wie gesagt gelöst werden, indem eine anlassbezogene Datenspeicherung geschaffen würde. Aber dazu fehlt noch die Bereitschaft der Bundesregierung. Deshalb steht eine erneute Prüfung am Maßstab des Grundgesetzes durch das Bundesverfassungsgericht an, das die Urteile des EuGH nicht ausblenden wird. Ich wäre froh, wir müssten nicht klagen, um einen verfassungskonformen Zustand zu erreichen. Ja, auch hier gehöre ich zu den Beschwerdeführern zusammen mit anderen Liberalen. Das letzte Wort werden die europäischen Richter haben, denn es gibt bereits weitere Vorlagen zur erneuten Prüfung der Vereinbarkeit der anlasslosen Datenspeicherung mit dem Recht der Europäischen Union. Grundrechtsschutz wird nur mit Beharrlichkeit und langem Atem erreicht. Aber es gibt ihn. Das ist eine gute Botschaft gegen Angst!

Ein anderer Aspekt in diesem Kontext ist die Fluggastdatenspeicherung. Wie die Vorratsdatenspeicherung ist sie durch eine EU-Richtlinie vorgeprägt, die die anlasslose Erfassung des Bewegungsverhaltens aller Fluggäste anordnet. Aus der Masse an Daten sollen Verbindungen zwischen verdächtigen Personen und Orten sowie für Terrorismus und Schwerstkriminalität typische Bewegungswege und -muster sichtbar werden.

Fluggastdaten mögen nicht so sensibel sein wie Telekommunikationsverkehrsdaten, weil sie weniger Rückschlüsse auf das Privatleben der Bürger zulassen. Der Ansatz zur Speicherung und Verwendung von Fluggastdatensätzen auf Vorrat und ohne konkreten Anlass bleibt dennoch fragwürdig. Unionsrechtliche Grundlage und nationales Umsetzungsgesetz verpflichten sämtliche Airlines dazu, standardmäßig eine Fülle von Informationen über ihre Passagiere zu speichern und an das Bundeskriminalamt zu übermitteln. In Zukunft wird dadurch neben dem Namen des Fluggastes beispielsweise das Datum der Buchung, Datum des Flugs, Vielflieger- und Bonusinformationen, sämtliche verfügbaren Kontaktangaben und Zahlungsinformationen, die Reiseroute, etwaige Namen des Reisebüros und Sachbearbeiters, sämtliche Informationen zu Gepäck oder Sitzplatz inklusive Sitzplatznummer (vielleicht neben einem möglichen Terroristen?) verarbeitet.

Das Bundeskriminalamt speichert die Daten fünf Jahre, rastert und gleicht diese Datensätze mit vorhandenen Erkenntnissen zur Bekämpfung von Terrorismus und schwerer Kriminalität ab.

Dass dieser Regelungsansatz nicht ohne Weiteres zulässig ist und elementarer Nachbesserungen bedarf, hat auch hier der Europäische Gerichtshof 2017 klargestellt. Gegenstand der Verhandlung war das Abkommen der Europäischen Union mit Kanada zur wechselseitigen Übermittlung und Verarbeitung von Fluggastdaten. Auch die europäische Richtlinie und das deutsche Fluggastdatengesetz müssen den vom Gericht umrissenen Vorgaben der EU-Grundrechtecharta genügen. Der Gesetzgeber muss tätig werden und zum Wohl der Grundrechte der Bürger das geltende Recht ändern. Aber damit nicht genug.

Im Dezember 2018 hat die Bundesregierung entschieden, zur Durchsetzung eines Dieselfahrverbots ganz einfach alle Fahrzeuge und deren Kennzeichen elektronisch zu erfassen und zu kontrollieren. Der vom Kabinett beschlossene Gesetzesentwurf sieht vor, dass Kameras Bilder vom Fahrzeug (ob Diesel oder nicht), vom Nummernschild und dem Fahrer erstellen und diese mit dem Fahrzeugregister des Kraftfahrt-Bundesamts abgleichen. Liegt ein Verstoß vor, können die Daten bis zu sechs Monate gespeichert werden. Für die Durchsetzung eines Bußgelds zwischen 25 und 80 Euro sollen wieder massenhaft Daten gespeichert werden, was vollkommen unverhältnismäßig ist. Und die Erfahrung zeigt: Gibt es erst einmal einen weiteren Datenschatz, dann ist die Begehrlichkeit groß, diesen auch für andere Zwecke zu verwenden. Die Forderung wurde politisch denn auch sofort erhoben. Wie bei der anlasslosen Vorratsdatenspeicherung gibt es zur KfZ-Erfassung bereits eine Entscheidung des Bundesverfassungsgerichts mit engen Vorgaben für die Gesetzgebung. Ein weiteres Verfahren ist in Karlsruhe anhängig. Ich hoffe, dass der Bundestag diesem Gesetzentwurf so nicht zustimmt.

Was können die Bürger und Bürgerinnen zu ihrem eigenen Schutz tun? Zuhause bleiben, kein Flugzeug benutzen und Rauchsignale anstelle von E-Mails aussenden sind bestimmt keine Alternativen. Datenminimierung, also nicht jede App, jede Webseite unkritisch mit Zustimmung zu Cookies benutzen, Ende-zu-Ende-Verschlüsselung des Datenverkehrs und Prepaid-Handy sind kleine Beiträge zum Selbstschutz. Ganz kann sich kein Nutzer vor der Erfassung, Speicherung und Verwendung seiner Daten schützen.

Wer wissen möchte, welche seiner Daten über welchen Zeitraum gespeichert werden, kann sich direkt an die jeweiligen Plattformbetreiber wenden und die für die Datenverarbeitung Verantwortlichen um Auskunft bitten. Dieser Anspruch steht dem Nutzer nach der neuen europäischen Datenschutzgrundverordnung zu. Die Datenschutzaufsichtsbehörde auf Länderebene ist Ansprechpartner für die Bürger und kann unterstützend tätig werden, um gegebenenfalls eine Löschung der Daten durchzusetzen. Verantwortlich für eine grundrechtsachtende und -schonende Politik ist letztendlich aber der Gesetzgeber. Die gewählten Abgeordneten sind in der Pflicht, der jeweiligen Bundesregierung die „rote Karte der Freiheitsbeschränkung" zu zeigen.

BIOMETRIE UND GRUNDRECHTE –
DER GEIST IST AUS DER FLASCHE

Biometrie bedeutet, Körpermessungen an Lebewesen vorzunehmen. Biometrische Verfahren nutzen physiologische Charakteristika wie den Fingerabdruck, das Gesicht, Muster der Iris oder verhaltensbedingte Merkmale wie Schreibverhalten, Lippenbewegung, die Stimme zur Identifizierung einer Person. Dazu werden bei erstmaliger Aufnahme in ein biometrisches Verfahren ausgewählte Merkmale der betroffenen Person vermessen und mittels eines Algorithmus in einen Datensatz umgewandelt. Bei Kontrollen werden aktuelle Messwerte mit gespeicherten Daten abgeglichen.[96] Das klingt nach sinnvollen Maßnahmen, um verdächtige Personen zu finden, um Gefährder aufzuspüren und Verdächtige im Fahndungskreuz möglichst schnell festnehmen zu können. Fingerabdruck und Iris-

Scan sind kein Teufelswerkzeug, sondern anerkannte technische Verfahren. Jeder Smartphone-Benutzer weiß, dass der Fingerabdruck das „Sesam öffne dich" sein kann. Er weiß oder hat selbst erlebt, dass sich im Hotel die Zimmertür mittels Iris-Erkennung öffnen lässt und der elektronische Pass die Wartezeiten bei Ein- und Ausreiseprozeduren deutlich verkürzen helfen kann. Die Biometrie ist in unser tägliches Leben eingezogen, und die Polizei kann sich dieser Entwicklung nicht verschließen.

Was sollte der „normale" Bürger damit für Probleme haben? Er sollte in jedem Fall wissen, dass maschinelle Analysen biometrischer Daten viel über seine Persönlichkeit verraten. Allein aus der Analyse des Tippens auf der Tastatur können Wissenschaftler das Geschlecht des Schreibers feststellen. Die Dynamik des Tippens enthält Zehntausende Merkmale, die noch weit ergiebiger Aufschluss über den Nutzer als nur über sein Geschlecht geben. Banken werten heimlich Parameter wie die Bewegung des Mauszeigers aus, um Online-Kunden von Hackern zu unterscheiden. Informatiker arbeiten an der Identifizierung einer Person anhand ihres Gangs, der Zuordnung einzelner Stimmen und dem Erkennen von Lippenbewegungen.[97]

Für sich genommen sind das Beispiele legitimer Analysen. Aber stellt man sie in den Kontext der Vernetzung, der Überall-Sensorik, der Künstlichen Intelligenz, dann erfüllt sich das Wort Biometrie im wahrsten Wortsinn: Leben und Maß (bios und métron). Es wird vom Leben Maß genommen, von jeder Faser, jeder Bewegung, jedem Wink, jedem Schweißansatz, jeder Kraftanstrengung. Nichts bleibt unbeachtet, alles spielt eine Rolle.

Allein aus der Analyse des Tippens auf der Tastatur können Wissenschaftler das Geschlecht des Schreibers feststellen.

Das geht nun wiederum jeden Menschen an. Und das geht auch die Politik etwas an. Es braucht klare Regeln, welche biometrischen Daten zu welchen Zwecken und in welcher Vernetzung verwandt werden dürfen. Es müssen Grenzen gezogen werden. Heimliche Auswertungen verbieten sich. Persönlichkeitsprofile ebenso. Eine

Speicherung von Erkennungsdaten muss weitestgehend unterbleiben, und jede zwingend notwendige Speicherung muss engmaschigen Löschungsfristen unterliegen.

Den Sicherheitsbehörden eröffnen sich für ihre Arbeit neue Möglichkeiten und neue Begehrlichkeiten. Weil bei der schier unüberschaubaren Menge an angehäuften Daten eine Auswertung von Menschenhand nicht mehr zuverlässig möglich ist, muss moderne Technik, müssen Algorithmen helfen. Wie dies künftig bei der Videoüberwachung aussehen könnte, zeigt das gemeinsame Pilotprojekt „Sicherheitsbahnhof" des Bundesinnenministeriums, der Bundespolizei, der Deutschen Bahn und des Bundeskriminalamts am Berliner Bahnhof Südkreuz. Die hehre Vision der Sicherheitsbehörden: Die Technik zur intelligenten Videoüberwachung erkennt gesuchte Terroristen oder die typische Vorbereitungshandlung einer (terroristischen) Straftat wie das Platzieren eines Bombenkoffers, das System schlägt an, es erfolgt der Abgleich mit polizeilichen Fahndungsdatenbanken, und die Polizei greift ein. Erprobt wird dazu vorerst die Identifizierung und Verfolgung von markierten Personen sowie das Erkennen von „abweichendem Verhalten".

Der rechtliche Rahmen der biometrischen Gesichtserkennung in Live-Videoströmen von Überwachungskameras ist bisher noch völlig unklar. Um es gleich festzuhalten: Ohne neue, verfassungsfeste Rechtsgrundlagen in Polizeigesetzen von Bund und Ländern ist der Einsatz dieser neuen Technik nicht zulässig.[98] Stellt doch der Einsatz „intelligenter" Videoüberwachung gegenüber ihrem klassischen Vorgänger eine Erweiterung technischer Möglichkeiten und damit eine Vertiefung der Grundrechtseingriffe dar. Zu den technischen Möglichkeiten gehören Funktionen wie Erkennen von Gesichtern durch den Abgleich von biometrischen Merkmalen, das Analysieren von Verhaltensmustern oder das automatisierte Verfolgen von Personen oder Objekten.

Was mich besorgt, ist das altbekannte Muster: Vor allem unbe-

Bei der Videoüberwachung werden alle Passanten automatisch identifiziert.

scholtene Bürger bezahlen für den (vermeintlichen) Sicherheitsgewinn. Denn die neue Videotechnik setzt voraus, dass sämtliche Personen, die die neuen Erkennungssysteme passieren, biometrisch erfasst und automatisiert mit Fahndungsdatenbanken abgeglichen werden. Am Bahnhof Berlin Südkreuz sind es allein 90 000 Reisende pro Tag. Am Hamburger Hauptbahnhof wären es schon 450 000. Datenschutzrechtlich kritisch sind diese Systeme insbesondere auch deshalb, weil sie die Freiheit, sich in der Öffentlichkeit anonym zu bewegen, massiv einschränken. Alle Passanten, egal ob polizeilich gesucht oder nicht, werden nicht nur beobachtet, sondern auch automatisch identifiziert. Die Folge sind umfassende Bewegungsprofile.

Die bei dem G20-Treffen 2017 eingesetzte Massengesichtserkennung zur Feststellung der Gipfelprotestler und Gewalttäter stellte eine neue Dimension staatlicher Ermittlungs- und Kontrolloptionen dar, die vom zuständigen Hamburger Datenschutzbeauftragten in einer Stellungnahme als „datenschutzwidrig" kritisiert wurde. Die Polizei hatte anlässlich des Gipfeltreffens 17 Terabyte Bild- und Videomaterial in eine eigens eingerichtete Datenbank zur biometrischen Suche überführt. Das kann man wahrlich eine „Herrschaft über Bilder" nennen.[99] Einzige Voraussetzung war, dass das Material örtlich und zeitlich einen Zusammenhang zu den Ausschreitungen während des Gipfels sowie unmittelbar davor und danach aufwies. Ob die Begehung von Straftaten oder nur Passanten zu sehen waren, spielte keine Rolle. Die Teilnahme an Versammlungen und politisches Engagement von Tausenden über mehrere Tage hinweg kann in großen Bereichen des Hamburger Stadtgebiets detailliert nachverfolgt werden. Über 159 Festplatten des Nahverkehrs, die zum Teil nur aufgrund von technischen Gegebenheiten bisher nicht in das System übertragen wurden, belegen das. Auf Basis der quasi auf Vorrat erfolgten massenhaften Speicherung von Daten aus diversen Quellen wird eine Referenzdatenbank aufgebaut, in der unterschiedslos allen Personen, die auf dem Material zu sehen sind, eine Gesichts-ID zugeordnet wird.

Die automatisierte Suche nach maschinenlesbaren Gesichtern hat eine völlig andere Qualität als die Auswertung durch einen menschlichen Ermittler. Die Behauptung der Polizei Hamburg, es handele sich um keinen eigenständigen Grundrechtseingriff, da die Erstellung der Gesichtsdatenbanken lediglich als Sichtungshilfe diene, geht am Problem vorbei. Um Missbrauch zu vermeiden und zu gewährleisten, dass das Recht auf informationelle Selbstbestimmung auch bei erweiterten technischen Möglichkeiten geschützt ist, bedarf es einer präzisen Bestimmung der Eingriffsbefugnisse für die automatisierte polizeiliche Arbeit. Die bisherigen Bestimmungen sind zu vage, um derartige intensive Eingriffe zu rechtfertigen.

WAS TUN GEGEN VIDEOÜBERWACHUNG?

Zwar wurde das Projekt Berlin Südkreuz 2018 verlängert, doch bis dato gibt es noch keinen flächendeckenden Einsatz dieser intelligenten Videoüberwachung. Zu Alarmismus gibt es keinen Anlass, noch nicht, aber entspannt zurücklehnen sollte man sich nun auch nicht. Es muss damit gerechnet werden, dass die Polizei sich auf die geltenden Regelungen zum Umgang mit Bild- und Videomaterial und die allgemeine Ermittlungsermächtigung in der Strafprozessordnung beruft und je nach Anlass biometrische Gesichtserkennungstechnik einsetzt. Dagegen kann sich der Bürger an die zuständige Datenschutzaufsichtsbehörde in seinem Bundesland wenden und um Klärung bitten. Deren Mittel sind Auskunftsersuchen, Beanstandung und gegebenenfalls Verhängung von Sanktionen. Letztendlich führt das zur gerichtlichen Klärung. Der Bürger kann auch selbst direkt um Auskunft bitten. Wird das Ersuchen mit der Begründung abgelehnt, laufende Ermittlungen könnten durch eine Auskunft gefährdet werden, kann er selbst eine gerichtliche Überprüfung anstreben.

Wessen Gesicht nicht zu sehen ist, der kann auch nicht identifiziert und gemessen werden. Aber wer läuft schon immer mit Gesichtsmaske, Kapuze und Sonnenbrille auch bei Regen draußen herum? Die Politik trägt jetzt die Verantwortung dafür, nur die Form biometrischer Erfassung und ihren Abgleich zuzulassen, die dem Datenschutz angemessen Rechnung trägt – also dafür, dass kein breites Netz der Erfassung ausgelegt, sondern gezielt gesucht und der „Beifang" sofort gelöscht wird.

Neben der Videoüberwachung im öffentlichen Raum gibt es auch die private Videoüberwachung – in Kaufhäusern, in Wohnhäusern, in Veranstaltungsräumen, am Arbeitsplatz. Durch umfangreiche Rechtsprechung sind auch da Grenzen gezogen worden. Sie sollen verhindern, dass der Kunde, der Mieter, der Besucher, der Arbeitnehmer nicht umfassender ausgeforscht, überwacht, beobachtet und in seiner Privatsphäre verletzt wird, als es im Rahmen eines Vertragsverhältnisses notwendig wäre.

WANN DARF DIE POLIZEI EINSCHREITEN?

Wenn Gefahr besteht, soll alles getan werden, damit sie nicht real wird. Was hat das mit den Grundrechten zu tun? Sehr viel, es ist keineswegs juristische Besserwisserei, wenn die Anforderungen für das Einschreiten der Polizei immer wieder heftig umstritten sind. Denn je früher die Polizei ohne konkrete Gefahr tätig wird, Videoaufnahmen macht, DNA-Proben entnimmt, Gegenstände beschlagnahmt, Wohnungen durchsucht, die Gespräche mithört und aufzeichnet, umso intensiver ist der Eingriff in die Grundrechte. Die Legitimation für diese Eingriffe kann ja nur der Schutz wichtiger Rechtsgüter und der Verdacht gegen Personen – mögliche Terroristen, Kriminelle und Gefährder – sein. Je ungenauer der Verdacht, umso eher kann es Unschuldige treffen. Und das muss so weit wie möglich ausgeschlossen werden. Es darf niemand unschuldig im Gefängnis sitzen, eine Fußfessel tragen oder permanent überwacht werden. So wird es für jeden Bürger verständlicher, weshalb um die rechtlichen Voraussetzungen für polizeiliches Tätigwerden gerungen werden muss.

Die Polizei hat aus ihrer Sicht nachvollziehbare Gründe, immer mehr Daten zu erheben und immer mehr Technik einsetzen zu wollen. Der Bürger hat gute Gründe, vom Staat in Ruhe gelassen zu werden, solange keine konkreten Verdachtsgründe gegen ihn sprechen. Für ihn streitet im Strafprozess auch die Unschuldsvermutung. Deshalb muss der Grundsatz sein, dass die Polizei nicht weit im Vorfeld einer möglichen Tat einschreitet, sondern erst dann, wenn es ausreichende konkrete Anhaltspunkte für eine Gefahr für Leib und Leben, die Gesundheit von Menschen oder wichtige Staatsgüter gibt.

Die Polizei hat die Aufgabe der Gefahrenabwehr, und dabei geht es immer um eine Prognoseentscheidung. Die Grundlage dafür darf nicht zu vage und unbestimmt sein, deshalb ist die Sicherheitsstruktur an der konkreten Gefahr ausgerichtet. Die Definition des Bundesverfassungsgerichts hilft Juristen, auch wenn sie für den Bürger vielleicht nicht die notwendige Klarheit bringt. Danach ist die Gefahr konkret, wenn im Einzelfall die hinreichende Wahrscheinlichkeit besteht, „dass in absehbarer Zeit ohne Eingreifen des Staats ein Schaden für die Schutzgüter der Norm durch bestimmte Personen verursacht wird". Die konkrete Gefahr wird also durch drei Kriterien bestimmt: den Einzelfall, die Dringlichkeit und den Bezug auf individuelle Personen als Verursacher.[100] Die konkrete Gefahr repräsentiert auf der Ebene des einfachen Rechts den notwendigen Ausgleich zwischen der Freiheit des Einzelnen und der Verpflichtung des Staats, die öffentliche Sicherheit zu gewährleisten. Aber auch hier sind die Anforderungen keineswegs eindeutig – hinreichende Wahrscheinlichkeit ist immer noch ziemlich unbestimmt.

Bemerkenswert ist der Paradigmenwechsel in vielen Polizeigesetzen der Länder. Eine drohende Gefahr – Tautologie – soll ausreichen! Das heißt nichts anderes, als dass die Anforderungen an den Kausalverlauf reduziert werden.[101] „Drohend" ist nicht Adjektiv, sondern Beschreibung dessen, was die Gefahr ausmacht. Der Schadenseintritt ist verzichtbar. Bei allen Versuchen der Erklärung wird die Unbestimmtheit und Unklarheit dieses Begriffs offensichtlich. Um einen ausufernden Gebrauch zu verhindern, darf es nur bei terroristischen Gefahren dieses frühe Einschreiten der Polizei geben. Durch sie droht Schaden für lebenswichtige Rechtsgüter, es geht nicht um Alltagskriminalität.

Das mag kleinteilig erscheinen, bedeutet aber realen Grundrechtsschutz. Die drohende Gefahr darf nicht zum generellen Handlungsmaßstab der Polizei werden. Genau das passiert mit dem neu beschlossenen Bayerischen Polizeiaufgabengesetz. Die Grenze zum Tätigwerden der Verfassungsschutzbehörden wird damit schnell überschritten. Das darf es nicht geben. Da das Bayerische Polizeiaufgabengesetz 2018 in Kraft getreten ist, blieb mir leider wieder nichts anderes übrig, als dagegen – zusammen mit dem stellvertretenden Vorsitzenden der FDP-Bundestagsfraktion, Stephan Thomae – beim Bundesverfassungsgericht zu klagen. Klagen anderer Politiker und von Parteien sind ebenfalls eingereicht worden.

Das Polizeigesetz von Nordrhein-Westfalen ist nach massiver Kritik entschärft worden – u. a. hatten Burkhard Hirsch und Gerhart Baum verfassungsrechtliche Bedenken geltend gemacht und eine Klage vor dem Bundesverfassungsgericht angekündigt. Die Trennung zwischen den beobachtenden Verfassungsschutzbehörden und der aktiven, operativen Polizei darf nicht aufgehoben, die Grenze nicht verwischt werden, denn das schwächt den Rechtsstaat. Diese Lehre aus der Geschichte, aus dem Unrechtsregime der Nazis, in dem die Geheime Staatspolizei unbehelligt von unabhängiger Kontrolle wüten konnte, gilt auch heute. Die rechtsstaatlich gebundene Polizei soll Willkür und unangemessene Gewalt ausschließen.

Kapitel 9
Sind Verfechter der Freiheitsrechte für den Nachtwächterstaat?

Ganz im Gegenteil. Wer wie ich das Gewaltmonopol des Staats als Errungenschaft des Rechtsstaats vertritt, der ist natürlich für den handlungsfähigen Staat im Inneren. Der ist gegen die Selbstverteidigung des Bürgers gegen andere Bürger und gegen Bürgerwehren, die die Aufgabe der Polizei übernehmen. Das wäre die Selbstaufgabe des Rechtsstaats. An die Stelle des neutralen Sachwalters würden Willkür und das Recht des Stärkeren gegen das Recht der Schwächeren treten. Wer das in Kauf nimmt, lässt zu, dass die Verteidigung des Rechtsstaats privatisiert wird, und schwächt damit die Demokratie. Die Grundrechte gegenüber den manchmal überbordenden staatlichen Sicherheitsinteressen zu verteidigen, stärkt insgesamt den Rechtsstaat. Die Zeit der Untertanen und des Obrigkeitsstaats ist vorbei. Aber anscheinend erleben wir gerade Zeiten, in denen der Rechtsstaat beliebig benutzt und auch für eine autoritäre Politik missbraucht werden kann.

IST DER RECHTSSTAAT IN GEFAHR?

Der Rechtsstaat oder genauer: der Begriff des Rechtsstaats hat Konjunktur. Kaum eine Rede im Parlament, in der nicht der Rechtsstaat bemüht wird. Die Rechtspopulisten gebrauchen bzw. missbrauchen ihn, um ihre Agitation gegen Ausländer zu rechtfertigen nach dem Motto: Es muss alles nach Recht und Ordnung zugehen, und deshalb haben die in Deutschland lebenden Flüchtlinge ohne festen Aufenthaltsstatus hier nichts zu suchen. Das Recht müsse den Deutschen dienen. Wenn es das gewesen sein soll, wenn das den Rechtsstaat ausmacht, dann ist es mit ihm nicht allzu weit her.

„Rechtsstaat aber ist wie das tägliche Brot, wie Wasser zum Trinken und wie Luft zum Atmen, und das Beste an der Demokratie ist gerade dieses, dass nur sie geeignet ist, den Rechtsstaat zu sichern", so beschrieb ihn leidenschaftlich und emotional der Rechtsphilosoph Gustav Radbruch.[102] Diese Liebeserklärung sagt noch nicht viel über den Inhalt aus. Ein Staat ist rein formell ein Rechtsstaat, wenn er sich in der Beachtung von Formelementen wie korrekte Verfahren, formale Begründungen, Schrifterfordernisse erschöpft – ohne inhaltliche Ausrichtung der Gesetzgebung an einer höheren Normenordnung. Als materieller Rechtsstaat gilt ein Staat, der auch diese inhaltliche Ausrichtung sicherstellt und sie insbesondere dadurch gewährleistet, dass er die Gesetzgebung an die Verfassung bindet und den Grundrechten normsetzende Kraft einräumt.[103] Das ist der Rechtsstaat im Sinne des Grundgesetzes, in dem Regierung und Verwaltung nur im Rahmen der bestehenden Gesetze handeln dürfen und ihr Handeln durch die Werteordnung unseres Grundgesetzes begrenzt ist. Die Ergänzung des formalen Prinzips der Rechtsförmigkeit staatlichen Handelns um das materiale Prinzip des richtigen Rechts, also der Gerechtigkeit, markiert einen Quantensprung im Rechtsstaatsdenken.

Wenn die Grundrechte garantiert sind, wenn staatliche Entscheidungen von unabhängigen Gerichten überprüft werden können und den Bürgern der Rechtsweg garantiert ist, sprechen wir zu Recht von einem Rechtsstaat. Die Beachtung dieser Anforderungen macht die Grundordnung der Bundesrepublik Deutschland nicht nur zur demokratischen, sondern zur freiheitlichen demokratischen. Als solche dient sie der Domestizierung des Staats, schützt die Grundrechte des Einzelnen und der Minderheiten vor übermäßigen Eingriffen des Staats und bewahrt den demokratischen Staat davor, in eine illiberale Demokratie, eine Despotie der Mehrheit zu entarten.

Rechte nur für Deutsche gibt es hier ebenso wenig wie rechtsfreie Räume. Druck auf Richter auszuüben oder ihnen Anweisungen zu geben, ist der Exekutive strikt verwehrt und wäre ein Zeichen autoritärer Systeme. Politik und Justiz sind klar zu trennen. Eine sogenannte Telefonjustiz nach dem Vorbild Russlands, wo politische Funktionsträger den Richter anrufen und Einfluss auf das Urteil nehmen, ist unvorstellbar. Wie soll sonst Vertrauen in Gerichtsentscheidungen bei unterschiedlicher subjektiver Bewertung und Wahrnehmung möglich sein! Richter sind dem Recht verpflichtet und nicht dem Rechtsempfinden einiger, sonst müssten sie das Recht brechen. Sie müssen nicht das tun, was vorgeblich erwartet wird, sondern das, was der materielle Rechtsstaat verlangt.

Der Umgang mit Abschiebungen von Flüchtlingen ist dafür ein gutes Beispiel. Sie werden von Rechtspopulisten zur Instrumentalisierung von Ängsten benutzt. Nach dem Motto: Ein Gefährder weniger entspricht dem Rechtsempfinden vieler Menschen, da kann man doch mal fünf gerade sein lassen. Und genau das geht nicht. Wenn Gerichtsverfahren anhängig sind, wenn Gefahr oder Folter in dem Herkunftsland drohen, darf nicht abgeschoben werden – auch dann nicht, wenn die Betroffenen abgelehnte Asylbewerber, Straftäter oder mögliche Gefährder sind. Zum Schutz der Bürger können sie in Abschiebe- oder Strafhaft genommen werden. Diese Regelungen gelten für jeden. Jeder möchte bei eigener Betroffenheit, dass die Exekutive die dritte Gewalt, die Gerichte, achtet und beachtet und sich an diesen Gewaltenteilungsgrundsatz hält. Persönliche Animositäten, politischer Druck und öffentliche Meinungsmache bis hin zu Drohungen dürfen die Entscheidungen nicht beeinflussen. Ja, das kann in der Praxis schwierig sein, da fehlen Unterstützer, da ist die Stimmung aufgewühlt und emotional. Aber das alles rechtfertigt nicht, trotz anhängiger Verfahren Abschiebungen – um beim Beispiel zu bleiben – durchzuführen, die in den allermeisten Fällen nicht rückgängig gemacht wer-

> **Richter sind dem Recht verpflichtet und nicht dem Rechtsempfinden einiger.**

den können. Es darf an diesen Rechtsstaatsprinzipien nicht gerüttelt werden. Das wäre der Anfang vom Ende unserer Demokratie.

Harmonie muss es zwischen Politik und Justiz nicht geben. Ärger entsteht dann, wenn Urteile des Bundesverfassungsgerichts oder oberster Bundesgerichte politische Entscheidungen „stören". Das war beispielsweise der Fall, als das Bundessozialgericht 2014 eine Hartz-IV-Regelung kippte, die den Leistungsbezug für behinderte Leistungsempfänger auf 80 Prozent reduzierte.[104] Da das dem zuständigen Ressort nicht passte, dauerte die Umsetzung der gerichtlichen Vorgabe bis 2017. Ein weiteres Beispiel: Hartnäckig leistet das Bundesgesundheitsministerium Widerstand, ein Urteil des Bundesverwaltungsgerichts von 2017 umzusetzen, das den Staat verpflichtet, unheilbar Kranken in extremen Notlagen Medikamente zur Selbsttötung nicht vorzuenthalten.[105] Und schließlich: Immer wieder hat sich das Bundesverfassungsgericht zur europäischen Integration geäußert und die Stellung des deutschen Parlaments gestärkt. Bei den Maßnahmen der Bundesregierung zur Eurorettung hat es beispielsweise die Beteiligung der parlamentarischen Gremien als zwingend notwendig festgestellt – anstatt kleiner Expertengremien. Das ist nicht immer im Sinn der Exekutive, aber im Interesse der Bürger und ihrer Repräsentanten, der Abgeordneten. Und genau deshalb brauchen wir diese unabhängige Justiz.

Zum Rechtsstaat gehört genauso, dass sich jeder, ob Zuwanderer oder gebürtiger Deutscher, rechtstreu verhält. Respekt gegenüber dem Recht und eine gelebte Rechtsbefolgungskultur sind genauso wichtig wie die praktizierte Rechtsdurchsetzungskultur.[106] Vor zehn Jahren wurde der Einbürgerungstest eingeführt und dieses Selbstverständnis in einfachen Worten abgefragt: „Deutschland ist ein Rechtsstaat. Was ist damit gemeint?" Richtige Antwort: „Alle Einwohner und der Staat müssen sich an die Gesetze halten." Nicht nur die Einwohner, also alle hier lebenden Menschen, egal welchen Pass sie haben, sondern auch der Staat. Auch wenn den staatlichen Adressaten wie den Städten und Gemeinden manche Urteile der Gerichte nicht gefallen, wie etwa die Verpflichtung, Fahrverbote zum Schutz der Gesundheit einzuführen. Die Kreativität der Verantwortlichen darf sich nicht darauf richten, wie man sich um die Entscheidungen herummogeln kann, sondern darauf, wie sie umzusetzen sind.

Nie habe ich mir vorstellen können, wie leicht die Wertschätzung des demokratisch verfassten Rechtsstaats abnehmen und für Diffamierung anfällig werden kann. Und wie zielstrebig Versäumnisse und Schwächen staatlicher Institutionen bei der Wahrnehmung ihrer Aufgaben instrumentalisiert werden – ob es nun um das Bundesamt für Migration und Flüchtlinge, die Ausländerbehörden, die Polizei im Umgang mit Reichsbürgern, Rechtsextremisten und anderen Feinden unseres liberalen Systems geht oder um die Verfassungsschutzbehörden. Die Bürger sollen nach dem Willen der Agitatoren das Vertrauen in die öffentliche Verwaltung und dann in das demokratische System verlieren. Eine Staatskrise, von den angeblichen Eliten zu verantworten, käme ihnen gerade recht. Umso wichtiger ist das Aufarbeiten von Defiziten in Verwaltungen. Und die gibt es. Die Verbrechen des NSU, die jahrelang nicht wirklich verfolgt wurden, und das Handeln einiger Sicherheitsbehörden rund um den Attentäter auf den Berliner Weihnachtsmarkt Anis Amri sind nur zwei gravierende Beispiele, die auch auf strukturelle und systemische Defizite zurückzuführen sind.

ANSTRENGENDER RECHTSSTAAT

Es ist anstrengend, im Rechtsstaat zu leben, weil es nicht allein um mich geht, sondern die Interessen vieler in Ausgleich gebracht werden müssen. Das verlangt Respekt gegenüber dem anderen, Toleranz und eine gewisse Zurückhaltung, um die Freiheitsrechte der anderen nicht zu verletzen. Es geht um Grundhaltungen, die erwartet, aber nicht erzwungen werden können. Ich habe überhaupt kein Verständnis für Pöbeleien und Unverschämtheiten z. B. gegen Helfer in Notsituationen wie Rettungskräfte, Feuerwehrleute und Sanitäter.

Gegen Rücksichtslosigkeiten helfen Gesetze nur beschränkt und das Verweisen auf andere hilft überhaupt nicht. Respekt, Anstand, Hilfsbereitschaft und Rücksichtnahme sind keine Sekundärtugenden, sondern für unser Zusammenleben unverzichtbar. Sie müssen so früh, so intensiv und so häufig wie möglich vermittelt werden – in den Schulen, den Volkshochschulen, in der beruflichen Ausbildung, an den Universitäten, in den Unternehmen und in den Kirchen. Haltung muss vorgelebt und erlebbar werden.

Höchste Zeit, dass wir den Feinden unseres Rechtsstaats die rote Karte zeigen. Laufen wir nicht den Rattenfängern hinterher, die meinen, sie seien im Recht und alle anderen im Unrecht. Diese Rattenfänger wollen die Bürgerinnen und Bürger für ihre Zwecke instrumentalisieren. Nennen wir sie beim Namen: Es sind die gewalttätigen und gewaltbereiten Extremisten. Es sind die sich in verschiedenen Gruppierungen organisierenden Menschen, die Wut und Hass über Reden und Denken stellen und zu Ausländern nicht nur grölen „absaufen, absaufen", sondern sie jagen, niederschlagen, malträtieren, Menschen, die Gewalt zu ihrem Ausdrucksmittel machen. Es sind die Rechtspopulisten, die die Grenze zu den Rechtsextremen verwischen. Es sind diejenigen, die die liberale Demokratie in eine illiberale nach ungarischem Vorbild umbauen wollen.

Verteidigen wir unseren Rechtsstaat, der die Menschen- und Bürgerrechte schützt und rechtsfreie Räume nicht dulden darf. Machen wir ihn stark mit den Richtern, Staatsanwälten und weiterem Fachpersonal, das gebraucht wird.

> **Höchste Zeit, dass wir den Feinden unseres Rechtsstaats die rote Karte zeigen.**

Kapitel 10
Man wird doch noch seine Meinung sagen dürfen ...

Was darf ich denn überhaupt noch sagen? Überall Zensur, Lügenpresse, die Medien sind doch alle gleichgeschaltet, andere Meinungen und Kritik werden von den Staatsmedien unterdrückt! – Wird mit diesen Worten die Situation in der Türkei nach dem Putschversuch 2016 beschrieben oder in einer Diktatur nach DDR-Vorbild? Da kann doch Deutschland nicht gemeint sein, das so stolz auf seine Meinungsfreiheit ist.

Genau diese Erzählung grassiert in den sozialen Netzwerken, wird von Pegida seit 2015 bei jeder Gelegenheit verbreitet und ist ein wesentliches Element in der rechtspopulistischen Propaganda und ihren Desinformationskampagnen.[107] Denn nichts anderes ist diese Erzählung: ein übles Gebräu aus falschen Behauptungen, einseitigen Bewertungen und gezielter Stimmungsmache. In Anlehnung an den Nationalsozialismus wird das Wort „Lügenpresse" benutzt, was damals die Steuerung der Presse durch das Weltjudentum meinte. In der Folge wurde die Inlandspresse von den Nazis gleichgeschaltet, sodass es bald keine sogenannte Lügenpresse im Inland mehr gab. Heute wird mit demselben Begriff den Medien der Vorwurf gemacht, Sachverhalte zu verdrehen, Informationen zu verheimlichen und von der Politik gesteuert zu sein.

Solch bösartigem Unsinn, und nichts anderes ist dieses Pauschalurteil, muss vehement entgegengetreten werden. Gute Journalisten nehmen ihre Aufgabe, nach Wahrheit zu suchen, ernst, sie sagen uns nicht, was wir denken sollen, sondern worüber wir nachdenken sollen.[108] Zum Journalismus gehören die Recherche, das Gegenchecken und die Verantwortung für Behauptungen. Journalisten verantworten ihre Berichte mit ihrem Namen, und Verstöße gegen den Pressecodex, der die Maßstäbe journalistischen Handelns festlegt, werden vom Presserat gerügt. Die Lügenpresse der Nazizeit gehört der Vergangenheit an, unabhängig davon, was heute behauptet wird, um die Pressefreiheit zu diskreditieren. Einen Staatsverkündungsjournalismus wie in dem auf vielen Kanälen und unter anderem auch auf Deutsch verfügbaren Propagandasender RT (ehemals: „Russia Today") gibt es nicht.

Wütender Hass und Beschimpfungen von Journalisten, Schläge auf Kameras, Zerstören von Aufnahmegeräten, Bespucken, Schlagen – all das geschah nicht bei einer Demonstration in Russland oder im Iran, sondern bei dem sogenannten Trauermarsch in Chemnitz am 1. September 2018. Die von der AfD initiierte Veranstaltung wurde zu einer Demonstration von gewaltbereiten Hooligans, NPD-Anhängern und Runen-Tätowierten, Neonazis und Mitgliedern verfassungsfeindlicher Initiativen wie der Identitären Bewegung. Es gab Übergriffe auf Ausländer und über 120 Ermittlungsverfahren kurz nach der Demonstration. Helme und Sicherheitskleidung zum Eigenschutz sind für Journalisten bei solchen Veranstaltungen inzwischen selbstverständlich. Journalismus in Deutschland kann auch lebensgefährlich sein.

Was ist los in Deutschland? Ist das Ausdruck der doch so hoch geschätzten Meinungsfreiheit? Hatten sich das die Mütter und Väter des Grundgesetzes so vorgestellt, die noch SS- und SA-Aufmärsche, die brutalen Übergriffe auf Fremde, Homosexuelle und Juden in der Öffentlichkeit vor Augen hatten?

Sie wollten eine Gesellschaft ohne Denunziation, ohne Zensur und ohne Angst, die eigene Meinung zu sagen und Stellung zu beziehen. Sie wollten auf keinen Fall einer Gesinnungs- und Meinungsschnüffelei wieder Raum geben. Deshalb ist Artikel 5 GG ganz einfach und klar formuliert. Jeder Mensch hat das Recht, seine Meinung in jeder Form – Wort, Schrift und Bild – frei zu äußern. Dieses Grundrecht ist als unmittelbarster Ausdruck der menschlichen Persönlichkeit in der Gesellschaft eines der vornehmsten Menschenrechte überhaupt. Für eine freiheitlich-demokratische Grundordnung ist es schlechthin konstituierend.[109] Die Meinungsfreiheit und gerade die Meinungsäußerungsfreiheit sind ein Gradmesser für die Freiheitlichkeit einer Gesellschaft.

GRENZEN DER MEINUNGSFREIHEIT IN EINER OFFENEN GESELLSCHAFT

„Ich lehne ab, was Sie sagen, aber ich werde bis auf den Tod Ihr Recht verteidigen, es zu sagen", diese Voltaire zugeschriebene Äußerung ist der bekannteste Satz zur Meinungsfreiheit. Besser kann man es nicht ausdrücken.

Also darf alles gesagt werden? Das wäre eine einfache Antwort und würde dem Gefühl vieler Bürger entsprechen. Aber das kann nicht funktionieren. Dann wären Ehrverletzungen, Verleumdungen und persönlichen Beschimpfungen keine Grenzen gesetzt. Hassreden, niederträchtige Beleidigungen und ungeniertes Zeigen von Nazizeichen sind häufig Teil der öffentlichen Provokationen. Sie tragen zu den Gräben in unserer Gesellschaft bei und verletzen Menschen. Von Diskussionen kann bei dieser Art von Auseinandersetzung kaum die Rede sein. Wer am lautesten und wildesten brüllt, die sozialen Netzwerke am besten zu nutzen weiß, könnte die Meinungshoheit erringen. Das wollten die Mütter und Väter des Grundgesetzes in Erinnerung an das nationalsozialistische Meinungsdiktat nicht.

Angesichts vielfältiger Meinungen und Interessen wird von vielen Bürgern ein Höchstmaß an Meinungsfreiheit und ein Höchstmaß an Schutz der Persönlichkeitsrechte erwartet. Zwischen diesen beiden Grundrechten muss ein Ausgleich hergestellt werden, und deshalb wird es darüber auch Streit geben. Das macht nichts, wenn man sich einigt oder letztendlich eine verbindliche Entscheidung durch Gerichte auch akzeptiert wird. Nicht für alle Meinungsäußerungen kann das Strafrecht der Schiedsrichter sein. Es gibt Graubereiche der analogen und digitalen Auseinandersetzung, die von Provokateuren bewusst ausgelotet werden. Antisemiten schimpfen über die „internationale Geldelite", leugnen oder verharmlosen die Verbrechen der Nationalsozialisten und wollen historische Tabubrüche. Das Wort „Jude" taucht dabei nicht auf, aber man weiß, was beabsichtigt ist. Dieser Strategie muss unmissverständlich öffentlich entgegengetreten werden.

Mit Meinungen werden meistens Werturteile abgegeben, es ist ganz egal, ob es ein richtiges oder falsches, emotionales oder rational begründetes Werturteil ist. Sie können scharf formuliert und auch verletzend sein, unsinnig und verschwörerisch. Und sie können auch vielen nicht gefallen. Das ist nicht der Beurteilungsmaßstab. Ihre Grenze finden Meinungsäußerungen nur in den allgemeinen Gesetzen, in dem Recht der persönlichen Ehre und dem Jugendschutz. So sagt es Artikel 5 Absatz 2 GG. Strafbares darf mit anderen Worten nicht herausposaunt werden. Was strafbar ist, ist oft schwierig zu bewerten. Denn Hassreden fallen nicht darunter, es sei denn, es werden Bürger aufgehetzt oder ganz gezielt beleidigt.

„Ich lehne ab, was Sie sagen, aber ich werde bis auf den Tod Ihr Recht verteidigen, es zu sagen."

Tatsachenbehauptungen sind von der Meinungsfreiheit erfasst, wenn sie zur Meinungsbildung erforderlich und wahr sind. Unrichtige Informationen sind nicht schützenswert, stellte das Bundesverfassungsgericht in seinem Urteil zur Auschwitzlüge fest.[110] Aber was heißt das? Ist jede benutzte falsche Statistik, jede falsche Berechnungsgrundlage verboten? Dürfen nicht mehr falsche Zahlen zum Beispiel zur Kriminalität, zur Gefährdung des Euro oder zum Anteil von Christen und Muslimen in Deutschland genannt werden, die doch so gut in die jeweilige Argumentation passen?

Jetzt wird es schwierig und typisch juristisch. Denn viele sogenannte Tatsachenbehauptungen sind von einer subjektiven Einstellung geprägt und folglich eine Meinung. Wird bewusst eine zu hohe Anzahl von Straftaten in der Silvesternacht 2016 genannt, dann wird damit eine Meinung, nämlich dass die meisten Ausländer kriminell seien, transportiert. Solange solche bewussten Verfälschungen nicht zur verbotenen Volksverhetzung werden, können sie auch öffentlich gesagt werden. Meinungen, die sich gegen das Grundgesetz aussprechen und für ein anderes, z. B. autokratisches System sowie für eine Abschaffung der Pressefreiheit plädieren, sind vom Grundrecht geschützt. Ja, auch die Feinde der Demokratie dürfen sich öffentlich äußern, was sie niemals ihren Gegnern zugestehen würden.

Das macht die Stärke und die Schwäche der Demokratie aus. Feinde, Gegner können sich gefahrlos zu erkennen geben, wenn es um die politische Auseinandersetzung geht. Umerziehungslager für Andersdenkende sind Ausdruck diktatorischer Systeme und haben in einer Demokratie keinen Platz. Die Demokratie muss zuallererst von den politischen Parteien und den Bürgern verteidigt werden. Und da geht es bei unterschiedlichen Ideologien auch emotional aufgeladen und hemdsärmelig zu. Man kann nicht auf jede Provokation nur mit Freundlichkeiten reagieren, sondern da braucht es Fakten, Herzblut, Kompetenz und eine klare Strategie. Die vermisse ich zum Teil im Umgang mit den Rechtspopulisten, die ihrerseits die Strategie der systematischen, permanenten Provokation ganz zielorientiert verfolgen. Auf diese Weise unterfüttern sie ihr zentrales bzw. einziges Thema, Flüchtlinge und Migration, mit ihrer völkisch-national aufgeladenen Ideologie. Dem müssen alle, die das durchschauen und ablehnen, entschieden entgegentreten. Die politische Auseinandersetzung und die Mobilisierung der Demokraten können durch nichts ersetzt werden.

Satire, Karikaturen, Kabarett und Comedy leben teilweise von Übertreibungen, Verzerrungen und Verfremdungen. Sie dürfen nicht „beim Wort" genommen, sondern müssen im Zusammenhang bewertet werden. Da muss der Karikierte auch mal was aushalten können. Wer umgekehrt selbst proviziert, darf sich über eine entsprechende Antwort nicht wundern. All das fließt in die Bewertung ein, ob die Meinungsfreiheit diese Äußerungen umfasst. Und dabei ist der Maßstab schon großzügig. Anders als bei umfassender staatlicher Überwachung wie in der DDR muss man in Deutschland nicht jedes Wort auf die Goldwaage legen.

Zensur darf nach Artikel 5 Absatz 1 Satz 3 GG nicht stattfinden. Dieses absolute, nur an den Staat gerichtete Zensurverbot ist die Antwort auf die extremste Bedrohung der Meinungsfreiheit in diktatorischen Systemen. Mit digitalen Mitteln kann im WWW eine sehr weitgehende Kontrolle von Meinungsäußerungen erfolgen. Muss deshalb überlegt werden, das staatliche Zensurverbot auszudehnen wie Verfassungsjuristen fordern?[111] Die Debatte sollten wir führen.

BRAUCHEN WIR EINE NETZKONTROLLE?

Von den sozialen Medien beschleunigt, findet eine fundamentale Veränderung des öffentlichen Informationsraums und der Meinungsbildung statt. Nie zuvor waren so viele für jedermann zugängliche Falschinformationen im Umlauf. Nie zuvor so viel Hass und Verleumdung. Fakten stehen neben Falschinformationen, die gezielt zur Manipulation verbreitet werden.[112] Wahlbeeinflussung durch gezielte Desinformation auch von ausländischen Akteuren kann nicht mehr von der Hand gewiesen werden.

Die unterschiedlichen Plattformen, Online-Foren, interaktiven Portale und die Gruppen bei Facebook, also das Netz und die sozialen Medien, schaffen die technischen Voraussetzungen für eine Gegenöffentlichkeit, in der rechtspopulistische, rechtsextreme und verschwörungstheoretische Propaganda verbreitet und mittels Verstärkung einseitiger Meinungen manipuliert wird. Da wird nicht diskutiert, sondern in Filterblasen geliked. Nutzer können sich radikalisieren, in Tweets und Posts kommt es zu gezielten Aggressionen bis hin zu Morddrohungen gegen Bürgermeister und Abgeordnete.

Entzieht sich dieser Bereich komplett der öffentlichen Kontrolle? Wer trägt für die Inhalte die Verantwortung, und was folgt daraus? Der Gesetzgeber in Deutschland hat es mit einem Gesetz versucht, das die Diensteanbieter verpflichtet, ihre Plattformen nach vermeintlich strafbaren und nicht strafbaren Meinungsäußerungen zu durchsuchen und die offensichtlich strafbaren zu löschen. Das Netzwerkdurchsetzungsgesetz (Netz-DG) gilt seit Anfang 2018, und die Bedenken dagegen haben sich bereits bestätigt. Der notwendige Kampf gegen Hass und Hetze entwickelt sich zum Kampf gegen die Meinungsfreiheit. Der berechtigte Kern der Kritik war von Beginn an, dass Facebook und Co. selbst entscheiden sollen, was strafbar ist, und zwar unter Beachtung der unterschiedlichen nationalen Rechtslagen. Viele Entscheidungen der Betreiber sind wie vorausgesehen nicht nachvollziehbar. Da werden Texte gelöscht, die auf der Homepage des Petitionsausschusses des Bundestags veröffentlicht sind, oder Posts nicht gesperrt, die den Holocaust leugnen, was in Deutschland ausdrücklich verboten ist.

Facebook und Co. haben ihre wirtschaftlichen Interessen, die nicht unbedingt mit der Intention des Gesetzes übereinstimmen. Private Unternehmen haben keine Kompetenz und keine demokratische Legitimation, über die Meinungsfreiheit zu entscheiden.

Private Unternehmen haben keine Kompetenz und keine demokratische Legitimation, über die Meinungsfreiheit zu entscheiden.

Dieses hohe Gut kann nicht privaten Unternehmen überlassen werden – das Gesetz muss deshalb dringend evaluiert werden. Aus Angst vor hohen Bußgeldern können zu viele Inhalte zu schnell gelöscht werden, Overblocking genannt. Die betroffenen Nutzer müssen dann mühsam bei den Gerichten mit vollem Kostenrisiko für ihr Grundrecht auf Meinungsfreiheit kämpfen. Weiterhin bleiben Beleidigungen und Ehrverletzungen im Netz und die Kommentare dazu werden gelöscht. Vor den Radikalen schützt dieses Gesetz nicht, aber in den Händen von Rechtsradikalen wäre es ein vernichtendes Instrument. Da autoritäre politische Bestrebungen weltweit wachsen, bietet dieses Gesetz den Betreibern sozialer Netzwerke eine juristische Erklärung, um eventuell politisch opportun erscheinendes Oberblocking zu begründen. Das ist ein problematisches Szenario. Es überrascht nicht, dass Russland das NetzDG lobt, es stärkt Putin im Kampf gegen seine Kritiker.

Das Silicon Valley debattiert über die Fragen der Meinungsfreiheit und entscheidet über sie auch noch selbst. Dieses Gesetz stärkt seine Machtstellung. Die Politik hat das nicht erkannt[113] – eine sehr gefährliche Entwicklung für unsere Demokratie. Solange dieses Gesetz besteht, ist die Forderung von Reporter ohne Grenzen (2018) sinnvoll, eine unabhängige Aufsichtsinstanz zu schaffen, die die von den Seitenbetreibern vorgenommenen Löschverfahren prüft und neben Vertretern der Betreiber auch mit Angehörigen der Justiz, zivilgesellschaftlichen Akteuren und Nutzern besetzt ist.[114]

RAUS AUS DEN ECHOKAMMERN

Die gute Nachricht ist, dass kein Algorithmus der Welt uns das kritische Denken abnehmen kann. Ebenso vermag kein Gesetz der Welt uns vor falschen Informationen zu schützen. Der Bürger kann sich selbstbewusst äußern und muss in Kauf nehmen, dass er sich über viele Meinungen ärgert und über die Meinungsfreiheit der anderen aufregt. Das müssen wir aushalten und sollten darüber nicht jammern.

Der Bürger sollte sich seiner Macht bewusst sein, den öffentlichen Diskurs beeinflussen zu können. Dazu muss er über die Akteure der Desinformation und ihre politischen und technischen Hintergründe viel wissen. Wir Nutzer müssen unsere eigenen Newsfeeds und Echokammern kennen, ihre Strukturen, Hintermänner und Beteiligten. Die viel beschworene Medienkompetenz muss endlich auch fest in der Schul- und Weiterbildung verankert sein.

Rechtlich kann der Bürger sich bei den Straf- und Zivilgerichten gegen Beleidigungen, Ehrverletzungen und üble Nachrede wehren, genauso wie gegen unberechtigte Sperren nach dem Netz-DG. Ob er erfolgreich ist, hängt von vielen Kriterien ab und kann Zeit und Geld kosten. Die Meinungsfreiheit hat in Streitfragen einen hohen grundrechtlichen Stellenwert, aber sie gilt nicht absolut.

Ich empfehle, die Prinzipien zu beachten, die Timothy Garton Ash zur Meinungsäußerungsfreiheit entwickelt hat.[115] Sie befördern eine faire Auseinandersetzung und machen uns gegen die Feinde freier Meinungsäußerung stark. Zum kompetenten Diskurs gehören besonders: keine Gewaltdrohungen und Einschüchterungen; Wissensverbreitung; Respekt für alle Gläubigen, aber nicht für all ihre Inhalte; Verteidigung des Internets gegen illegitime Eingriffe; Einschränkungen der Informationsfreiheit nur zum Schutz nationaler Interessen, die hinterfragt werden können; Verantwortungsbewusstsein für unsere öffentlich gemachten Meinungen; Heraustreten aus den Echokammern. Nur wer mit denen redet, die konträr zur eigenen Meinung stehen, kann versuchen zu überzeugen, kann den anderen besser verstehen und kann rationaler und weniger emotional seinen Standpunkt vertreten. Nicht die unterschiedlichen Meinungen sind das Problem, sondern fehlende Bereitschaft zum Diskurs und zur Konfliktlösung. Wenn ich einen Gegner kenne, kann ich ihn besser einschätzen. Lassen wir nichts unversucht, ins Gespräch zu kommen.

Die Meinungsfreiheit hat in Streitfragen einen hohen grundrechtlichen Stellenwert, aber sie gilt nicht absolut.

Ich bin nicht naiv, es gibt Grenzen. Manche Konflikte sind unlösbar, wenn beispielsweise die Ideologie jede Realität überlagert oder Gewalt als das bessere Argument gilt. Es lohnt sich, die Untersuchungen von Experten[116] zur Kenntnis zu nehmen, die festgestellt haben, dass eine starke Gruppenidentität Loyalität zuungunsten der Wahrhaftigkeit stärkt. Der tatsächliche anstelle des virtuellen Kontakts ist ein Schritt, die Gruppenidentität aufzubrechen.

Das Gegengift zu Falschnachrichten ist die aufgeklärte informierte Zivilgesellschaft. Es ist des Weiteren eine starke Medienöffentlichkeit, die Vierte Gewalt, und es sind die unabhängigen Journalisten, die fair auf recherchierter Faktenbasis berichten.

KOMMT DIE PRESSEFREIHEIT UNTER DIE RÄDER?
Pressefreiheit ist für unsere Demokratie unverzichtbar. Journalisten sollen mit investigativer Recherche die Bürger aufklären und damit durch Öffentlichkeit zur Kontrolle von Regierungshandeln beitragen. Unabhängige Journalisten und ökonomisch unabhängige Verlage sind Garanten einer diskursiven öffentlichen Debatte, die nichts ausblendet und die zwischen Bericht und Kommentar sichtbar trennt. Ihnen kommt große Verantwortung zu.

Wir erleben heute eine Gefahr für die Pressefreiheit durch politische Akteure in unterschiedlicher Form. Zu den Lügenpresse-Vorwürfen, die seriösen Journalismus zu diskreditieren suchen, und dem fatalen Einfluss internationaler IT-Konzerne kommen Beschränkungen besonders durch die in vielen Staaten strafrechtlich verbotene Blasphemie. Blasphemie, also Gotteslästerung, wird gerade in Staaten mit großem Religionseinfluss verboten, um Kritiker des Systems belangen und einsperren zu können, meist verbunden mit dem Vorwurf des Terrorismus. Der Fall des jungen Bloggers Raif Badawi aus Saudi Arabien zeigt das beispielhaft. Er hatte in einem Blog u. a. für die Gleichbehandlung aller Religionen geworben. 2013 wurde er zu einer Freiheitsstrafe und Peitschenhieben verurteilt. Er sitzt seither im Gefängnis.

Was nach der „Spiegel"-Affäre im Jahr 1962 überwunden schien, die politische Einflussnahme auf die Presseberichterstattung mit Mitteln der Strafverfolgung, zeigt sich heute, unter den Bedingungen der digitalen Welt, in einem anderen Gewand.

Die verfassungsrechtlich gewährleistete Pressefreiheit wird auch durch die Gesetzgebung gegen den Terrorismus bedroht. Ebenso wie Ärzte und Anwälte genießen auch Journalisten den sogenannten Berufsgeheimnisträgerschutz, der sie vor Telefonüberwachung, vor

Beschlagnahme ihres Notebooks oder Computers und vor Durchsuchungen bewahren soll. Ihnen werden Informationen anvertraut, weil die Bürger sich darauf verlassen können, dass die Informationen vertraulich behandelt werden. Ohne eine solche Geheimhaltungsgarantie der Journalisten oder Rechtsanwälten anvertrauten Informationen gegenüber dem Staat hätten die Bürger Probleme, ihre Rechte wahrzunehmen. Journalisten können wegen dieses Schutzes die Zeugenaussage verweigern.

Wenn Daten von Journalisten, ihren Kontaktpersonen und ihren Informanten von Sicherheitsbehörden gespeichert werden dürfen, wird die Grundlage ihrer Tätigkeit, und das ist der Quellenschutz, beschädigt. Werden Telekommunikationsverbindungsdaten wie Handy-Nummer, E-Mail-Adresse, technische Daten gespeichert und dadurch nachvollziehbar, wann der Journalist mit wem wie lange telefoniert hat, dann Quellenschutz ade. Die Novellierung der anlasslosen Vorratsdatenspeicherung trägt zur Aushöhlung des Quellenschutzes bei. Derzeit ist das sie regelnde Gesetz wegen mehrerer dagegen anhängiger Klagen zwar nicht anwendbar, aber die Grundsatzproblematik ist nicht ausgeräumt, weil die gesetzliche Regelung nach wie vor in Kraft ist.[117]

Auch wenn Journalisten beispielsweise von Abhörmaßnahmen versehentlich betroffen sind, weil sie vielleicht nicht als Journalist erkannt wurden, wird es heikel für die Pressefreiheit. Während Mandanten- und Patientengespräche von Rechtsanwälten und Ärzten vor Gericht nicht verwertet werden dürfen, gilt dieser Schutz für Journalisten nicht uneingeschränkt.

Reporter ohne Grenzen hat durch eine Klage erreicht, dass der BND die Metadatensammlung beschränken muss. So darf die Behörde keine Verbindungsdaten aus Telefongesprächen von Reporter ohne Grenzen in seinem Metadaten-Analysesystem „VerAS" speichern. Als „Steilvorlage für Diktatoren" kritisierte Reporter ohne Grenzen außerdem das neue BND-Gesetz, das 2017 in Kraft getreten ist. Es ermächtigt den BND, die gesamte Kommunikation von

Journalisten im außereuropäischen Ausland zu überwachen, wenn dies im politischen Interesse Deutschlands liegt. Reporter ohne Grenzen hat mit anderen Organisationen Verfassungsbeschwerde gegen das Gesetz eingereicht.[118]

Im September 2017 eröffnete der damalige Innenminister Thomas de Maizière die Zentrale Stelle für Informationstechnik im Sicherheitsbereich (ZITiS), eine Spionagebehörde, die der Bundespolizei, dem Bundeskriminalamt und dem Bundesamt für Verfassungsschutz dabei helfen soll, mittels Spionage-Trojanern an die Inhalte verschlüsselter Kommunikation zu gelangen. ZITiS stellt einen Paradigmenwechsel dar, weil der Staat erstmals systematisch Kommunikation und Endgeräte angreifen kann. Zwangsläufig werden auch Journalisten betroffen sein, die mit Informanten kommunizieren und dabei ganz bewusst Verschlüsselung einsetzen. Bis 2022 sollen insgesamt 400 Mitarbeiter für ZITiS arbeiten.

Mit der Einführung der Online-Durchsuchung in der Strafprozessordnung können auch verschlüsselte Nachrichten und die Kommunikation über Messengerdienste mitgelesen werden. Gesonderte Schutzrechte für Journalisten bei der Kommunikationsüberwachung gibt es nicht. Ermittler können in Zukunft Trojaner in Computer und Smartphones von Medienvertretern einschleusen, um verschlüsselte Gespräche und Chats mit Informanten abzufangen. Dann kommen die Schutzrechte in Strafverfahren für Journalisten zu spät, dann sind ihre Quellen ausgeforscht.

Aus Geheimdokumenten, die netzpolitik.org im September 2017 veröffentlicht hat, geht hervor, dass der BND schon vor etwa zehn Jahren ein System zur Überwachung des Anonymisierungsnetzwerks Tor (kurz für „The Onion Routing") entwickelt und Bundesbehörden vor dessen Nutzung gewarnt hat. Tor anonymisiert den Datenverkehr und verhindert, dass er von Unbefugten mitgelesen und analysiert wird. Reporter ohne Grenzen hat seine Tor-Aktivitäten verstärkt und dem seit 2013 betriebenen Tor-Knotenpunkt 2017 einen zweiten hinzugefügt.[119]

In Deutschland, das 2018 im internationalen Ranking der Pressefreiheit auf Platz 15 lag, ist die Pressefreiheit ganz gut aufgehoben, aber es gilt, sie permanent vor Gefährdungen zu schützen und die freie Recherche der Journalisten abzusichern. Wenn Journalisten und Informanten berechtigte Ängste um die Vertraulichkeit ihrer Informationen haben müssen, wird diese Angst die Pressefreiheit schrittweise aushöhlen. Ohne Insider-Hinweise keine Aufklärung, keine Kontrolle, keine spannenden Geschichten. Dann gibt es statt Fakten falsche Infos, statt Transparenz Geheimnistuerei, statt Informationsteilhabe mehr Regierungsmacht.

Journalisten müssen in Sicherheit arbeiten können. Der physische und ideelle Schutz von Journalisten ist Kernbestand der inneren Sicherheit eines Rechtsstaats. Journalisten müssen sich angesichts ihrer besonderen Rolle auch an besondere Sorgfaltspflichten vor der Verbreitung von Nachrichten halten: umfassende Recherche zur Klärung eines Sachverhalts, Autorisierung von Zitaten und klare Trennung von Nachricht und Kommentar. Ein Spiegel-Redakteur hat dagegen verstoßen und Geschichten dreist gefälscht. Das darf nicht passieren und hat zur richtigen Konsequenz geführt, nämlich der Beendigung des Arbeitsverhältnisses.

Kapitel 11
Hat Religionsfreiheit Grenzen?

Die Religionsfreiheit gerät unter Druck: durch Fundamentalismus, durch aggressive Propaganda, durch gewisse Formen der Religionspraxis und durch den Streit, ob der Islam eine Religion oder ein politisches Bekenntnis sei. Symbole wie das Kreuz oder das Kopftuch erregen die Gemüter, und es wird schnell auf die angebliche Unvereinbarkeit besonders des Islam mit dem Grundgesetz geschlossen.

Ein Blick in das Grundgesetz schafft Klarheit. Die Freiheit des Glaubens, des Gewissens und des religiösen und weltanschaulichen Bekenntnisses sind nach Artikel 4 Absatz 1 GG unverletzlich. Jeder darf seinen Glauben und sein Bekenntnis leben, das auch darin bestehen kann, keiner Religionsgemeinschaft anzugehören. Diesem fundamentalen Bedürfnis des Menschen nach Selbstbestimmung seiner weltanschaulichen Orientierung soll mit dem Grundrecht auf Religionsfreiheit Rechnung getragen werden.

EINE RELIGION MUSS NICHT VERFASSUNGSKONFORM SEIN

Die Idee der Glaubens- und Gewissensfreiheit ist ein Resultat der Aufklärung. Doch erst seit der Weimarer Republik hat der Staat keinerlei Recht mehr, sich in die Glaubensinhalte der Religionsgemeinschaften einzumischen. Diese bestimmen selbst, was zu ihrem Bekenntnis gehört und welche Verhaltensanforderungen sie an ihre Gläubigen stellt.

Die Behauptung, der Islam stimme nicht mit dem Grundgesetz

überein und solle deshalb verboten werden, geht vollkommen ins Leere. Keine Religion muss mit dem Grundgesetz übereinstimmen. Wäre es anders, dann wäre der Katholizismus mit einigen Grundrechten unvereinbar. Belegt er doch die Heirat von Priestern mit einem Berufsverbot und diskriminiert Frauen, weil Priestersein den Männern vorbehalten ist. Dem erhobenen absoluten Wahrheitsanspruch von Religionen, der über allem steht, müsste abgeschworen werden.

Zugleich dürfen Religionsinhalte nicht das Handeln des Staats bestimmen, das Grundgesetz zieht hier eine klare Grenze. Religion findet in ihrer jeweiligen Gemeinschaft statt. Allein gegenüber den Gläubigen gilt der Absolutheitsanspruch der Religionsgemeinschaft, nicht gegenüber der Allgemeinheit. Aber auch das nur, soweit er freiwillig befolgt wird. Der säkulare Staat darf die Durchsetzung religiöser Normen nicht erzwingen. Doch selbst die freiwillige Unterwerfung unter religiöse Normen kann nur in Grenzen hingenommen werden. Diese Grenzen werden durch die Grundprinzipien der Verfassung gezogen, allen voran die Menschenwürde.[120] Sie gilt auch innerhalb der Religion, innerhalb der Kirchen.

Eine Weltreligion mit jahrhundertelanger Tradition ist der Islam. Er zeichnet sich durch für Religionen typische soziale Funktionen, kulturelle Praktiken und sprachliche Eigenarten aus. Deshalb fällt das in der islamischen Glaubenstradition stehende Verhalten unzweifelhaft in den Schutzbereich der Religionsfreiheit.[121] Alle Versuche, den Islam aus politischen Gründen zu diffamieren und ihn zur Ideologie umzuformen, um ihn dann wie eine politische Gesinnung behandeln und ihn wie politische Parteien nach seiner Verfassungstreue befragen zu können, gehen an dieser Tatsache vorbei.

Das Verhältnis von Staat und Religion regelt bei uns das Religionsverfassungsrecht. Seine Fundamente sind Religionsfreiheit als Menschenrecht, Selbstbestimmungsrecht der Religionsgemeinschaften sowie die „hinkende Trennung" zwischen Staat und Religion. Das ist eine im Gegensatz zum Säkularismus oder Laizismus institutionell nicht ganz strikte Trennung. Punktuell bleiben Kooperationen möglich wie bei theologischen Fakultäten, dem konfessionellen Religionsunterricht an öffentlichen Schulen oder beim Einzug der Kirchensteuer.

Klare Stellungnahmen beider christlichen Kirchen deuten darauf hin, dass sie begriffen haben, dass die Religionsfreiheit, dass die Freiheit der Kirchen, ihres religiösen Amts zu walten, dass die Freiheit der Predigt nur in einem Staat zu haben ist, der sich einer strikten religiösen Neutralität verpflichtet weiß. Religionsfreiheit ist die Kehrseite der religiösen und weltanschaulichen Neutralität des Staats. Ohne Religionsfreiheit kann es keinen Frieden in der Gesellschaft geben. Ein religiös festgelegter Staat kann kein Rechtsstaat sein, der die Rechte aller Bürger verteidigt.

RELIGIONSPRAXIS VOR DEM BUNDESVERFASSUNGSGERICHT

Den Müttern und Vätern unseres Grundgesetzes war bewusst, dass weder die Verfassung noch Religionen selbst handlungsfähig sind. Nicht die Religion muss also verfassungskonform sein, sondern die Religionspraxis ihrer Anhänger, die sich naturgemäß aus dem jeweils bestimmten Religionsverständnis speist. Die praktizierte Religion wird an den Grundrechten gemessen, deshalb ist auch nicht jedes Verhalten der Gläubigen hinnehmbar. Nicht alles, was ein Glaube fordert, darf unter dem Grundgesetz verwirklicht werden. Wann die Rechte Dritter der Religionsausübung entgegenstehen und wie genau ein angemessener Rechtsgüterausgleich aussieht, ist nicht immer einfach zu bestimmen. Nicht nur in der Gesellschaft gibt es darüber grundlegend konträre Auffassungen, auch unter Juristen.

> **Nicht alles, was ein Glaube fordert, darf unter dem Grundgesetz verwirklicht werden.**

Welche konkrete Religionspraxis verfassungsgemäß ist, entscheidet in letzter Instanz das Bundesverfassungsgericht. Der Streit um das Kopftuch muslimischer Lehrerinnen war der vielleicht wichtigste Kampf um die Religionsfreiheit in den vergangenen 20 Jahren. Damit hat sich auch das Bundesverfassungsgericht nicht leicht getan.[122] 2003 hielt man es für grundsätzlich möglich, dass der Gesetzgeber das Tragen des Kopftuchs verbieten kann, da die Religionsfreiheit der Schüler und das grundrechtliche Erziehungsrecht der Eltern der Religionsfreiheit des Lehrerpersonals entgegenstünden und eine abstrakte Gefahr des Schulfriedens eine striktere Trennung zwischen Staat und Religion erfordere. 2015 entschied dagegen das Bundesverfassungsgericht, ein pauschales Verbot des Kopftuchs verstoße gegen die Verfassung. Nur wenn eine konkrete Gefahr für den Schulfrieden bestehe, sei ein Verbot möglich. Das Tragen eines Kopftuchs gilt nun nicht mehr generell als Einstellungshindernis.

Es ist schwierig zu prognostizieren, wie über die Kopftuch-Frage von Richterinnen und Staatsanwältinnen entschieden werden wird. Ein Verfahren ist beim Bundesverfassungsgericht anhängig. Behält man die Linie der bisherigen Rechtsprechung bei, dann fällt ein generelles Verbot des Kopftuchs schwer, anders als im Fall der Vollverschleierung.

In der Politik wurde jüngst sogar diskutiert, nach dem Beispiel Frankreichs Kindern vor Erreichen der Religionsmündigkeit das Tragen religiös geprägter Kleidung zu verbieten und sie so vor Fremdbestimmung zu bewahren. Weil die Verfassungswidrigkeit wegen des elterlichen Erziehungsrechts so offenkundig ist, hätte es die Debatte um so einen Vorschlag noch vor einigen Jahren nicht gegeben. Werden demnächst die Weihnachtskrippe auf dem städtischen Marktplatz und der Weihnachtsbaum vorm Bundeskanzleramt infrage gestellt werden?

Der Kreuz-Erlass der bayerischen Staatsregierung 2018, der jede Landesbehörde verpflichtet, als Ausdruck der geschichtlichen und kulturellen Prägung Bayerns und als sichtbares Bekenntnis zu den Grundwerten Bayerns ein Kreuz in ihren Räumen aufzuhängen, sollte wohl Werteorientierung geben. Er stieß aber auf die deutliche Kritik der evangelischen und katholischen Kirchen, verbunden mit der Warnung, dass dieser Kreuz-Erlass zu „Spaltung, Unruhe und Gegeneinander" führen würde. Dem Staat stehe es nicht zu, zu erklären, was das Kreuz bedeute.

Gegner des Kreuz-Erlasses wurden vonseiten der CSU als Religionsfeinde beschimpft. Verkehrte Welt, denn 1995 demonstrierten die Kirchen noch gemeinsam mit Ministerpräsident Stoiber gegen das Kruzifix-Urteil des Bundesverfassungsgerichts[123], das das verpflichtende Aufhängen des Kreuzes in staatlichen Räumen wegen Verstoßes gegen die weltanschauliche Neutralitätspflicht des Staats verboten hatte.

Ich halte den Kreuz-Beschluss der bayerischen Staatsregierung für ein rechts- und integrationspolitisch verheerendes Signal und verfassungsrechtlich für sehr fragwürdig. Das Kreuz ist für die Christen ein zentrales Glaubenssymbol. Es darf nicht zu Wahlkampfzwecken von der Politik umgedeutet werden. Das Gebot religiösweltanschaulicher Neutralität im Grundgesetz schließt es aus, in allen Behörden Kreuze als Symbol einer bestimmten Religion aufzuhängen, auch wenn es die Mehrheitsreligion ist.

Unsicherheit, ja sogar Angst vor dem Islam führt bei Bürgern zunehmend dazu, in der Religionsfreiheit die Wurzel allen Übels zu sehen. Muslime werden schnell mit islamistischen Terroristen gleichgesetzt, die den Islam für ihren Krieg gegen die Ungläubigen instrumentalisieren. Wir brauchen mehr Wissen über und mehr Verständnis der jeweiligen Religionen und Lebenshaltungen, denn davon wird es abhängen, ob ein Interessenausgleich religiöser und säkular gesonnener Bürger gelingen kann. Wir müssen besser lernen, zwischen den Gefahren einzelner Religionskulturen und kulturellen Fremdheitserfahrungen zu unterscheiden. Es braucht ein besseres Bildungsangebot, es braucht Politiker, die nicht aus der Verunsicherung Vorteile ziehen wollen. Und es braucht ein entschiedenes staatliches Vorgehen gegen gewalttätige und hetzerische Akteure wie bestimmte Salafistengruppen und Moscheevereine, die bewusst gegen die Regeln unseres Zusammenlebens verstoßen. Religionsfreiheit heißt eben nicht, dass die Religion zu allen Zwecken missbraucht werden darf.

Muslimische Bundesbürger schulden denselben faktischen Rechtsgehorsam wie alle übrigen Bundesbürger auch, ohne Wenn und Aber. Solche Selbstverständlichkeiten müssen heute betont werden. Die meisten leben im Einklang mit unserer Verfassung, ohne dass es ihnen bewusst ist. Ihre praktische Verfassungstreue allein deshalb infrage zu stellen, weil sie vermutlich nicht differenziert darüber Auskunft geben können – auch dieser Vorwurf schwingt in Diskussionen häufig mit –, ist absurd. Schließlich sind nicht alle Muslime Juristen oder Theologen. Man käme ja auch nicht auf die Idee, die Verfassungstreue eines Durchschnittsbürgers anzuzweifeln, bloß weil er seinen verfassungskonformen Alltag juristisch nicht erklären kann.

> Muslimische Bundesbürger schulden denselben faktischen Rechtsgehorsam wie alle übrigen Bundesbürger auch, ohne Wenn und Aber.

Wir brauchen mehr von dieser gelebten Verfassungstreue. Wir brauchen mehr Erklärer statt Spalter. Unkenntnis führt zu Angst, zu Vorurteilen, zum Rückzug in die eigene identitätsstiftende Gruppe. Dann wird ein Austausch und Dialog immer schwieriger.

Diskussionsbedarf gibt es aber auch über die innerkirchliche Verfasstheit und ihre Grenzen. Die Kirche als großer Arbeitgeber stellt besondere Anforderungen an ihre Beschäftigten und deren Lebenswandel. Sie kann selbst entscheiden, welche Tätigkeiten für ihre Glaubwürdigkeit so wichtig sind, dass kirchliche Sonderanforderungen erfüllt werden müssen.

Es geht dabei etwa um die verpflichtende Mitgliedschaft in der christlichen Kirche, um eine bestimmte konfessionelle Zugehörigkeit oder um das familiäre Verhalten wie eine zweite Heirat. Mit Letzterem hat sich der europäische Gerichtshof befasst im Fall eines Chefarzts, der von einer katholischen Klinik entlassen wurde, weil er nach einer Scheidung wieder geheiratet hat. Das europäische Gericht stellte fest, dass die Kündigung eine verbotene Diskriminierung aufgrund der Religion darstellen könne: „Die Anforderung an einen katholischen Chefarzt, den heiligen und unauflöslichen Charakter der Ehe nach dem Verständnis der katholischen Kirche zu beachten, erscheint nicht als wesentliche, rechtmäßige und gerechtfertigte berufliche Anforderung."

Die Kirchen als Arbeitgeber sollten auch ohne Gerichtsurteile ihre bisherige Praxis überdenken und ändern.

Kapitel 12
Politisches Asylrecht –
ein staatlicher Gnadenerweis?

Es gibt wohl kein Grundrecht, das so umstritten und emotional aufgeladen ist und so lautstark kritisiert wird wie das Recht auf Asyl bei politischer Verfolgung. Es gibt kein Thema, das sich so leicht instrumentalisieren lässt wie der Umgang mit Flüchtlingen und so gezielt genutzt wird, um Ressentiments gegen Fremde zu schüren. Sie müssen gar nicht da sein, um als bedrohliche Gefährdung unseres Wohlstands und als Sündenböcke für soziale Schieflagen in Deutschland stigmatisiert zu werden. Was erst los ist, wenn wie in den 1990er-Jahren wegen des Bürgerkriegs in den Staaten des ehemaligen Jugoslawiens und 2015 besonders wegen des Kriegs in Syrien und der Entwicklung in einigen Regionen Afrikas sehr viele Flüchtlinge nach Europa und nach Deutschland drängen, zeigt ein Blick zurück.

Die Anzahl der Flüchtlinge in Deutschland stieg in den 80er-Jahren auf 130 000 und 1992 auf 438 000. Daraufhin wurde von der damaligen Bundesregierung der Notstand ausgerufen und 1993 das Grundrecht auf Asyl bei politischer Verfolgung massiv eingeschränkt. Die Aufnahme des Artikels 16a GG (u. a. Einführung der sicheren Herkunfts- und Drittstaaten) erschwert die Inanspruchnahme des Grundrechts seitdem erheblich. Die damaligen Schlagworte in der politischen Auseinandersetzung wie „Das Boot ist voll" oder „Auch Humanität muss ihre Grenzen haben", die Bezeichnung „Asylant" und „Wirtschaftsflüchtling" geben rückblickend nicht annähernd den großen Hass, die Aggressivität und die Vergiftung des politischen Klimas wieder. Die Angst vor Überfremdung, vor Unterwanderung der deutschen Identität oder vor „Durchrassung" wurde beschworen, um ein drastisches Bild von der angeblichen Gefahr für das deutsche Gemeinwesen zu zeichnen. Das Bundesverfassungsgericht hat die Grundgesetzeinschränkung – die tiefgreifendste seit 1949 – durch seine Entscheidungen 1996 abgesegnet. Das Grundrecht auf Asyl stehe „zur Disposition des verfassungsändernden Gesetzgebers", dieser sei „nicht gehindert, das Asylgrundrecht als solches aufzuheben", urteilten die Richter.[124] Die Verpflichtungen aus der Genfer Flüchtlingskonvention bleiben natürlich bestehen.

Vor diesem Hintergrund mag sich erklären, warum immer wieder die Abschaffung dieses Verfassungsartikels gefordert wird, ohne gleichzeitig die bleibenden Verpflichtungen nach dem internationalen und europäischen Recht zu betonen. Zuletzt war Friedrich Merz mit dieser Aussage im Wettbewerb um den CDU-Parteivorsitz im Herbst 2018 zu vernehmen. Mit dieser politischen Forderung soll eine grundlegende Änderung der Flüchtlingspolitik und damit eine deutliche Distanzierung von der Politik Angela Merkels zum Ausdruck gebracht werden. Wer das Individualrecht auf Asyl aus dem Grundgesetz streichen will, der will damit signalisieren, dass es eben nicht jedem politisch Verfolgten zustehen soll. Für mich ist ganz klar: Unabhängig von der verfassungsrechtlichen Wirkung des deutschen Asylgrundrechts muss es unverändert im Grundgesetz verankert bleiben. Anders wären die Mahnungen der Mütter und Väter des Grundgesetzes verraten und damit die Lehren aus der Nazizeit gestrichen. Das ist wohl von den Befürwortern der Streichung gewollt.

Nach der Grundgesetzänderung entwickelten sich die Flüchtlingszahlen in den 90er-Jahren rückläufig, die rechtspopulistische Partei Die Republikaner verschwand wieder. In dieser Zeit, im Mai 1992, wurde ich das erste Mal Bundesjustizministerin und habe erlebt, wie schnell sich in Beratungen eine Eigendynamik entwickeln kann, in diesem Fall führte sie zu den umstrittenen Grundgesetzänderungen mit Zweidrittelmehrheit in Bundestag und Bundesrat. Das Ringen um einzelne Formulierungen, der Kampf um den einfachen Satz in Artikel 16a Absatz 1 GG, dass politisch Verfolgte Asylrecht genießen, und die Auseinandersetzungen um das Flughafenverfahren im Transitbereich sind heute vergessen. Leider, denn sonst würde nicht so leichtfertig über das Grundrecht auf Asyl schwadroniert.

Aber welche Lehren wurden aus der damaligen Situation gezogen? Manchen Politikern ist anscheinend nur in Erinnerung geblieben, dass sich mit der Flüchtlingspolitik vortrefflich Stimmung machen lässt. Die Flüchtlingszahlen lagen damals bei ca. 500 000, sie hatten schon zu einer Überforderung der zuständigen Behörden geführt, besonders des Bundesamts für Migration und Flüchtlinge (BAMF), der Ausländerbehörden, der Flüchtlingseinrichtungen und der Verwaltungsgerichte. Die Folge war, dass das Vertrauen der Bürger in die Handlungs- und Steuerungsfähigkeit der Politik und der jeweiligen Bundesregierung sank. Aus dieser Entwicklung hätten dauerhaft die richtigen Konsequenzen gezogen und bessere Vorkehrungen getroffen werden können und müssen.

Hätten! Müssen! Wenn! Es ist nicht populär, Behörden fit zu machen und Vorsorge zu treffen, zumal in Zeiten, in denen Asyl und Flüchtlinge keine prioritären Themen sind. Legislaturperioden werden leider zu wenig für zukunftsweisende Entscheidungen genutzt, deren Wirkungen erst Jahre später eintreten werden. So war es auch beim BAMF bis 2015. Anstatt dass es in Zeiten rückläufiger und geringer Zahlen bei den Asylanträgen personell konsolidiert, die Ausbildung der Entscheider forciert und die seit 2005 zusätzlichen Aufgaben der Integrationsförderung intensiviert wurden, baute man kontinuierlich Personal ab. Von 4800 Mitarbeitern 1993 blieben 2015 nur noch 2800 übrig. Dann wurde das Personal bis auf 6800 Mitarbeiter im Jahr 2018 rasant aufgestockt – mit der Folge, dass die Qualität der Entscheidungen immer schlechter und die Zahl der Klagen beim Verwaltungsgericht immer höher wurde. Als Bundeskanzlerin Angela Merkel 2015 die Grenzen aus humanitären Gründen richtigerweise nicht auch noch schloss, wie es die Anrainerstaaten der Balkanroute getan hatten, und dann mehrere 100 000 Flüchtlinge in kürzester Zeit nach Deutschland kamen, brach seitens des staatlichen Handelns Chaos aus. Ohne das beeindruckende Engagement der Zivilbevölkerung, vieler Asylhelferinnen und -helfer wäre die Versorgung und Betreuung der Flüchtlinge nicht möglich gewesen. Die politische Stimmungsmache gegen Flüchtlinge und Migration ist seitdem nach meiner Überzeugung aus dem Ruder gelaufen. Ein Blick auf die Zahl der Flüchtlinge zeigt, dass entgegen der gefühlten und propagierten „Asylantenflut" die Asylanträge zurückgehen. Waren es 2015 276 649 und 2016 745 545 Anträge, gingen sie 2017 auf 222 683 und 2018 auf ca. 162 000 zurück und lagen damit unter der sogenannten Obergrenze der Regierungskoalition von 200 000.

Wird die eigentliche Bedeutung des Asylrechts, Menschen vor politischer Verfolgung zu retten, noch gesehen und ernst genommen? Die Diskussion über Grenzschließungen, Zurückweisungen direkt an der Grenze, Missbrauch, Abschiebungen und Defizite bei der Integration überlagert diesen Kerngehalt, der einmal internationaler Konsens war. Kern des Menschenrechts auf Asyl bei politischer Verfolgung ist, dass niemand dorthin zurückgeschickt werden darf, wo ihm Tod, Folter oder politische Verfolgung drohen. Weiter hat jeder Flüchtende ein Recht darauf, dass in einem fairen Verfahren geprüft wird, ob er im Rechtssinn Flüchtling ist. Und es muss anerkannten Flüchtlingen ein Obdach gewährt werden. Sie haben Anspruch auf ein menschenwürdiges Leben im Exil. Was das im Einzelfall bedeutet, muss jedes Aufnahmeland für sich beantworten. Und das tun sie sehr unterschiedlich. Italien, Österreich und Ungarn setzen beispielsweise sichtbar auf Abschreckung, Abschottung und Zurückweisung von Flüchtlingen.

> **Niemand darf dorthin zurückgeschickt werden, wo ihm Tod, Folter oder politische Verfolgung drohen.**

ASYLRECHT NACH POLITISCHER STIMMUNGSLAGE?

Es fehlt inzwischen vielen der Mut, sich für die staatliche Verpflichtung einzusetzen, Menschen, die politisch verfolgt werden, im Rahmen der nationalen und europäischen Regeln eine Aufenthaltsperspektive zu geben. Sie bedeutet auch für anerkannte Asylbewerber nur einen befristeten Aufenthalt. Die aggressive Haltung gegenüber Flüchtlingen, denen gern pauschal Missstände oder subjektiv empfundene Schlechterstellungen wie die schwierige Wohnsituation in Deutschland, zu wenig Geld in der Pflege oder für Hartz IV-Bezieher angelastet und die für die angeblich steigende Kriminalität pauschal verantwortlich gemacht werden, hat das gesellschaftliche Klima vergiftet und differenzierende Stimmen in den Hintergrund gedrängt. Das ist heute schlimmer als in den 1990er-Jahren.

Die Feinde der Demokratie, also die Freunde eines autoritären Systems nach dem Vorbild eines Victor Orbán in Ungarn, eines Wladimir Putin in Russland und eines Recep Tayyip Erdoğan in der Türkei, machen mobil. Wer hätte gedacht, dass ein ausgeprägt fremdenfeindliches Gedankengut im Deutschland des 21. Jahrhunderts bei 15 bis 25 Prozent der Bürgerinnen und Bürger kaum Abwehrreaktionen hervorrufen bzw. auf Unterstützung stoßen würde. Flüchtlinge sollen überhaupt nicht mehr nach Deutschland kommen dürfen, sondern an der Außengrenze der EU abgewiesen werden. Dass Europa sich abschottet, Menschen wie Waren behandelt und ihren Tod billigend in Kauf nimmt, sind Konsequenzen einer Politik, wie sie Rechtspopulisten fordern. Soll es auf diese Weise faktisch zum Asylrecht je nach politischer Stimmungslage kommen? Von einem Grundrecht kann dann jedenfalls nicht mehr die Rede sein. Die Gefahr ist offenkundig gegeben. Würde heute über das Recht auf Asyl wegen politischer Verfolgung in einer Volksbefragung abgestimmt, sähe es für das Grundrecht schlecht aus.

Von den politischen Rändern kommend, werden die Kampagnen gegen den Schutz vor politischer Verfolgung inzwischen auch aus der Mitte der Gesellschaft betrieben. Erinnert sei nur an die

Zerreißprobe in der Fraktionsgemeinschaft von CDU und CSU im Juni 2018, die sich einzig an der Frage der Zurückweisung von Flüchtlingen an der deutschen Grenze zu Österreich entzündete, dem Land, in dem bereits ein Asylverfahren anhängig ist. Nach Angaben des Bundesinnenministeriums betrifft das ca. fünf Flüchtlinge täglich, also maximal 1825 Flüchtlinge jährlich. Aber der Eindruck bei den Bürgern war, dass massenhaft Flüchtlinge über die Grenze kämen, die man bisher ohne rechtliche Verpflichtung aufgenommen habe, und durch sofortige Zurückweisung eine große Entlastung eintreten würde. Das ist weit gefehlt, aber zum Schüren von Vorurteilen einfach verwendbar.

GEFLÜCHTET – UND ZWISCHEN ALLEN GRENZEN

Nationale Grenzkontrollen mit Zurückweisungen werden zwangsläufig dazu führen, dass es mit der Personenfreizügigkeit innerhalb des Schengenraums der Europäischen Union vorbei ist. Und das betrifft jeden Bürger und jede Bürgerin, die in langen Staus vor den Grenzübergängen zum europäischen Nachbarn erleben, wie Europa mit internen Grenzen eine seiner wichtigsten Errungenschaften verliert. Um welchen Preis! Um wegen einiger Tausend Asylbewerber nationale Handlungsfähigkeit zu demonstrieren. Angesichts der langen Grenze zwischen Bayern und Österreich ohnehin ein fragwürdiges Versprechen. Dennoch machte die CSU die Zurückweisung von Flüchtlingen an deutschen Grenzen zum Thema im bayerischen Landtagswahlkampf im Sommer 2018, was zu tiefgreifenden Verwerfungen mit der CDU führte. Angela Merkel wurde wieder einmal zum Zielobjekt des Wütens von Horst Seehofer. Das Ergebnis dieser mit Rücktritt vom angekündigten Rücktritt bis ins Absurde geführten Diskussion war mit 37,2 Prozent das zweitschlechteste Abschneiden der CSU in Bayern und der Verlust ihrer absoluten Mehrheit sowie der erstmalige Einzug der AfD in das Maximilianeum.

Auf der Strecke bleibt die politische Kultur der Auseinandersetzung um die besten Lösungen für eine nachhaltig funktionierende Flüchtlings- und Migrationspolitik, die es nur in Europa und nicht allein national geben kann. Eine Politik nach dem Motto „Nationalstaat first" mit dem ausschließlichen Fokus auf Abschiebung und Abschottung untergräbt jegliche Hilfe für politisch Verfolgte.

Um menschliche Schicksale geht es den forschen Rechtspopulisten wie beispielsweise dem italienischen oder österreichischen Innenminister nicht, sondern allein um Abschreckung durch Härte. Seenotrettung auch mit staatlicher italienischer Küstenwache würden sie entgegen der seerechtlichen Lage am liebsten ganz unterbinden, und die Rettungsaktionen von Nichtregierungsorganisationen werden kriminalisiert. Es ist eine neue, besorgniserregende Entwicklung, dass sich sogar Minister wissend über die Rechtslage hinwegsetzen, um ihre politischen Ziele zu erreichen. Gefühltes Recht, so ihr Kalkül, muss sich nicht mehr an verfassungsgemäßen Normen und Verfahren messen lassen. Es zählt, was politisch opportun ist und Aussicht auf den Applaus jenes Teils der Bevölkerung hat, von dem man sich gerade eine Mehrheit erhofft.

Humanität und geordnete Asylverfahren sind keine Gegensätze.

Der Gradmesser ist dann nicht mehr das Gesetz, sondern sind besonders soziale Medien. In ihnen wird die Öffentlichkeit mobilisiert mit Verweis auf die behauptete Laschheit der Behörden und die vermeintlich übermäßig große Rücksicht bei der Behandlung angeblicher Gefährder. Mancher Politiker fühlt sich dann zum Rechtsbruch animiert, was in Behörden den Eindruck erwecken kann, unbequeme Rechtsnormen sollten umgangen und Gerichte ausgetrickst werden.

Das Recht und die Gerichte dürfen nicht zu Störfaktoren bei der Durchsetzung einer gefühlten Rechtsordnung gemacht werden. Rechtsstaatliche Normalität sieht anders aus. Es ist vorhersehbar, was geschieht, wenn weiter auf diese Weise Stimmung gegen Gerichte gemacht wird. So hat es in Polen angefangen, und heute gehört die Unabhängigkeit der polnischen Gerichte in weiten Teilen der Vergangenheit an.

Nur mit einer starken, unabhängigen Justiz und garantiertem Rechtsschutz kann das Recht auf Asyl wegen politischer Verfolgung durchgesetzt werden. Humanität und geordnete Asylverfahren sind keine Gegensätze. Und politisch muss es mit klarer Haltung verteidigt werden. Damit das Asylrecht nicht innerhalb der Grenzen der EU verloren geht, muss europäisch gehandelt werden. Außerdem braucht es eine Steuerung der Zuwanderung, damit Menschen, die auf dem deutschen Arbeitsmarkt eine Perspektive haben, gezielt angeworben werden und einwandern können.

Artikel 18 der EU-Grundrechtecharta gewährleistet das Asylrecht nach Maßgabe der Genfer Flüchtlingskonvention. Seit 2012 legt die EU-Qualifikationsrichtlinie die Regeln für die Anerkennung von Flüchtlingen einheitlich fest. Flüchtlinge sind nach EU-Regeln auch vor nicht-staatlicher Verfolgung wie z. B. durch die Taliban in Afghanistan geschützt. Weiter existieren Vorschläge der Europäischen Stabilitätsinitiative (ESI), die eine „verstärkte Zusammenarbeit" von Frankreich und Deutschland im Verbund mit den Niederlanden, der Schweiz und Schweden, den südeuropäischen Ankunftsländern Griechenland, Italien und Spanien anstreben. Es geht darum, sich gegenseitig bei der Durchführung schneller, qualitätsvoller Asylverfahren und der dezentralen Ansiedlung von anerkannten Asylbewerbern in Europa sowie bei der Rückführung nicht anerkannter Flüchtlinge zu helfen. Eine Lösung gibt es nur gemeinsam und nicht nur zulasten einiger weniger Staaten, in denen die meisten Flüchtlinge zuerst in der Europäischen Union ankommen.

Die EU-Kommission verfolgt dagegen das Ziel, „kontrollierte Zentren" innerhalb der EU und „regionale Ausschiffungsplattformen" in Drittstaaten außerhalb der EU einzurichten. Die Konzepte bleiben vage, aber die Stoßrichtung geht dahin, Flüchtlingsschutz auf europäischem Boden möglichst zu unterbinden.[125]

Neben der Flucht aus politischen Gründen gibt es seit Langem weltweit Migration wegen unterschiedlicher Ursachen. Mit dem Migrationspakt der Vereinten Nationen (genau: Globaler Pakt für sichere, geordnete und geregelte Migration) sollen die weltweiten Wanderungen in geordnete Bahnen gelenkt werden, die menschenverachtenden Schleuserbanden gemeinsam erfolgreicher bekämpft, Transitstaaten stärker in die Pflicht genommen und Herkunftsstaaten zur Rücknahme verpflichtet werden. Alles überzeugende Ziele, die die einzelnen Staaten entlasten werden, dennoch wurde gegen das seit 2016 verhandelte Abkommen kurz vor der Zeichnung im Dezember 2018 von immer mehr Staaten polemisiert mit dem angeblichen Verlust der staatlichen Souveränität in Fragen der Einwanderung, mit dem Schüren von Ängsten vor überbordender Einwanderung und angeblich schleichender Verbindlichkeit des ausdrücklich als unverbindlich bezeichneten Migrationspakts. Ganz offensichtlich ist, dass sich immer weniger Staaten international binden wollen. Der Multilateralismus wird immer stärker abgelehnt. Nicht nur in den USA, sondern auch in immer mehr europäischen Staaten wie u. a. in Österreich, Italien, Tschechien, Polen, Ungarn, Estland, Israel und Bulgarien wurde die Zeichnung des Migrationspakts ausdrücklich abgelehnt oder zunächst zurückgestellt. In Belgien ist die Regierung darüber zerbrochen. Vor diesem Hintergrund ist das inzwischen von über 160 Staaten angenommene Migrationsabkommen das Beste, was aktuell erreichbar war. Diese internationale Zusammenarbeit ist für Staaten, die ihre nationalen Grenzen für Flüchtlinge und Migranten nicht mit militärischen Mitteln schützen wollen, ohne Alternative.

Das UN-Migrationsabkommen ist das Beste, was aktuell erreichbar war.

Mich treibt der Umgang mit den Flüchtlingen so um, weil durch Stimmungsmache, politisch radikale Antiflüchtlingspositionen und gezielte Blockade und Kooperationsverweigerung das Asylgrundrecht schleichend demontiert wird. Wenn solche Strategien beim Thema Asyl aufgehen, warum nicht auch beim Recht auf freie

Meinungsäußerung? Querdenker, Nachfrager, investigative Journalisten stören, sind lästig und decken Ungereimtheiten auf. Der österreichische Innenminister hat einen ersten Vorstoß zur Einschränkung der Pressefreiheit gestartet, indem sein Ministerium die Polizeibehörden angeregt hat, die Weitergabe von Informationen an bestimmte Zeitungsjournalisten so weit wie möglich zu beschränken.

In dieser politischen Atmosphäre, die jederzeit durch einzelne Vorfälle wie in Amberg Ende Dezember 2018, als junge Asylsuchende Menschen auf der Straße ohne jeden Anlass geschlagen und verletzt haben, angeheizt werden kann, wird es immer schwieriger, Regelungen für die legale Einwanderung mit demokratischen Mehrheiten zu verabschieden. Gerade die Steuerung der Zuwanderung liegt aber im nationalen Interesse, damit Menschen gezielt angeworben werden und einwandern können, um den Fachkräftemangel in den verschiedenen Branchen zu beheben.

Warum sollten Menschen, die vor einem Bürgerkrieg flüchten, denn keine guten Chancen auf Asyl besitzen, nicht eine dauerhafte Chance in Deutschland erhalten? Wenn jemand gut integriert ist und gute Chancen auf dem Arbeitsmarkt hat, dann wäre das doch die logische Konsequenz. Auch abgelehnte Asylbewerber sollten eine Bleibeperspektive in Deutschland erhalten, wenn sie einen Ausbildungs- oder Arbeitsplatz vorweisen können. Mit diesem sogenannten Spurwechsel tun sich manche Politiker unendlich schwer, da in Missbrauchskategorien gedacht wird, nicht an die Chancen für Flüchtlinge und die Wirtschaft in Deutschland.

Über Maßnahmen für eine gesteuerte Einwanderung muss politisch entschieden werden. Hier gibt es keine verfassungsrechtliche Verpflichtung, aber eine politische Notwendigkeit. Der Gesetzentwurf der Bundesregierung zur Fachkräftezuwanderung ist ein zaghafter Schritt, die Anforderungen sind ziemlich restriktiv. Die politische Kritik richtet sich – wie nicht anders zu erwarten – dagegen, dass angeblich Schleusern geholfen und Menschen eine illegale Einreise nach Deutschland ermöglicht würde.

Neben einem klassischen Einwanderungsgesetz, das über ein Punktesystem Einwanderung ermöglicht, brauchen wir eine systematische Neuordnung. Wer sich die unterschiedlichen Zuständigkeiten von Bund, Ländern und Kommunen im Ausländerrecht ansieht, der braucht sich über das Scheitern von Abschiebungen nicht zu wundern.

Anstatt wie Bundesinnenminister Horst Seehofer[126] bei jedem Anlass vollkommen überflüssige Verschärfungen der Gesetze zu fordern, sollten die Kompetenzen für Abschiebungen stärker auf Bundesebene gebündelt werden. Bundesministerien müssen sich um die Beschaffung der Papiere und um mögliche Abschiebungshindernisse kümmern. Sie sollten die Abschiebungsvorgänge federführend koordinieren.

Stärkere Akzeptanz wird das Asylgrundrecht dann bekommen, wenn die Integration flächendeckend gelingt, Asylverfahren zügig durchgeführt und ablehnende Entscheidungen durch Ausweisungen und Abschiebungen vollzogen werden.

Zum Schluss

70 Jahre haben sich die Grundrechte bewährt. Sie finden ihre Ergänzung in der Grundrechtecharta der Europäischen Union, der europäischen Menschenrechtskonvention und in der Allgemeinen Erklärung der Menschenrechte von 1948. Von gestern und veraltet sind sie ganz und gar nicht. Ganz im Gegenteil. Für die Freiheitsrechte gehen viele Menschen in europäischen Staaten auf die Straße wie z. B. in Ungarn, Rumänien, Serbien, Polen und auch in Deutschland: etwa gegen die Verschärfung der Polizeiaufgabengesetze. Die Konzentration in diesem Buch auf den Schutz der Menschenwürde, der Privatsphäre, der Persönlichkeitsrechte, der Meinungs- und Pressefreiheit, der Religionsfreiheit, auf das Asylgrundrecht und auf die rechtsstaatlichen Absicherungen liegt darin begründet, dass die aktuellen Entwicklungen gerade diese Freiheitsrechte besonders fordern und gefährden und das Vertrauen in den Rechtsstaat und die Institutionen des Staats sinkt.

Die Angst der Bürgerinnen und Bürger vor Terroranschlägen und der Verletzung eigener Güter findet sich immer unter den Top 7 der jährlichen Studien zu den Ängsten der Deutschen, auch 2018. Angst erleichtert die politische Durchsetzung von Gesetzesverschärfungen zur Terrorismusbekämpfung – unabhängig von ihrer tatsächlichen Wirkung für die innere Sicherheit – und lässt Regierungen sich legitimiert fühlen, auch Grundrechte massiv einzuschränken. Das ist ein bekanntes politisches Szenario. Die Repräsentanten der Bürgerinnen und Bürger stimmen ihren eigenen Freiheitsbeschränkungen zu, demokratisch gerechtfertigt, aber nicht immer von der Verfassung gestützt. Deshalb Hände weg von wohlfeilen Vorschlägen zu angeblichen Verbesserungen der Arbeit des Bundesverfassungsgerichts, die dazu führen würden, es wegen überbordender Arbeitsbelastung lahmzulegen.[127] Das Bundesverfassungsgericht ist der wichtigste Hüter und Garant der Grundrechte und darf in keiner Weise geschwächt werden.

Bei der Digitalisierung liegt die Situation etwas anders. Sie berührt und beschränkt Grundrechte in unterschiedlicher Dimension, nicht primär durch staatliches Handeln, sondern durch die Geschäfte von IT-Konzernen, Plattform-, Server- und Cloud-Betreibern. Das wird von den Nutzern nicht direkt gefühlt und erlebt. Erst die vielfältigen Datenschutz- und Datensicherheitsskandale machen den Umfang der Grundrechtsgefährdungen sichtbar. Wie sich zu Beginn des Jahres 2019 gezeigt hat, müssen es gar nicht professionelle Hackerangriffe ausländischer Geheimdienste, Regierungs-Trolle oder Datengangs aus China sein, schon ein 20-jähriger internetaffiner Schüler kann seinem Ärger über einen simplen Kalender-Twitter-Account mit der Veröffentlichung vieler privater Daten von Politikern und Prominenten Luft machen und damit demonstrieren, wie anfällig die Privatsphäre im Netz wirklich ist.

Weckrufe gibt es also genug – aber keine auch nur halbwegs funktionierende Datensicherheit, die als Infrastruktur für die rasant voranschreitende Vernetzung mittels Sensoren – u. a. für künftiges autonomes Autofahren – unverzichtbar ist. Wir haben keinen praktizierten Datenschutz, der diesen Namen wirklich verdient. Das ist die Herausforderung für die Grundrechte heute und künftig. Werden wir endlich grundrechtsaffin in unserem digitalen Verhalten und machen uns nicht selbst gläsern. Wir brauchen eine gelebte informationelle Selbstbestimmung.

Die größte Angst der Deutschen besteht neben der Unberechenbarkeit der amerikanischen Politik in der Überforderung durch Flüchtlinge und der Spannung mit Ausländern. Das wird von politischen Kräften gezielt genutzt, um vor angeblicher Überfremdung durch Ausländer zu warnen, vor der angeblichen „Invasion" der Muslime, die die Unterwerfung der „Einheimischen" zum Ziel hätte. Die so geschürten Ängste führen dazu, Menschen anderer Herkunft oder anderen Glaubens den Schutz der Grundrechte abzusprechen, sich abzuschotten und nur den „wirklichen" Deutschen (wer auch immer das sein soll) Grundrechtsschutz zuzusprechen.

Diese von Rechtsextremisten und Rechtspopulisten propagierte völkische Identität ist mit den Grundrechten als Rechten eines jeden Individuums nicht zu vereinbaren. Deshalb muss über diese Gesinnung und ihre Gefahren für die Demokratie informiert, aufgeklärt und dagegen argumentiert und agitiert werden. Wer diese Haltung unterstützt, der will eine sogenannte illiberale Demokratie nach dem Vorbild eines Victor Orbán, der will eine autoritäre Regierung, der will ein anderes System in Deutschland.

Resignation oder Verzweiflung sind keine guten Ratgeber. Grundrechte verlangen mutige Verfechter. Sie können nur gelebt werden, wenn sie akzeptiert und nicht bekämpft werden. Wer Angstmacherei nicht entschieden entgegentritt, der stellt sich seiner Verantwortung nicht, die Freiheit zu verteidigen. Zukunfts- und Verlustängste von Bürgerinnen und Bürgern müssen von der Politik ernst genommen werden, aber sie dürfen nicht für Ausgrenzung und Hetze gegen andere Bürgerinnen und Bürger mit der Berufung auf einen angeblichen Volkswillen missbraucht werden.

In Diktaturen funktioniert die Stärkung von Macht zulasten der Freiheitsrechte der Bürger hemmungs- und schrankenlos. In Demokratien ist die Staatsmacht durch Gesetze und starke Institutionen gezügelt, aber der Volkswille steht nicht über den Menschenrechten.

Wir brauchen einen neuen Grundrechtsstolz der Bürgerinnen und Bürger. Wir brauchen Verfassungspatrioten anstelle von Nationalisten. Niemand kann und darf sich mehr herausreden. Jeder ist gefordert und jeder kann etwas einbringen. Machen wir uns klar, was wir verlieren, wenn die Grundrechte schleichend ausgehöhlt werden. Wenn Angst die Freiheit isst.

Anhang

Die Grundrechte im Grundgesetz

ARTIKEL 1

(1) Die Würde des Menschen ist unantastbar. Sie zu achten und zu schützen ist Verpflichtung aller staatlichen Gewalt.
(2) Das Deutsche Volk bekennt sich darum zu unverletzlichen und unveräußerlichen Menschenrechten als Grundlage jeder menschlichen Gemeinschaft, des Friedens und der Gerechtigkeit in der Welt.
(3) Die nachfolgenden Grundrechte binden Gesetzgebung, vollziehende Gewalt und Rechtsprechung als unmittelbar geltendes Recht.

ARTIKEL 2

(1) Jeder hat das Recht auf die freie Entfaltung seiner Persönlichkeit, soweit er nicht die Rechte anderer verletzt und nicht gegen die verfassungsmäßige Ordnung oder das Sittengesetz verstößt.
(2) Jeder hat das Recht auf Leben und körperliche Unversehrtheit. Die Freiheit der Person ist unverletzlich. In diese Rechte darf nur auf Grund eines Gesetzes eingegriffen werden.

ARTIKEL 3

(1) Alle Menschen sind vor dem Gesetz gleich.
(2) Männer und Frauen sind gleichberechtigt. Der Staat fördert die tatsächliche Durchsetzung der Gleichberechtigung von Frauen und Männern und wirkt auf die Beseitigung bestehender Nachteile hin.
(3) Niemand darf wegen seines Geschlechtes, seiner Abstammung, seiner Rasse, seiner Sprache, seiner Heimat und Herkunft, seines Glaubens, seiner religiösen oder politischen Anschauungen benachteiligt oder bevorzugt werden. Niemand darf wegen seiner Behinderung benachteiligt werden.

ARTIKEL 4

(1) Die Freiheit des Glaubens, des Gewissens und die Freiheit des religiösen und weltanschaulichen Bekenntnisses sind unverletzlich.

(2) Die ungestörte Religionsausübung wird gewährleistet.
(3) Niemand darf gegen sein Gewissen zum Kriegsdienst mit der Waffe gezwungen werden. Das Nähere regelt ein Bundesgesetz.

ARTIKEL 5
(1) Jeder hat das Recht, seine Meinung in Wort, Schrift und Bild frei zu äußern und zu verbreiten und sich aus allgemein zugänglichen Quellen ungehindert zu unterrichten. Die Pressefreiheit und die Freiheit der Berichterstattung durch Rundfunk und Film werden gewährleistet. Eine Zensur findet nicht statt.
(2) Diese Rechte finden ihre Schranken in den Vorschriften der allgemeinen Gesetze, den gesetzlichen Bestimmungen zum Schutze der Jugend und in dem Recht der persönlichen Ehre.
(3) Kunst und Wissenschaft, Forschung und Lehre sind frei. Die Freiheit der Lehre entbindet nicht von der Treue zur Verfassung.

ARTIKEL 6
(1) Ehe und Familie stehen unter dem besonderen Schutze der staatlichen Ordnung.
(2) Pflege und Erziehung der Kinder sind das natürliche Recht der Eltern und die zuvörderst ihnen obliegende Pflicht. Über ihre Betätigung wacht die staatliche Gemeinschaft.
(3) Gegen den Willen der Erziehungsberechtigten dürfen Kinder nur auf Grund eines Gesetzes von der Familie getrennt werden, wenn die Erziehungsberechtigten versagen oder wenn die Kinder aus anderen Gründen zu verwahrlosen drohen.
(4) Jede Mutter hat Anspruch auf den Schutz und die Fürsorge der Gemeinschaft.
(5) Den unehelichen Kindern sind durch die Gesetzgebung die gleichen Bedingungen für ihre leibliche und seelische Entwicklung und ihre Stellung in der Gesellschaft zu schaffen wie den ehelichen Kindern.

ARTIKEL 7
(1) Das gesamte Schulwesen steht unter der Aufsicht des Staates.
(2) Die Erziehungsberechtigten haben das Recht, über die Teilnahme des Kindes am Religionsunterricht zu bestimmen.
(3) Der Religionsunterricht ist in den öffentlichen Schulen mit Ausnahme der bekenntnisfreien Schulen ordentliches Lehrfach. Unbeschadet des staatlichen Aufsichtsrechtes wird der Religionsunterricht in Übereinstimmung mit den Grundsätzen der Religionsgemeinschaften erteilt. Kein Lehrer darf gegen seinen Willen verpflichtet werden, Religionsunterricht zu erteilen.
(4) Das Recht zur Errichtung von privaten Schulen wird gewährleistet. Private Schulen als Ersatz für öffentliche Schulen bedürfen der Genehmigung des Staates und unterstehen den Landesgesetzen. Die Genehmigung ist zu erteilen, wenn die privaten

Schulen in ihren Lehrzielen und Einrichtungen sowie in der wissenschaftlichen Ausbildung ihrer Lehrkräfte nicht hinter den öffentlichen Schulen zurückstehen und eine Sonderung der Schüler nach den Besitzverhältnissen der Eltern nicht gefördert wird. Die Genehmigung ist zu versagen, wenn die wirtschaftliche und rechtliche Stellung der Lehrkräfte nicht genügend gesichert ist.

(5) Eine private Volksschule ist nur zuzulassen, wenn die Unterrichtsverwaltung ein besonderes pädagogisches Interesse anerkennt oder, auf Antrag von Erziehungsberechtigten, wenn sie als Gemeinschaftsschule, als Bekenntnis- oder Weltanschauungsschule errichtet werden soll und eine öffentliche Volksschule dieser Art in der Gemeinde nicht besteht.

(6) Vorschulen bleiben aufgehoben.

ARTIKEL 8

(1) Alle Deutschen haben das Recht, sich ohne Anmeldung oder Erlaubnis friedlich und ohne Waffen zu versammeln.

(2) Für Versammlungen unter freiem Himmel kann dieses Recht durch Gesetz oder auf Grund eines Gesetzes beschränkt werden.

ARTIKEL 9

(1) Alle Deutschen haben das Recht, Vereine und Gesellschaften zu bilden.

(2) Vereinigungen, deren Zwecke oder deren Tätigkeit den Strafgesetzen zuwiderlaufen oder die sich gegen die verfassungsmäßige Ordnung oder gegen den Gedanken der Völkerverständigung richten, sind verboten.

(3) Das Recht, zur Wahrung und Förderung der Arbeits- und Wirtschaftsbedingungen Vereinigungen zu bilden, ist für jedermann und für alle Berufe gewährleistet. Abreden, die dieses Recht einschränken oder zu behindern suchen, sind nichtig, hierauf gerichtete Maßnahmen sind rechtswidrig. Maßnahmen nach den Artikeln 12a, 35 Abs. 2 und 3, Artikel 87a Abs. 4 und Artikel 91 dürfen sich nicht gegen Arbeitskämpfe richten, die zur Wahrung und Förderung der Arbeits- und Wirtschaftsbedingungen von Vereinigungen im Sinne des Satzes 1 geführt werden.

ARTIKEL 10

(1) Das Briefgeheimnis sowie das Post- und Fernmeldegeheimnis sind unverletzlich.

(2) Beschränkungen dürfen nur auf Grund eines Gesetzes angeordnet werden. Dient die Beschränkung dem Schutze der freiheitlichen demokratischen Grundordnung oder des Bestandes oder der Sicherung des Bundes oder eines Landes, so kann das Gesetz bestimmen, dass sie dem Betroffenen nicht mitgeteilt wird und dass an die Stelle des Rechtsweges die Nachprüfung durch von der Volksvertretung bestellte Organe und Hilfsorgane tritt.

ARTIKEL 11

(1) Alle Deutschen genießen Freizügigkeit im ganzen Bundesgebiet.

(2) Dieses Recht darf nur durch Gesetz oder aufgrund eines Gesetzes und nur für die Fälle eingeschränkt werden, in denen eine ausreichende Lebensgrundlage nicht vorhanden ist und der Allgemeinheit daraus besondere Lasten entstehen würden oder in denen es zur Abwehr einer drohenden Gefahr für den Bestand oder die freiheitliche demokratische Grundordnung des Bundes oder eines Landes, zur Bekämpfung von Seuchengefahr, Naturkatastrophen oder besonders schweren Unglücksfällen, zum Schutze der Jugend vor Verwahrlosung oder um strafbaren Handlungen vorzubeugen, erforderlich ist.

ARTIKEL 12

(1) Alle Deutschen haben das Recht, Beruf, Arbeitsplatz und Ausbildungsstätte frei zu wählen. Die Berufsausübung kann durch Gesetz oder aufgrund eines Gesetzes geregelt werden.

(2) Niemand darf zu einer bestimmten Arbeit gezwungen werden, außer im Rahmen einer herkömmlichen allgemeinen, für alle gleichen öffentlichen Dienstleistungspflicht.

(3) Zwangsarbeit ist nur bei einer gerichtlich angeordneten Freiheitsentziehung zulässig.

ARTIKEL 12A

(1) Männer können vom vollendeten achtzehnten Lebensjahr an zum Dienst in den Streitkräften, im Bundesgrenzschutz oder in einem Zivilschutzverband verpflichtet werden.

(2) Wer aus Gewissensgründen den Kriegsdienst mit der Waffe verweigert, kann zu einem Ersatzdienst verpflichtet werden. Die Dauer des Ersatzdienstes darf die Dauer des Wehrdienstes nicht übersteigen. Das Nähere regelt ein Gesetz, das die Freiheit der Gewissensentscheidung nicht beeinträchtigen darf und auch eine Möglichkeit des Ersatzdienstes vorsehen muss, die in keinem Zusammenhang mit den Verbänden der Streitkräfte und des Bundesgrenzschutzes steht.

(3) Wehrpflichtige, die nicht zu einem Dienst nach Absatz 1 oder 2 herangezogen sind, können im Verteidigungsfalle durch Gesetz oder aufgrund eines Gesetzes zu zivilen Dienstleistungen für Zwecke der Verteidigung einschließlich des Schutzes der Zivilbevölkerung in Arbeitsverhältnisse verpflichtet werden; Verpflichtungen in öffentlich-rechtliche Dienstverhältnisse sind nur zur Wahrnehmung polizeilicher Aufgaben oder solcher hoheitlichen Aufgaben der öffentlichen Verwaltung, die nur in einem öffentlich-rechtlichen Dienstverhältnis erfüllt werden können, zulässig. Arbeitsverhältnisse nach Satz 1 können bei den Streitkräften, im Bereich ihrer Ver-

sorgung sowie bei der öffentlichen Verwaltung begründet werden; Verpflichtungen in Arbeitsverhältnisse im Bereiche der Versorgung der Zivilbevölkerung sind nur zulässig, um ihren lebensnotwendigen Bedarf zu decken oder ihren Schutz sicherzustellen.

(4) Kann im Verteidigungsfalle der Bedarf an zivilen Dienstleistungen im zivilen Sanitäts- und Heilwesen sowie in der ortsfesten militärischen Lazarettorganisation nicht auf freiwilliger Grundlage gedeckt werden, so können Frauen vom vollendeten achtzehnten bis zum vollendeten fünfundfünfzigsten Lebensjahr durch Gesetz oder aufgrund eines Gesetzes zu derartigen Dienstleistungen herangezogen werden. Sie dürfen auf keinen Fall zum Dienst mit der Waffe verpflichtet werden.

(5) Für die Zeit vor dem Verteidigungsfalle können Verpflichtungen nach Absatz 3 nur nach Maßgabe des Artikels 80a Abs. 1 begründet werden. Zur Vorbereitung auf Dienstleistungen nach Absatz 3, für die besondere Kenntnisse oder Fertigkeiten erforderlich sind, kann durch Gesetz oder aufgrund eines Gesetzes die Teilnahme an Ausbildungsveranstaltungen zur Pflicht gemacht werden. Satz 1 findet insoweit keine Anwendung.

(6) Kann im Verteidigungsfalle der Bedarf an Arbeitskräften für die in Absatz 3 Satz 2 genannten Bereiche auf freiwilliger Grundlage nicht gedeckt werden, so kann zur Sicherung dieses Bedarfs die Freiheit der Deutschen, die Ausübung eines Berufs oder den Arbeitsplatz aufzugeben, durch Gesetz oder aufgrund eines Gesetzes eingeschränkt werden. Vor Eintritt des Verteidigungsfalles gilt Absatz 5 Satz 1 entsprechend.

ARTIKEL 13

(1) Die Wohnung ist unverletzlich.

(2) Durchsuchungen dürfen nur durch den Richter, bei Gefahr im Verzuge auch durch die in den Gesetzen vorgesehenen anderen Organe angeordnet und nur in der dort vorgeschriebenen Form durchgeführt werden.

(3) Begründen bestimmte Tatsachen den Verdacht, dass jemand eine durch Gesetz einzeln bestimmte besonders schwere Straftat begangen hat, so dürfen zur Verfolgung der Tat aufgrund richterlicher Anordnung technische Mittel zur akustischen Überwachung von Wohnungen, in denen der Beschuldigte sich vermutlich aufhält, eingesetzt werden, wenn die Erforschung des Sachverhalts auf andere Weise unverhältnismäßig erschwert oder aussichtslos wäre. Die Maßnahme ist zu befristen. Die Anordnung erfolgt durch einen mit drei Richtern besetzten Spruchkörper. Bei Gefahr im Verzuge kann sie auch durch einen einzelnen Richter getroffen werden.

(4) Zur Abwehr dringender Gefahren für die öffentliche Sicherheit, insbesondere einer gemeinen Gefahr oder einer Lebensgefahr, dürfen technische Mittel zur Überwachung von Wohnungen nur aufgrund richterlicher Anordnung eingesetzt werden. Bei Gefahr im Verzuge kann die Maßnahme auch durch eine andere gesetzlich bestimmte Stelle angeordnet werden; eine richterliche Entscheidung ist unverzüglich nachzuholen.

(5) Sind technische Mittel ausschließlich zum Schutze der bei einem Einsatz in Wohnungen tätigen Personen vorgesehen, kann die Maßnahme durch eine gesetzlich bestimmte Stelle angeordnet werden. Eine anderweitige Verwertung der hierbei erlangten Erkenntnisse ist nur zum Zwecke der Strafverfolgung oder der Gefahrenabwehr und nur zulässig, wenn zuvor die Rechtmäßigkeit der Maßnahme richterlich festgestellt ist; bei Gefahr im Verzuge ist die richterliche Entscheidung unverzüglich nachzuholen.

(6) Die Bundesregierung unterrichtet den Bundestag jährlich über den nach Absatz 3 sowie über den im Zuständigkeitsbereich des Bundes nach Absatz 4 und, soweit richterlich überprüfungsbedürftig, nach Absatz 5 erfolgten Einsatz technischer Mittel. Ein vom Bundestag gewähltes Gremium übt auf der Grundlage dieses Berichts die parlamentarische Kontrolle aus. Die Länder gewährleisten eine gleichwertige parlamentarische Kontrolle.

(7) Eingriffe und Beschränkungen dürfen im Übrigen nur zur Abwehr einer gemeinen Gefahr oder einer Lebensgefahr für einzelne Personen, aufgrund eines Gesetzes auch zur Verhütung dringender Gefahren für die öffentliche Sicherheit und Ordnung, insbesondere zur Behebung der Raumnot, zur Bekämpfung von Seuchengefahr oder zum Schutze gefährdeter Jugendlicher vorgenommen werden.

ARTIKEL 14

(1) Das Eigentum und das Erbrecht werden gewährleistet. Inhalt und Schranken werden durch die Gesetze bestimmt.

(2) Eigentum verpflichtet. Sein Gebrauch soll zugleich dem Wohle der Allgemeinheit dienen.

(3) Eine Enteignung ist nur zum Wohle der Allgemeinheit zulässig. Sie darf nur durch Gesetz oder aufgrund eines Gesetzes erfolgen, das Art und Ausmaß der Entschädigung regelt. Die Entschädigung ist unter gerechter Abwägung der Interessen der Allgemeinheit und der Beteiligten zu bestimmen. Wegen der Höhe der Entschädigung steht im Streitfalle der Rechtsweg vor den ordentlichen Gerichten offen.

ARTIKEL 15

Grund und Boden, Naturschätze und Produktionsmittel können zum Zwecke der Vergesellschaftung durch ein Gesetz, das Art und Ausmaß der Entschädigung regelt, in Gemeineigentum oder in andere Formen der Gemeinwirtschaft überführt werden. Für die Entschädigung gilt Artikel 14 Abs. 3 Satz 3 und 4 entsprechend.

ARTIKEL 16

(1) Die deutsche Staatsangehörigkeit darf nicht entzogen werden. Der Verlust der Staatsangehörigkeit darf nur aufgrund eines Gesetzes und gegen den Willen des

Betroffenen nur dann eintreten, wenn der Betroffene dadurch nicht staatenlos wird.
(2) Kein Deutscher darf an das Ausland ausgeliefert werden. Durch Gesetz kann eine abweichende Regelung für Auslieferungen an einen Mitgliedstaat der Europäischen Union oder an einen internationalen Gerichtshof getroffen werden, soweit rechtsstaatliche Grundsätze gewahrt sind.

ARTIKEL 16A

(1) Politisch Verfolgte genießen Asylrecht.

(2) Auf Absatz 1 kann sich nicht berufen, wer aus einem Mitgliedstaat der Europäischen Gemeinschaften oder aus einem anderen Drittstaat einreist, in dem die Anwendung des Abkommens über die Rechtsstellung der Flüchtlinge und der Konvention zum Schutze der Menschenrechte und Grundfreiheiten sichergestellt ist. Die Staaten außerhalb der Europäischen Gemeinschaften, auf die die Voraussetzungen des Satzes 1 zutreffen, werden durch Gesetz, das der Zustimmung des Bundesrates bedarf, bestimmt. In den Fällen des Satzes 1 können aufenthaltsbeendende Maßnahmen unabhängig von einem hiergegen eingelegten Rechtsbehelf vollzogen werden.

(3) Durch Gesetz, das der Zustimmung des Bundesrates bedarf, können Staaten bestimmt werden, bei denen aufgrund der Rechtslage, der Rechtsanwendung und der allgemeinen politischen Verhältnisse gewährleistet erscheint, dass dort weder politische Verfolgung noch unmenschliche oder erniedrigende Bestrafung oder Behandlung stattfindet. Es wird vermutet, dass ein Ausländer aus einem solchen Staat nicht verfolgt wird, solange er nicht Tatsachen vorträgt, die die Annahme begründen, dass er entgegen dieser Vermutung politisch verfolgt wird.

(4) Die Vollziehung aufenthaltsbeendender Maßnahmen wird in den Fällen des Absatzes 3 und in anderen Fällen, die offensichtlich unbegründet sind oder als offensichtlich unbegründet gelten, durch das Gericht nur ausgesetzt, wenn ernstliche Zweifel an der Rechtmäßigkeit der Maßnahme bestehen; der Prüfungsumfang kann eingeschränkt werden und verspätetes Vorbringen unberücksichtigt bleiben. Das Nähere ist durch Gesetz zu bestimmen.

(5) Die Absätze 1 bis 4 stehen völkerrechtlichen Verträgen von Mitgliedstaaten der Europäischen Gemeinschaften untereinander und mit dritten Staaten nicht entgegen, die unter Beachtung der Verpflichtungen aus dem Abkommen über die Rechtsstellung der Flüchtlinge und der Konvention zum Schutze der Menschenrechte und Grundfreiheiten, deren Anwendung in den Vertragsstaaten sichergestellt sein muss, Zuständigkeitsregelungen für die Prüfung von Asylbegehren einschließlich der gegenseitigen Anerkennung von Asylentscheidungen treffen.

ARTIKEL 17

Jedermann hat das Recht, sich einzeln oder in Gemeinschaft mit anderen schriftlich mit Bitten oder Beschwerden an die zuständigen Stellen und an die Volksvertretung zu wenden.

ARTIKEL 17A

(1) Gesetze über Wehrdienst und Ersatzdienst können bestimmen, dass für die Angehörigen der Streitkräfte und des Ersatzdienstes während der Zeit des Wehr- oder Ersatzdienstes das Grundrecht, seine Meinung in Wort, Schrift und Bild frei zu äußern und zu verbreiten (Artikel 5 Abs. 1 Satz 1 erster Halbsatz), das Grundrecht der Versammlungsfreiheit (Artikel 8) und das Petitionsrecht (Artikel 17), soweit es das Recht gewährt, Bitten oder Beschwerden in Gemeinschaft mit anderen vorzubringen, eingeschränkt werden.

(2) Gesetze, die der Verteidigung einschließlich des Schutzes der Zivilbevölkerung dienen, können bestimmen, dass die Grundrechte der Freizügigkeit (Artikel 11) und der Unverletzlichkeit der Wohnung (Artikel 13) eingeschränkt werden.

ARTIKEL 18

Wer die Freiheit der Meinungsäußerung, insbesondere die Pressefreiheit (Artikel 5 Abs. 1), die Lehrfreiheit (Artikel 5 Abs. 3), die Versammlungsfreiheit (Artikel 8), die Vereinigungsfreiheit (Artikel 9), das Brief-, Post- und Fernmeldegeheimnis (Artikel 10), das Eigentum (Artikel 14) oder das Asylrecht (Artikel 16a) zum Kampfe gegen die freiheitliche demokratische Grundordnung missbraucht, verwirkt diese Grundrechte. Die Verwirkung und ihr Ausmaß werden durch das Bundesverfassungsgericht ausgesprochen.

ARTIKEL 19

(1) Soweit nach diesem Grundgesetz ein Grundrecht durch Gesetz oder aufgrund eines Gesetzes eingeschränkt werden kann, muss das Gesetz allgemein und nicht nur für den Einzelfall gelten. Außerdem muss das Gesetz das Grundrecht unter Angabe des Artikels nennen.

(2) In keinem Falle darf ein Grundrecht in seinem Wesensgehalt angetastet werden.

(3) Die Grundrechte gelten auch für inländische juristische Personen, soweit sie ihrem Wesen nach auf diese anwendbar sind.

(4) Wird jemand durch die öffentliche Gewalt in seinen Rechten verletzt, so steht ihm der Rechtsweg offen. Soweit eine andere Zuständigkeit nicht begründet ist, ist der ordentliche Rechtsweg gegeben. Artikel 10 Abs. 2 Satz 2 bleibt unberührt.

Anmerkungen

1 Winfried Hassemer: Noch mal von vorn: Was bedeutet der kategorische Imperativ?, in: Die Zeit, 5.1.2000.
2 Der Parlamentarische Rat, Akten und Protokolle, Bd. 9, 37, 55, 115. Zit. nach: Christian Bommarius: Das Grundgesetz. Eine Biographie. Berlin 2009, 174.
3 Bommarius: Das Grundgesetz, a. a. O., 180–184.
4 Theodor Maunz / Günter Dürig / Roman Herzog: Grundgesetz Kommentar, 78. Auflage, Art. 1 Abs. 1 Rn. 39.
5 Eine gute Übersicht bietet die Website des Lehrstuhls von Prof. Dr. Horst Dreier, Universität Würzburg: Historische Dokumente zu Staatsorganisation, Grund- und Menschenrechten. online unter https://www.jura.uni-wuerzburg.de/lehrstuehle/dreier/verfassungsdokumente-von-der-magna-carta-bis-ins-20-jahrhundert/ (abgerufen am 5.11.2018).
6 Ernst Benda, Ernst Maihofer, Hans-Jochen Vogel u. a. (Hg.): Handbuch des Verfassungsrechts der Bundesrepublik Deutschland. 2. neubearb. u. erw. Aufl. Berlin 1994, 494ff.
7 Maunz / Dürig / Herzog: Grundgesetz Kommentar, 78. Auflage, Art. 1 Rn. 39.
8 Rolf Lamprecht: Vom Untertan zum Bürger. Die Erfolgsgeschichte der Grundrechte. Baden-Baden 2000, 27; BVerfG, Urteil des Ersten Senats vom 15. Januar 1958 – 1BvR 400/51, Rn. 1–75, in: Entscheidungen des Bundesverfassungsgerichts (BVerfGE) 7, 198–230 (Lüth-Urteil). Entscheidungen des BVerfG sind auch online aufzufinden auf der Website des Projekts Deutschsprachiges Fallrecht (DFR) unter: http://www.servat.unibe.ch/dfr/dfr_bvbd100.html. Wesentliche Entscheidungen des BVerfG ab 1998 online auffindbar auf der Website des BVerfG unter www.bundesverfassungsgericht.de.
9 BVerfGE 9, 89 (95); 27, 1 (6); 28, 386 (391); 45, 187 (228); 50, 166 (175); 87, 209 (228).
10 Vgl. BVerfGE 4, 7 [15, 16] (Investitionshilfe); 7, 198 [205] (Lüth).

11 BVerfGE 27, 1 (7) (Mikrozensus).
12 Yvonne Hötzel: Debatten um die Todesstrafe in der Bundesrepublik Deutschland von 1949 bis 1990. Berlin 2010, 14–25.
13 BGH, Urteil vom 16.11.1995 – 5 StR 747/94 – Rn. 1–108, in: Entscheidungen des Bundesgerichtshof in Strafsachen (BGHSt) 41, 317–347, Rn. 27.
14 EGMR, Urteil der Großen Kammer vom 1.6.2010 (Gäfgen gegen Deutschland) – 22978/05; vgl. Fredrik Roggan: Straßburger Rüge. Laxer Umgang mit polizeilicher Gewaltandrohung im Fall „Daschner", in: Till Müller-Heidelberg u. a. (Hg.): Grundrechte-Report 2011. Frankfurt a. M. 2011, 21.
15 Luftsicherheitsgesetz vom 11. Januar 2005, Bundesgesetzblatt (BGBl.) 2005 I, 78. online unter: https://www.bgbl.de/xaver/bgbl/start.xav?start=%2F%2F*%5B%40attr_id%3D%27bgbl105s0078.pdf%27%5D#__bgbl__%2F%2F*%5B%40attr_id%3D%27bgbl105s0078.pdf%27%5D__1542453935939 (abgerufen am 5.11.2018).
16 BVerfGE 115, 118 (Luftsicherheitsgesetz).
17 BVerfGE 121, 175.
18 BVerfG, Beschluss des Ersten Senats vom 10. Oktober 2017 – 1 BvR 2019/16, in: BVerfGE 147, 1–30.
19 Entwurf eines Gesetzes zur Änderung des Personenstandsgesetzes, Meldung des BMI vom 15.8.2018, online unter: https://www.bmi.bund.de/SharedDocs/kurzmeldungen/DE/2018/08/geburtenregister.html (abgerufen am 5.11.2018).
20 BVerfGE 125, 175 (Hartz IV).
21 Ebd., Leitsatz 4 des Urteils.
22 BVerfGE 132, 134 (Asylbewerberleistungsgesetz); vgl. Marei Pelzer: Abgestufte Menschenwürde? Folgen des Hartz-IV-Urteils für Asylsuchende, in: Till Müller-Heidelberg u. a. (Hg.): Grundrechte-Report 2013. Frankfurt a. M. 2013, 26–29.
23 BVerfGE 65, 1 (Volkszählung); 80, 367 (Verwertbarkeit tagebuchartiger Aufzeichnungen); BVerfGE 115, 320 (Urteil zur Rasterfahndung).
24 BVerfGE 65, 1 (1ff.; 43; 78; 84; 192ff.) (Volkszählung).
25 Ebd., 43.
26 Vgl. Gerrit Manssen: Grundrechte. 7. Aufl. München 2010, Rn. 230.
27 DiFabio in Maunz / Dürig / Herzog: Grundgesetz Kommentar, 78. Auflage, Art. 2 Abs. 1 Rn 176.
28 Ralf Eschelbach: Big Data im Strafprozess. 2016, 1f. online unter: https://vdw-ev.de/wp-content/uploads/2016/11/2016.10_bigdata_vortrag_eschelbach.pdf (abgerufen am 5.11.2018).
29 BVerfGE 120, 274 (Online-Durchsuchungen).

30 BVerfGE 120, 274–350 (Online-Durchsuchungen), a. a. O., 314.
31 Christian Hoffmann, Anika D. Luch, Sönke E. Schulz, Kim Corinna Borchers: Die digitale Dimension der Grundrechte: Das Grundgesetz im digitalen Zeitalter. [DIVSI, Deutsches Institut für Vertrauen und Sicherheit im Internet] Baden-Baden 2015, 72.
32 Ethik-Kommission: Automatisiertes und vernetztes Fahren. Bericht 2017, 10, online unter: https://www.bmvi.de/SharedDocs/DE/Publikationen/DG/bericht-der-ethik-kommission.pdf?__blob=publicationFile (abgerufen am 5.11.2018).
33 Pressemitteilung vom 13.5.2017, online unter: https://www.bsi.bund.de/DE/Presse/Pressemitteilungen/Presse2017/PM_WannaCry_13052017.html (abgerufen am 5.11.2018).
34 Dazu Constanze Kurz: Die Angriffsindustrie, in: FAZ, 1.11.2013, 31.
35 Stefan Krempl: NSA-Ausschuss: BND-NSA-Kooperation Eikonal war „im höchsten Maße unredlich", in: heise online, 27.3.2015, https://www.heise.de/newsticker/meldung/NSA-Ausschuss-BND-NSA-Kooperation-Eikonal-war-im-hoechsten-Masse-unredlich-2585687.html (abgerufen am 5.11.2018).
36 Wissenschaftlicher Dienst des Deutschen Bundestages, Ausarbeitung WD 3 – 3000 – 172/17 vom 31.3.2017.
37 Eike Kühl: Weiterhin frohes Datenfischen, in: Zeit online, 31.5.2018, https://www.zeit.de/digital/datenschutz/2018-05/bnd-ueberwachung-de-cix-internetknoten-klage (abgerufen am 5.11.2018).
38 Andre Meister: Geheimer Prüfbericht: Der BND bricht dutzendfach Gesetz und Verfassung – allein in Bad Aibling (Updates), in: Netzpolitik.org, 1.9.2016, https://netzpolitik.org/2016/geheimer-pruefbericht-der-bnd-bricht-dutzendfach-gesetz-und-verfassung-allein-in-bad-aibling/ (abgerufen am 5.11.2018).
39 Kühl: Weiterhin frohes Datenfischen, a. a. O.
40 BVerfGE 65, 1 (Volkszählung), a. a. O.
41 Siehe dazu ausführlich Wolfgang Hoffmann-Riem (Hg.): Big Data – regulative Herausforderungen, Materialien zur rechtswissenschaftlichen Medien- und Informationsforschung 77, Baden-Baden 2018, 11ff.
42 Helmut Martin-Jung: Facebook will Kundendaten mit Banken austauschen, in: SZ, 6.8.2018; online unter: https://www.sueddeutsche.de/wirtschaft/soziales-netzwerk-facebook-will-mit-banken-zusammenarbeiten-1.4084160 (abgerufen am 5.11.2018).
43 Jakob Augstein (Hg.): Reclaim autonomy: Selbstermächtigung in der digitalen Weltordnung, mit einem Nachwort von Gerhart Baum. Berlin 2017, 173, 175.
44 BVerfGE 45, 187 (229) (Lebenslange Freiheitsstrafe).
45 Dirk Helbig: Datensammelwut gefährdet die Demokratie, in: SZ, 25.3.2018;

online unter: https://www.sueddeutsche.de/digital/digitale-privatsphaere-datensammelwut-gefaehrdet-die-demokratie-1.3916697 (abgerufen am 5.11.2018).

46 Jaron Lanier: Zehn Gründe, warum du deine Social Media Accounts sofort löschen musst. Hamburg 2018, 147ff.
47 Andrian Kreye: Geld stinkt doch, in: SZ, 2.8.2018; online unter: https://www.sueddeutsche.de/politik/google-geld-stinkt-doch-1.4078902 (abgerufen am 5.11.2018).
48 Lanier: Zehn Gründe, a. a. O., 40ff.
49 Ebd., 44/45.
50 Martin Holland: Noyb: Max Schrems will mit neuer NGO EU-Datenschutz durchsetzen, in: heise online, 28.11.2017, https://www.heise.de/newsticker/meldung/Noyb-Max-Schrems-will-mit-neuer-NGO-EU-Datenschutz-durchsetzen-3903306.html (abgerufen am 5.11.2018).
51 Grundsätzlich dazu Viktor Mayer-Schönberger: Delete. Die Tugend des Vergessens in digitalen Zeiten. Berlin 2010.
52 EuGH, Urteil der Großen Kammer vom 13.5.2014 – C-131/12, ECLI:EU:C:2014:317= NJW 2014, 2263.
53 1 BvR 16/13.
54 BGH, Urteil vom 13. November 2012 – VI ZR 330/11; online unter: http://juris.bundesgerichtshof.de/cgi-bin/rechtsprechung/document.py?Gericht=bgh&Art=en&nr=62549&pos=0&anz=1 (abgerufen am 5.11.2018).
55 1 BvR 276/17.
56 Das Formular ist zu finden unter: https://www.google.com/webmasters/tools/legal-removal-request?complaint_type=rtbf&hl=de&rd=1; oder Sie geben in der Google-Suche ein: Löschung aufgrund des europäischen Datenschutzes.
57 Google Transparenzbericht. Entfernungen aus der Suche gemäß europäischem Datenschutzrecht, https://transparencyreport.google.com/eu-privacy/overview?hl=de (abgerufen am 16.12.2018).
58 Vgl. Lanier: Zehn Gründe, a. a. O., S. 39ff., hier: S. 43.
59 Das Ende des Zufalls. Die Macht der Algorithmen. TV-Dokumentation von Jakob Kneser und Pina Dietsche (2015), ZDF/3sat, Ausstrahlung 19.2.2015, online unter: http://www.3sat.de/mediathek/?mode=play&obj=71022 (abgerufen am 5.11.2018); Dennis R. Mortensen: Using AI to program humans to behave better. Linkedin, Sunnyvale, CA, 2017, https://www.linkedin.com/pulse/using-ai-program-humans-behave-better-dennis-r-mortensen/ (abgerufen am 5.11.2018).

60 Yvonne Hofstetter, Dankesrede anläßlich der Verleihung des 53. Theodor Heuss Preises am 16.6.2018; online unter: https://www.yvonnehofstetter.de/2018/06/17/politische-entscheidungen-sind-heute-nicht-informierter-als-in-fr%C3%BCheren-jahrzehnten/ (abgerufen am 5.11.2018).
61 https://www.youtube.com/watch?time_continue=2&v=jxE03Epc43Y (abgerufen am 5.11.2018).
62 Martin Holland: „Viel gefährlicher als Atomwaffen": Elon Musk erneuert seine Warnung vor KI, in: heise online, 12.3.2018, https://www.heise.de/newsticker/meldung/Viel-gefaehrlicher-als-Atomwaffen-Elon-Musk-erneuert-seine-Warnung-vor-KI-3990782.html (abgerufen am 5.11.2018).
63 Insgesamt zu den Ausführungen zu KI vgl. Andreas Seeger, Bernd Theiss: Künstliche Intelligenz: Chancen und Risiken der technischen Entwicklung, in: connect.de, 14.8.2018, https://www.connect.de/ratgeber/kuenstliche-intelligenz-ki-maschinelles-lernen-technik-hintergruende-risiken-chancen-3198700.html (abgerufen am 5.11.2018).
64 Vgl. Andrian Lobe: Wenn Programmierer mächtiger als Politiker werden, in: SZ, 14.7.2018; online unter: https://www.sueddeutsche.de/digital/digitalisierung-und-demokratie-hey-mark-zuckerberg-meine-demokratie-ist-nicht-dein-labor-1.4049824 (abgerufen am 5.11.2018).
65 Joseph Weizenbaum: Die Macht der Computer und die Ohnmacht der Vernunft. Frankfurt a. M. 1977, 160.
66 Helmut Merschmann: Der zornige alte Mann der Informatik, in: Spiegel online, 8.1.2008, http://www.spiegel.de/netzwelt/tech/joseph-weizenbaum-der-zornige-alte-mann-der-informatik-a-527122.html (abgerufen am 5.11.2018).
67 Michael Moorstedt: Der Nutzer degeneriert zur fernsteuerbaren Drohne, in: SZ, 26.6.2018; online unter: https://www.sueddeutsche.de/digital/internes-google-video-der-nutzer-degeneriert-zur-fernsteuerbaren-drohne-1.4029208 (abgerufen am 5.11.2018).
68 Bertelsmann Stiftung (Hg.): Was Deutschland über Algorithmen weiß und denkt. Ergebnisse einer repräsentativen Bevölkerungsumfrage. Verfasst von Sarah Fischer und Thomas Petersen. Gütersloh 2018, als pdf-Datei online abrufbar unter: https://www.bertelsmann-stiftung.de/de/publikationen/publikation/did/was-deutschland-ueber-algorithmen-weiss-und-denkt/ (abgerufen am 5.11.2018).
69 Ebd., 7.
70 Vgl. Gerd Gigerenzer, Klaus-Robert Müller, Gert G. Wagner: Wie man Algorithmen transparent macht, in: FAZ, 19.7.2018. Die Berliner Professoren Gerd Gigerenzer und Gert G. Wagner sind Mitglieder im Sachverständigenrat für

Verbraucherfragen. Professor Klaus-Robert Müller, TU Berlin, ist ein Pionier der Künstlichen Intelligenz und Ko-Direktor des Berliner Big Data Centers.
71 Christina Berndt: Der Vermesser der Seele, in: SZ Nr. 52, 3./4.3.2018
72 Dieter Grimm: Aus der Balance, in: Die Zeit Nr. 49, 29.11.2007.
73 SZ vom 13.11.2011.
74 In den „Anti-Terror-Paketen" wurden allein im ersten Jahr seit den Anschlägen vom 11. September u. a. folgende Maßnahmen beschlossen: die Aufhebung des Religionsprivilegs im Vereinsgesetz (19.9.2001), die Erweiterung des „Anti-Terrorismus-Paragrafen" § 129a StGB (24.9.2001), Sicherheitsüberprüfungen auf Flughäfen, bei denen Erkenntnisse des Bundesnachrichtendienstes (BND), des militärischen Abschirmdienstes (MAD) und des Verfassungsschutzes genutzt werden dürfen, Ausweitung der Inhalte und der Nutzungsberechtigten des Ausländerzentralregisters (11.1.2002) sowie die Erfassung und Kontenabfrage (ohne konkreten Verdacht) aller deutschen Bankkonten, um den Terroristen die finanziellen Mittel zu sperren (Gesetz zur Förderung der Steuerehrlichkeit vom 23.12.2003, BGBl. I, 2928–2932, hier: 2931), Abfragen 1. Halbjahr 2018 in Höhe von 391 442 laut Handelsblatt.com vom 29.7.2018: https://www.handelsblatt.com/politik/deutschland/datenerfassung-glaeserner-bankkunde-behoerden-starten-immer-mehr-kontenabfragen/22855120.html (abgerufen am 17.12.2018).
75 BVerfGE 109, 279 (Großer Lauschangriff).
76 BVerfGE 85, 386 (396) (Fangschaltungen).
77 Antwort der Bundesregierung auf eine Kleine Anfrage der Fraktion Die Linke vom 3.8.2018, Bundestagsdrucksache 19/3678; online unter: https://dipbt.bundestag.de/ doc/btd/19/036/1903678.pdf (abgerufen am 5.11.2018).
78 Übersicht Telekommunikationsüberwachung 2016. Dokumentation des Bundesamts für Justiz vom 18.7.2017; online unter: https://www.bundesjustizamt.de/DE/SharedDocs/Publikationen/Justizstatistik/Uebersicht_TKUE_2016.pdf?__blob=publicationFile&v=2 (abgerufen am 5.11.2018).
79 Michael Kraske: Fahnder im Abhörrausch, in: Zeit online, 14.10.2017, https://www.zeit.de/2017/42/ueberwachung-leipzig-polizei-ermittlungen (abgerufen am 5.11.2018).
80 Nathaniel Barr, Gordon Pennycook, Jennifer A. Stolz, Jonathan A. Fugelsang: The Brain in your Pocket: Evidence that Smartphones are used to supplant thinking, in: Computers in Human Behavior 48 (Juli 2015), 473–480, hier: 479.
81 Claire A. Wolniewicza, Mojisola F. Tiamiyua, Justin W. Weeks, John D. Elhai: Problematic smartphone use and relations with negative affect, fear of missing out, and fear of negative and positive evaluation, in: Psychiatry Research 262 (2018), 618–623, hier: 622.

82 Christian Montag, Sarah Diefenbach: Towards Homo Digitalis: Important Research Issues for Psychology and the Neurosciences at the Dawn of the Internet of Things and the Digital Society, in: Sustainability 10/2 (2018), 415–429, hier: 420; online unter: http://www.mdpi.com/2071-1050/10/2/415 (abgerufen am 5.11.2018).
83 Geoffrey Miller: The Smartphone Psychology Manifesto, in: Perspectives on Psychological Science 7/3 (2012), 221–237, hier: 223–227.
84 Axel Philipps: Die Digitalisierte Gesellschaft [Rezension von C. Kucklick: Die granulare Gesellschaft. Wie das Digitale unsere Wirklichkeit auflöst. Berlin 2015], in: Soziologische Revue, 38/4 (2015), 568–574, hier: 569
85 BVerfGE 120, 274 (Online-Durchsuchungen).
86 Thomas Stadler: Der Staatstrojaner: Überwachung von Smartphones direkt beim Nutzer, Internet-Law (Blog), Eintrag vom 29.1.2018, http://www.internet-law.de/labels/onlinedurchsuchung (abgerufen am 5.11.2018).
87 Polizeiliche Kriminalstatistik (PKS) des Bundeskriminalamts, 2017, vgl. https://www.bka.de/DE/AktuelleInformationen/StatistikenLagebilder/PolizeilicheKriminalstatistik/PKS2017/pks2017_node.html
88 Frank Christiansen: Gefühlte Sicherheitslage contra Realität, in: Münchner Merkur, 18.9. 2018, 22; online unter: https://www.ovb-online.de/weltspiegel/gefuehlte-sicherheitslage-kontra-realitaet-10250274.html (abgerufen am 5.11.2018).
89 EuGH, Urteil der Großen Kammer vom 8.4.2014 – C-293/12 und C-594/12 – Rn. 1– 73, hier: 51 – ECLI:EU:C:2014:238.
90 OVG Nordrhein-Westfalen, Urteil vom 22. Juni 2017 – 13 B 238/17; online unter: http://www.justiz.nrw.de/nrwe/ovgs/ovg_nrw/j2017/13_B_238_17_Beschluss_20170622.html (abgerufen am 5.11.2018).
91 Stand der Statistische Datenerhebungen im BKA sowie der Rechtstatsachensammlung für Bund (BKA, BPOL, ZKA) und Länder zu den Auswirkungen des Urteils des Bundesverfassungsgerichts zu Mindestspeicherungsfristen (Stand: 17.9.2010), 5; online unter: https://www.innenministerkonferenz.de/IMK/DE/termine/to-beschluesse/10-11-19/anlage10.pdf?__blob=publicationFile&v=2 (abgerufen am 5.11.2018).
92 Max-Planck-Institut für ausländisches und internationales Strafrecht (Hg.): Schutzlücken durch Wegfall der Vorratsdatenspeicherung? Eine Untersuchung zu Problemen der Gefahrenabwehr und Strafverfolgung bei Fehlen gespeicherter Telekommunikationsverkehrsdaten. 2. erw. Fassung, Freiburg, Juli 2011; online unter: https://www.mpg.de/5000721/vorratsdatenspeicherung.pdf (abgerufen am 5.11.2018).

93 Evaluation Report on the Data Retention Directive, Brüssel, 18.4.2011: https://eurlex.europa.eu/LexUriServ/LexUriServ.do?uri=COM:2011:0225: FIN:en:PDF, (abgerufen am 10.1.2019).

94 Max-Planck-Institut, a. a. O., 218, 221.

95 Max-Planck-Institut, a. a. O., 228.

96 Website der Landesbeauftragten für den Datenschutz Niedersachsen, https://www.lfd.niedersachsen.de/technik_und_organisation/orientierungshilfen_und_handlungsempfehlungen/biometrie/biometrie-und-datenschutz-55984.html (abgerufen am 5.11.2018).

97 Stefan Schmitt: Kann denn Tippen männlich sein?, in: Die Zeit Nr. 10, 1.3.2018, 35.

98 Wissenschaftliche Dienste des Bundestages: Sachstand, Rechtsgrundlage für den Einsatz sog. intelligenter Videoüberwachung durch die Bundespolizei, September 2016, Az. WD 3-3000-202/16; vgl. Katharina Ruhwedel: Pilotprojekt zur Gesichtserkennung, in: Till Müller-Heidelberg u. a. (Hg.): Grundrechte-Report 2018. Frankfurt a. M. 2018, 26–30.

99 Hier und im Folgenden Matthias Monroy: Kritik an G20-Gesichtserkennung: „Neue Dimension staatlicher Ermittlungs- und Kontrolloptionen", in: netzpolitik.org, 31.8.2018, https://netzpolitik.org/2018/kritik-an-g20-gesichtserkennung-als-neue-dimension-staatlicher-ermittlungs-und-kontrolloptionen/ (abgerufen am 5.11.2018).

100 BVerfGE 120, 274 (328f.) (Online-Durchsuchungen), vgl. auch BVerwGE 88, 348 (351).

101 BVerfGE 141, 220 (Bundeskriminalgesetz).

102 Gustav Radbruch: Gesetzliches Unrecht und übergesetzliches Recht, in: Süddeutsche Juristen-Zeitung 1 (1946), 108.

103 Eberhard Schmidt-Aßmann: Der Rechtsstaat, in: Josef Isensee, Paul Kirchhof (Hg.): Handbuch des Staatsrechts für die Bundesrepublik Deutschland. Heidelberg 2004, Bd. 2, 552f., Rn. 18f.

104 BSG, Urteil vom 23. Juli 2014 – B 8 SO 31/12 R; online unter: http://juris.bundessozialgericht.de/cgi-bin/rechtsprechung/document.py?Gericht=bsg&Art=en&nr=13691 (abgerufen am 5.11.2018).

105 BVerwG, Urteil vom 2. März 2017 – 3 C 19.15; online unter: https://www.bverwg.de/020317U3C19.15.0 (abgerufen am 5.11.2018).

106 Christof Gramm: Verfassungskultur, in: FAZ 20.7.2017, 8; aktualisierte Fassung vom 21.7.2017 online unter: http://www.faz.net/aktuell/politik/staat-und-recht/leitkultur-verfassungskultur-15113243-p3.html?printPagedArticle=true# pageIndex_2 (abgerufen am 5.11.2018).

107 Ute Schaeffer: Fake statt Fakt. Wie Populisten, Bots und Trolle unsere Demokratie angreifen. München 2018, 91ff.
108 Mathias Döpfner: Das Prinzip Zeitung, in: Die Welt, 26.9.2018.
109 BVerfGE 7, 198 (Lüth-Urteil).
110 BVerfGE 90, 241 (Auschwitzlüge).
111 Maunz / Dürig / Herzog: Grundgesetz Kommentar. 78. Auflage, Art. 5 Abs. 1, 2 Rn. 119.
112 Zur Definition s. Alexander Sängerlaub: Deutschland vor der Bundestagswahl. Überall Fake News?!. Hg. von der Stiftung Neue Verantwortung, August 2017, pdf online abrufbar unter: https://www.stiftung-nv.de/de/publikation/deutschland-vor-der-bundestagswahl-ueberall-fake-news (abgerufen am 5.11.2018).
113 Jagoda Marinić: Hashtags bringen die Demokratie nicht weiter, in: SZ, 12.8.2018; online unter: https://www.sueddeutsche.de/politik/soziale-medien-hashtags-bringen-die-demokratie-nicht-weiter-1.4088486 (abgerufen am 5.11.2018).
114 Philipp Müller und Nora Denner: Was tun gegen „Fake News"? Kurzgutachten im Auftrag der Friedrich-Naumann-Stiftung für die Freiheit, 2. überarbeitete Aufl. 2018, 21f.
115 Der Historiker und Autor Timothy Garton Ash nennt in seinem Buch „Redefreiheit. Prinzipien für eine vernetzte Welt" (München 2016) zehn Prinzipien für die Redefreiheit in der digitalen Welt. Sie sind aus dem von der Universität Oxford, Sitz des Lehrstuhls von Garton Ash, betriebenen Internet-Projekt freespeechdebate.com entwickelt.
116 Bastian Berbner: Mit euch kann man doch eh nicht reden, in: Zeit online, 20.9.18, https://www.zeit.de/2018/39/deutschland-spricht-diskussion-konstruktiv-streiten-politische-haltung (abgerufen am 10.1.2019).
117 Kai Biermann: Europäischer Gerichtshof soll deutsche Vorratsdaten beurteilen, in: Zeit online, 31.8.2018, https://www.zeit.de/politik/deutschland/2018-08/vorratsdatenspeicherung-vds-bundesverfassungsgericht-eugh (abgerufen am 5.11.2018).
118 Reporter ohne Grenzen (Hg.): Rangliste der Pressefreiheit 2018. Bericht vom 25.4.2018. Nahaufnahme Deutschland, 1f.; online unter: https://www.reporter-ohne-grenzen.de/fileadmin/Redaktion/Presse/Downloads/Ranglisten/Rangliste_2018/Nahaufnahme_Deutschland_2018_-_Reporter_ohne_Grenzen.pdf (abgerufen am 5.11.2018).
119 Ebd., 4.
120 Dieter Grimm: Grundgesetzlich irrelevant, in: FAZ, 22.4.2016; online unter:

http://www.faz.net/aktuell/feuilleton/debatten/islam-vs-grundgesetz-debatte-ueber-religionsfreiheit-14191706.html (abgerufen am 5.11.2018).
121 Hans Michael Heinig: Staat und Religion in Deutschland. Historische aktuelle Dynamiken im Religionsrecht, in: Aus Politik und Zeitgeschichte 28–29 (Juli 2018), 19.
122 BVerfGE 138, 296 (Kopftuch); BVerfGE 108, 282 (Kopftuch).
123 BVerfGE 93, 1 (Kruzifix).
124 BVerfG, Urteil des Zweiten Senats vom 14.5.1996 – 2 BvR 1938/93 u. 2 BvR 2315/93, hier Rn. 201, 202; zusätzlich 2 BvR 1516/93; vgl. Bommarius: Das Grundgesetz, a. a. O., S. 252.
125 Meral Zeller, Dominik Meyer & Karl Kopp: Europa der Lager, Europa der Abschottung, EU-Asylpolitik 2/2018, online unter: www. Europa_der_lager-4.pdf
126 Münchner Merkur, 4.1.2019, 1.
127 Es geht um die Vorschläge der AfD, dass das Bundesverfassungsgericht auch abgelehnte Verfassungsbeschwerden begründen muss.

Literatur zum Weiterlesen

Timothy Garton Ash: Redefreiheit. Prinzipien für eine vernetzte Welt, München 2016.

Jakob Augstein (Hg.): Reclaim Autonomy. Selbstermächtigung in der digitalen Weltordnung, Berlin 2017.

Gerhart Baum: Rettet die Grundrechte. Bürgerfreiheit contra Sicherheitswahn – eine Streitschrift, Köln 2009.

Zygmunt Baumann / David Lyon: Daten, Drohnen, Disziplin. Ein Gespräch über flüchtige Überwachung, Berlin 2013.

Christian Bommarius: Das Grundgesetz. Eine Biographie, Berlin 2009.

Yvonne Hofstetter: Das Ende der Demokratie. Wie die künstliche Intelligenz die Politik übernimmt und uns entmündigt, München 2016.

Andrew Keen: Das digitale Debakel. Warum das Internet gescheitert ist – und wie wir es retten können, München 2015.

Rolf Lamprecht: Vom Untertan zum Bürger. Die Erfolgsgeschichte der Grundrechte, Baden-Baden 1999.

Jaron Lanier: Zehn Gründe, warum du deine Social Media Accounts sofort löschen musst, Hamburg 2018.

Martha Nussbaum: Königreich der Angst. Gedanken zur aktuellen politischen Krise, Darmstadt 2019.

Heribert Prantl: Glanz und Elend der Grundrechte. Zwölf Sterne für das Grundgesetz, München 2014.

Peter Schaar: Trügerische Sicherheit. Wie die Terrorangst uns in den Ausnahmezustand treibt, Hamburg 2017.

Ute Schaeffer: Fake statt Fakt. Wie Populisten, Bots und Trolle unsere Demokratie angreifen, München 2018.

Wolfgang Schmale / Marie-Theres Tinnefeld: Privatheit im digitalen Zeitalter, Wien 2014.

Michael Stolleis (Hg.): Herzkammern der Republik. Die Deutschen und das Bundesverfassungsgericht, München 2011.

Marie-Theres Tinnefeld: Überleben in Freiräumen. 12 Denk-Stücke, Köln/Weimar/Wien 2018.

Joseph Weizenbaum: Computermacht und Gesellschaft. Freie Reden, Frankfurt a. M. 2001.

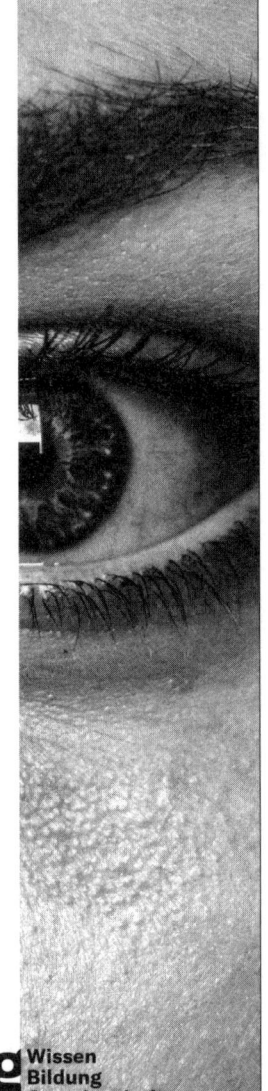